# 高职院校文化育人
## 价值取向及其彰显

Value Orientation of Cultural Education
in Higher Vocational Colleges
and Its Manifestation

方桐清　著

南京大学出版社

**图书在版编目(CIP)数据**

高职院校文化育人价值取向及其彰显 / 方桐清著.
— 南京：南京大学出版社，2021.10
　ISBN 978 - 7 - 305 - 24727 - 9

　Ⅰ. ①高… Ⅱ. ①方… Ⅲ. ①高等职业教育—文化素
质教育—研究 Ⅳ. ①G718.5

　中国版本图书馆 CIP 数据核字(2021)第 142510 号

出版发行　南京大学出版社
社　　址　南京市汉口路 22 号　　　　邮　编　210093
出 版 人　金鑫荣

书　　名　**高职院校文化育人价值取向及其彰显**
著　　者　方桐清
责任编辑　朱彦霖　　　　　　　　编辑热线　025 - 83597482

照　　排　南京南琳图文制作有限公司
印　　刷　苏州市古得堡数码印刷有限公司
开　　本　787×960　1/16　印张 16　字数 256 千字
版　　次　2021 年 10 月第 1 版　2021 年 10 月第 1 次印刷
ISBN 978 - 7 - 305 - 24727 - 9
定　　价　42.00 元

网址：http://www.njupco.com
官方微博：http://weibo.com/njupco
官方微信号：njupress
销售咨询热线：(025) 83594756

# 前　言

　　高职教育是高等教育的一种"类型"，具有"同等重要"地位。我国高职院校大都脱胎于职业大学、成人高等学校、中等专业学校，办学历史只有四十年，因此高职教育虽然取得了很大成就，但是仍存在大学文化缺失、职业文化不强的客观现实，高等性、职业性都不够使得"类型"和"重要"双不显。文化育人弱化导致立德树人虚化，价值取向不明导致文化育人泛化。而现有研究成果零散，总体缺少基础框架，不足以指导高职院校文化育人实践活动。本书通过历史研究法、文献研究法、调查研究法，以江苏省 15 所国家示范（骨干）高职院校为主要样本，对高职院校文化育人价值取向及其彰显进行了研究。

　　高职教育要建成中国特色、世界一流必须实施文化育人，明确高职院校文化育人价值取向。联合国教科文组织对高职给予"5B 定位"，蕴含高职院校文化育人价值取向定位"基层职业性"；我国对高职给予"复姓定位"，蕴含高职院校文化育人价值取向定位"高等职业性"。高职教育与普通高等教育具有"高等"文化共性，同时具有"职业性"个性价值追求。

　　文化育人定位决定文化育人价值取向的性质，文化育人特性反映文化育人价值取向的面貌，文化育人价值取向对文化育人定位、文化育人特性具有反作用。因此，文化育人定位和特性价值追求的向度即为高职院校文化育人价值取向的应然目标。从文化育人定位、文化育人特性的维度分析，其价值取向均有四个向度。高职院校文化育人价值取向实现的应然路径是：以"职业性"特质人才为培养目标，走校企"双主体"文化育人之路，在合作中正视育人文化与企业文化价值目标的现实不融，规避企业文化中不利于人的道德、理性、真善美形成的文化因子，有效耦合育人文化与企业先进文化，从而实现立德树人的目标追求。

我国职业教育的起步可追溯到 19 世纪 70 年代。自此至改革开放前，我国职业教育及其文化育人价值取向经历了不平凡的发展历程。改革开放后，我国高职教育随经济建设中心的确立应运而生，在发展过程中受到传统文化对技术精神的双压制、社会文化对育人文化的深融合、外来文化对高职文化的反思间性等影响，形成了高职院校文化育人价值取向特质文化形态。以发展需要、发展规模、发展质量为评判标准，我国高职教育发展具有递进式发展特征和递进式文化育人价值目标。从对文化育人的认识高度、重视程度和实践效度分析，高职院校文化育人价值取向随递进式发展任务划分为随性、工具性、理性、特性四个发展阶段。四个阶段以经济与高职互动为演进动力，是"适应—调整—再适应"的演进过程。高职院校文化育人价值取向虽然仍存在不少现实矛盾，但是从宏观上取得了重要成就，同时存在向度摇摆阻碍类型彰显之困。

从高职院校文化育人价值取向实现的实践情况看，弱化并制约其彰显深度、广度和效度的主要问题包括：融入工业文化因素比较泛化、注入企业文化要素比较主观、培养优秀企业精神重视不够、关注文化间性存在盲目性碎片化。这些问题不是一朝一夕形成的，是多维因素复合的结果。影响其彰显的主要原因在于：文化育人自觉性不强、职业文化理解得不深、校企文化交融性不足、文化传播机制不完善、法律法规机制不健全。彰显高职院校文化育人价值取向，需要从内容、载体、路径、传播方式、文化环境等方面系统化推进。

# 目　录

# 第一章 绪 论

## 第一节 研究背景及意义

### 一、研究背景

我国职业教育起步可以追溯到 19 世纪 70 年代,而高职教育多数研究者认为发端于 20 世纪 80 年代。我国高职教育发展至今,规模快速发展,质量稳步提升,为高等教育大众化、为经济社会发展提供技术技能专门人才做出了历史性贡献。但目前作为高等教育的一种类型,高职教育存在发展价值取向偏颇、育人价值取向模糊、文化育人存在短板等客观现实,急需鲜明正确的文化育人价值取向给予指导,为办成中国特色、世界一流的高职教育,培养高素质技术技能人才提供保证。

**1. 高职教育发展存在价值取向偏颇需要文化纠偏**

我国高职教育至今已有四十年的发展历程,经历了起步发展、探索发展、稳步发展、蓬勃发展、科学发展等历史阶段。[①] 高职教育发展初期,强调岗位针对性,突出技能培养,提出了基础理论"够用为度",实用型人才涌现,但学生转型发展、可持续发展受到严重制约,培养的学生成为"生产线上的机器",偏狭工具理性弥漫在整个高职教育。在这一大背景下,一些学生只

---

① 王旭善等.高职教育发展战略研究——学习型视域中的高职教育[M].北京:高等教育出版社,2008:28-37.

学"有用"的东西,学校主要安排"有用"的知识,一些学校为"出口旺"常常无原则地迎合企业需求。之后一个时期,在经济转型升级对人才能力素质要求提高的形势倒逼下,高职教育"以人为本"的呼声逐渐高涨,出现了不鼓励学生"跳槽"但要培养学生"跳槽能力"等新观点,其核心就是要提升学生技术技能的文化素养,文化育人理念初现萌芽。

21世纪初,随着高职院校成立的审批权由教育部下放到省级教育行政部门,众多中职学校独立或合并升为高职院校,民办高职院校不断成立,高职院校如雨后春笋般快速涌现,数量迅速增加。而近些年全国高考生源持续大幅减少,高职院校招生录取方式多元。在这一激烈竞争的发展环境下,多数高职院校都在为制约学校生存发展的"生源"而采取人海战术、投机战术,不停地在地方教育行政部门和中学、中等职业院校、企业间奔波,而比较有实力的高职院校则在为"升本"铆着劲。不少"歧视性"高职教育发展的政策、低层次(专科)的招生安排、低门槛接受生源、较低的拨款标准和低层次行政级别,使得高职院校、高职学生都给全社会留下双"低等"的文化印象,从高职院校自身成长起来的高职理论大家、文化大师也不多。虽然近些年顶层设计了现代职教体系(2014年5月2日国务院发布国发〔2014〕19号文《关于加快发展现代职业教育的决定》),提出了一个时期创新发展的行动计划(2015年10月19日教育部印发教职成〔2015〕9号文《高等职业教育创新发展行动计划(2015—2018年)》),甚至在2019年初出台了《国家职业教育改革实施方案》,但是高职教育大的文化氛围尚没有完全跳出全社会的"低等"认知,在招生就业方面政府对高职院校的管理近乎视同"经营性"的市场主体,高职院校自身少有自认为是"大"学,存在群体性自我认同"专科"层次,这直接导致学校规划、内涵建设、人才培养等立足于被动"适应"人才市场和企业需求,办学着力点只得放在满足市场、关注学校生存而不是放在"人"的全面发展上,这与我们党"以人民为中心"的执政理念合拍不够。

高职教育客观存在的文化环境尚存在发展价值取向偏颇的现象,与党和国家的要求、社会发展的期待还有不小的差距,急需厘清政策,纠偏偏颇的发展文化。

**2. 高职育人存在价值取向模糊需要理论厘清**

在我国高职教育四十年的发展过程中，有一些学者曾提出过很多新的理念：为强调高职教育的职业属性提出过"基础理论够用为度"，为强调高职教育的市场特性提出过"针对岗位设置课程"，为强调高职教育服务一线的定位属性提出过"加强动手能力培养"，为突出高职教育的岗位针对性、自主学习研究能力和团队合作意识提出过"以工作过程为导向"，等等。提出这些新的理念，体现的是高职教育界探索发展中国特色高职教育的创新精神，从一定角度和一定历史阶段看具有合理性。但是仔细分析就很明显地看出，这些所谓新的理念，其主旨主要是崇尚工具理性，其核心是针对就业岗位、企业需求，而不是针对学生、着眼人的发展，教育目标摇摆不定，价值理性比较弱化。

四十年来，高职教育培养目标也进行了多次界定，先后出现过 6 种界定：高技能人才、高端技能型人才、技术应用型人才、高素质技能型人才、高素质技术技能型人才、技术技能人才。在这么多表述中，不论哪种界定，似乎都不能全面反映高职教育的本质属性，这既反映了对高职教育培养目标逐渐深化的认识过程，也反映了目标界定不断摇摆的反思过程，更反映了高职院校希望突出"高"而教育行政部门政策导向"职"的价值冲突，显示出高职育人价值取向存在模糊，尚不清晰。

高职育人价值取向的模糊，必然导致高职文化育人实践活动盲目、无规律，育人文化无明确的建设方向。实质上，技术、技能都是人类改造世界能力的智慧标志，是人类认识水平的实践应用，应用的过程并不是被动地套用、机械地重复，而是带有主体主观能动性，体现主体创新创造素质。所以，要培养合格的技术技能人才、提升高职教育社会认可度和文化育人水平，急需从理论上、内容上、实践上厘清高职院校文化育人的价值取向。

**3. 高职院校文化育人存在短板需要策略加强**

不论在理论界还是在高职教育实践中，比较一致的认识是，高职教育是"高职"复姓，具有"高等性"和"职业性"两个特征。高职院校是职业高校，但是在不同行业和不同专业特点的高职院校对"高"和"职"的偏重性上有不同的见解。作为高等教育的一种类型，显然，高等性是高职教育不可缺少的，甚至有不少学者认为，缺失高等性是高职教育缺乏文化层次、持续向好发展的根本性问题。① 但不论怎样，彰显高职教育类型特征的一定关键在"职业"上。这就意味着，高职院校文化建设必须在强调大学文化的同时要真正凸显职业文化，实行开门办学。所以，高职院校育人的过程必然伴随着与企业、行业进行文化交流、交融、碰撞的过程。校园文化与区域文化、行业文化、企业文化如何互动、如何取舍、如何交融，这都需要在把准我国高职教育发展定位、追溯我国高职教育历史渊源、总结我国高职教育四十年发展经验的基础上，积极借鉴国内外有益的职业教育文化建设经验，提出高职院校文化建设的科学途径和可资借鉴甚至可直接复制的方法，从而彰显高职院校文化育人的价值取向。

但从高职院校与一般普通高校比较以及高职院校自身文化育人、文化建设现状来看，高职院校文化育人的水平总体滞后于高职教育蓬勃发展的整体水平。一方面，在高职教育探索发展的过程中，各管理主体和理论工作者更多地关注办学模式和教育教学方式方法的深入研究和改革创新，很少把文化育人、文化建设提到应有的高度并纳入教育教学过程来进行规划和主动实践，同时缺少高职院校文化育人专门人才，尤其是公认的通晓大学文化、企业文化、行业文化的复合型人才，② 使得高职院校的文化育人推进、文化建设实践存在现实的茫然、层次的不高。解决这些问题，急需提出彰显文化育人价值取向的策略，有效指导高职院校文化建设实践。

## 二、研究意义

职业教育是国民教育体系和人力资源开发的重要组成部分，一直得到

---

① 匡瑛. 高等职业教育"高等性"之惑及其当代破解[J]. 华东师范大学学报（教育科学版），2020(1)：2-22.

② 陈衍，房巍，郝卓君，王昊. 中国职教研究学术影响力报告（2010）[J]. 职业技术教育. 2010(36)：54-55.

党和国家的高度重视。尤其是党的十八大以来，习近平多次就职业教育发展、教师队伍建设、思想政治教育做出过重要指示，为现代职业教育发展指明了方向。① 从落实总书记的重要指示、破解高职教育存在的现实问题和面临的发展问题可以看出，研究高职院校文化育人价值取向，对于完善文化育人理论、全面落实立德树人使命具有十分重要的意义。

**1. 理论意义**

高职教育的"复姓"特质决定了其文化育人价值取向与一般大学文化和职业文化、企业文化的渊源，具有关系复杂性特征。虽然近些年我国在高职院校文化育人研究方面取得了不少成果，但尚未形成完整的体系，在文化育人价值取向方面的深化研究上还基本处于空白。因此，在党和国家加强大学生思想政治教育、实施高校思想政治教育质量工程、推进中国特色高水平高职院校建设的大背景下，高职院校思想政治教育离不开符合高职教育特点的思想政治教育的内容和图式、文化育人环境的优化和塑造、文化育人资源的挖掘筛选和有效利用，明确高职院校文化育人价值取向及其彰显路径、彰显方式，对于完善高职院校思想政治教育体系和深化文化育人、示范各类育人具有重要的理论价值。

文化育人是高校思想政治教育质量提升工程"十大育人"体系之一，但文化育人本身也是一个庞杂的体系。文化具有抽象性，文化育人具有实践性。文化育人是以"正向"文化价值化人，而高职教育是一个开放性教育，与相关文化现象交流密切。因此，研究高职院校文化育人价值取向及其彰显，对于完善文化育人庞杂的理论体系架构提供了深层次的研究范式。

高职院校文化育人价值取向研究，聚焦"职业性"价值取向，从高职教育的文化育人定位和文化育人特性出发，以解剖麻雀式的研究方式，以文化育人过程、文化育人维度视角厘清了两个"四向度"的价值目标追求，使具有高职教育特性的文化育人价值取向的内容具体化，高职教育"高等""职业"的

---

① 倪光辉.习近平就加快职业教育发展做出重要指示[N].人民日报,2014-06-24(01).

双重属性融合化，抽象的育人文化要素具象化，为高职院校文化育人价值取向及其彰显提供了可以触摸的研究论域。高职院校文化育人价值取向具有特有的文化形态，追求相互和谐、相互促进、共生共长的文化形态关系。在特有文化形态下实现不同要素的价值追求，就需要从不同方面和不同切入点整合校内外两种资源，通过产教融合、校企合作给予实现，其本质是育人文化与企业文化的顺利对接和有效耦合。不同文化的对接需要坚持正确的政治方向、科学的理论指导、有效的融合方法，具有自身的耦合规律，而他种文化为育人服务，客观上存在价值冲突、方式冲突和耦合的可能。以文化育人为目的，科学揭示校企文化对接的机理和融合的规律，对于完善高职院校文化育人理论、彰显文化育人价值取向具有理论诠释和方法论意义。

文化育人定位、文化育人特性是高职院校文化育人的逻辑起点和价值追求，决定文化育人价值取向性质，文化育人价值取向对文化育人定位和特性具有反作用，以此厘清两个"四向度"的价值目标、设计的育人文化与优秀企业文化耦合的路径，使研究内容可视化、可量化，解决了文化育人价值取向理论研究的基础性、有效性、实践性问题，从文化育人全过程、文化育人重点环节初步架构了完整的理论体系。

**2. 实践意义**

高职教育与社会发展和经济建设联系直接而紧密，国家对其做出了促进就业、市场导向的政策性规定。在这样的定位下，高职院校在教育实践中，既要以就业、需求导向作为指挥棒，又要把握培养人的学校教育本质、着眼于人的全面发展。以高职院校文化育人价值取向研究为主题，把文化育人价值取向提到现实和理论层面进行研究，可以提升高职教育作为"教育"的文化层次，可以彰显高职教育作为"高等"职业教育的特色文化价值取向，可以进一步增强高职院校文化建设、文化育人的自觉意识，在实践中把党和国家对教育的政治性要求、对人自身自由全面发展的本质性要求、社会主体对高职学生道德素质的现实性期待纳入办学设计、办学实践、办学评价等管理过程，把优秀文化、先进文化嵌入人才培养全过程，把立德树人根本任务落实和实现在文化设计、文化实施中。所以，在仍处发展阶段的高职教育中明确文化育人价值取向,对于落实习近平总书记提出的立德树人根本任务具有重要的现实意义。①

高职院校的任务是培养"第一线"的"职业性"专门人才。第一线、职业性的人才必须具有尊重劳动、崇尚劳动、热爱劳动、善于劳动、能够劳动的职业特质,具有勤奋敬业、精益求精、追求卓越、吃苦耐劳、扎根基层、甘于奉献的工匠品质。高职院校文化育人价值取向研究,明确高职院校文化育人"职业性"价值取向和校企"双文化主体"育人的路径,强调把劳动教育纳入文化育人总体设计,体现在育人活动过程中的课程实验实训和专业实践全环节,体现在校内和校外两个文化育人场域。这不仅体现了新时代党对各级各类学校实施劳动教育的基本要求,而且体现了防止高职院校劳动教育理论导向"纯经济"、专业劳动教育实践导向"纯技术技能训练",使教育"与生产劳动相结合",导向高职院校在校学生走出校门、走进企业体悟劳动文化,牢固树立马克思主义劳动观,懂得"劳动最光荣、劳动最伟大、劳动最美丽"的深刻道理,自觉增强劳动意识、劳动动力,养成劳动习惯、劳动品格,确立通过辛勤劳动经营人生、通过诚实劳动积累财富、通过创造性劳动推动社会发展的人生观、价值观。这对贯彻落实"把握育人导向"②的劳动教育第一条原则具有重要意义。

高职教育既要融入大学文化,同时要彰显"职业性"教育特色,依赖于"产教融合、校企合作、工学结合、知行合一"③。这就要求高职院校人才培养必须在其特定的文化形态中与行业、企业进行有效互动。但高职院校是教育机构,承载的是育人文化;行业、企业是经济主体,承载的是经营文化。

---

① 吴京,胡浩.习近平在全国教育工作大会上强调 坚持中国特色社会主义教育发展道路 培养德智体美劳全面发展的社会主义建设者和接班人[N].中国教育报,2018-09-11(01).

② 黄琼.新时代加强劳动教育的价值与实现路径[N].中国教育报,2020-04-14(08).

③ 倪光辉.习近平就加快职业教育发展做出重要指示[N].人民日报,2014-06-24(01).

育人文化重点关注的是培养人才,经营文化重点关注的是经济效益。人才的价值体现在为社会创造经济效益和社会效益上,企业的价值体现在"依赖于人"为社会创造经济效益和社会效益尤其是经济效益上。高职院校文化育人价值取向研究,明确育人文化和经营文化具有"人"的连接点,把看似风马牛不相及的育人、经营两种文化以"人"为链接提出了有效互动、有益互动的策略,促使校企在互动中实现互利共赢、职业性人才得以成长;厘清校企文化互动机理,梳理出校企文化有效互动的方式和途径,培养出具有良好职业意识、职业道德、职业情感、职业精神的技术技能人才,从而充分彰显高职院校文化育人价值取向的鲜明特色,使高职教育真正成为深受市场欢迎、不可取代的一种教育类型。

我国高职院校总体上尚存在发展水平不高、办学层次不高、社会地位不高、社会热度不高、"高职人"社会认可度不高的客观事实,有的高职院校因为深受生源问题、办学经费问题的制约而举步维艰,这使得不少高职院校从业者心理都存在一种"憋屈感"。实际上,社会对人才的需求是呈"金字塔"式的,高职人才就是位处塔底的、起到奠基作用的技术技能人才。可以这样认为,高职人才是推动社会进步、决定物质产品质量、促进经济发展不可或缺的坚强基石。研究高职院校文化育人价值取向,目的是把行业文化、企业文化有效融入人才培养的过程,力求把职业精神、职业道德、职业品格、职业要求融入高职人才的骨子里。融入了职业文化的高职学子,就会树立"工匠"精神、追求"工匠"品质、争做"工匠"人才,就会爱岗敬业、安心基层、心无旁骛,就会努力在一线、在平凡的劳动岗位上做出不平凡的业绩,做出其他类型人才难以替代的卓越贡献。高职教育应有的社会地位就会在不可替代的社会贡献中凸显出来。

# 第二节 国内外研究现状及评述

## 一、国内研究现状及评述

我国关于高校文化建设的研究成果很多,教育部思想政治教育司汇编并由中国人民大学出版社正式出版了多集全国高等学校校园文化建设的理论和实践成果,有不少学者对大学文化也进行过专论,比如,张跃进的《大学文化与大学精神建设》(中国社会出版社)、刘新生的《大学文化建设》(上下册)(泰山出版社)、谈毅王琳媛的《大学文化与价值认同》(上海交通大学出版社)、孙庆珠的《高校校园文化建设概论》(山东大学出版社)等,还有很多期刊文章都讨论过高校文化建设话题。其中不少成果虽已涉及大学精神、价值观、价值取向等较高的文化层面主题,但多数还是集中在学校物质文化建设、校园标识文化、文化识别系统、校园文化活动等方面,而专对高职院校文化育人价值取向的系统研究成果并不多见。近些年来,随着高职教育规模的不断扩大,以及党和国家对高职教育的高度重视,高职热度、高职地位也确实在逐渐提升,国内对高职院校文化育人及其价值取向的研究也逐渐热了起来。

**1. 以文化视野研究思想政治教育已有专论,高职院校文化育人初步涉及,但价值取向研究并不凸显**

文化研究在我国不乏大家,其中杨叔子院士作为机械工程领域专家却担任了三届教育部高等学校文化素质教育教学指导委员会主任,他主持编纂的《中国大学人文启思录》以及提出"科学与人文有机结合"的教育思想和教育实践,对大学文化建设产生了较大的影响。2000 年,我们党"三个代表"重要思想提出后,一大批学者开始以文化视野研究思想政治教育,产生了一批专论。张耀灿等出版的专著《思想政治教育学前沿》就文化与思想政治教育进行了多维研究,运用文化哲学等新知识新方法对思想政治教育过程的构成要素、运行环节和主体状态做出了全新分析,吸取文化学等最新成果对思想政治教育活动进行了研究,顺应时代呼唤对思想政治教育文化环境以专门章节进行了深入研究。在文化环境章节,作者认为,"在思想政治教育文化环境系统内,文化要素的传递、传播和创造构成了其运行的重要机制""思想政治教育文化环境的系统外运行是在其与社会环境、思想政治教育之间的矛盾之下展开的,从而进入两个基本领域。其一,它进入社会环境系统中,与经济环境、政治环境相互交换信息和能量;其二,它进入思想政治教育活动中,形成与思想政治教育的双向建构。""包括内化、外化、反馈三个阶段"。① 沈壮海在其专著《思想政治教育的文化视野》中专门讨论了"先进文化"问题。作者认为,教育"造就全面发展的人"的过程即为"文化化人"的过程,其实质是"将人类已经发展起来的先进文化成果转化成为个体内在本质力量、促进人的精神生活全面发展的过程。"这一论述揭示了先进文化育人的客观法则。作者还以"先进文化"命题明确回答了"文化的发展性、文化发展的方向性、文化的先进性"等紧密相关的文化理论问题。作者进一步指出,判别一种文化是否先进,要坚持"历史的尺度、科学的尺度和价值的尺度",就是要"运用马克思主义的历史主义的方法对文化进行评价",就是要看"是否客观地反映了人类对客观世界的真理性认识",同时要看"对特定社会的经济、政治起怎样的作用,以及这种文化反映了谁的利益,为谁服务。"②杨建义在其专著《大学生思想政治教育路径》中专门研究了提升思想政治教育路径的文化属性。他认为,"文化孕育着和决定着人们的思想行为",文化控制和规定人们的行为"涉及现实世界的意义,也指向理想的境界,形成一定的价值取向,外化为具体的行为规范,并作为稳定的思维定势、倾向、态度,对人类活动起着规定性的或指令性的作用。""价值体系在文化中处于核心地位。价值体系在与文化的共同发展中,形成了其独特的文化

---

① 张耀灿.思想政治教育学前沿[M].北京:人民出版社,2006:422.
② 沈壮海.思想政治教育的文化视野[M].北京:人民出版社,2005:13.

属性。"①王琦、邢运凯等学者还试图对高职教育文化的构建进行了系统研究,其专著《高职教育文化的建构》试图寻找高职教育文化的逻辑起点,在就业导向的维度诘问高职教育文化的变迁,并试图在多个方面寻找高职教育文化与职业续航能力的结合点,探寻高职教育文化育人价值取向和文化发展传播规律。教育部职业院校文化素质教育指导委员会、全国职业院校文化素质教育协作会已连续10年举办"文化育人"高端论坛,每年确定一个主题开展深入讨论,并把优秀研究成果由商务印书馆正式结集出版《文化育人》,在其封底向社会宣示"教育不只是传授掌握知识技能的手段,""更是砥砺德行、浸润思想和培育价值观念的过程",②从理论到实践形成了系列化的高职院校文化育人专论成果。2018年,文化育人已经被教育部确定为新时期思想政治工作十个育人体系之一。

从文化视角研究思想政治教育研究成果可以看出我国思想政治教育研究的厚度和鲜明的政治方向,从高职院校文化育人的系列研究成果可以看出我国高职院校已经朝着重视文化育人的方向迈进。思想政治教育本身也属文化范畴,但是这些研究成果并没有从理论层面厘清思想政治教育与文化的关系,尤其是文化育人专论成果虽然也显示出高职院校文化育人系列专论成就,并具有一些不同于普通高校的文化育人特色,但是研究尚停留在经验性、个体性、建议性层面,鲜明的职业性价值取向并未凸显。安蓉泉冷思考后认为,高职院校"文化育人"的口号已叫喊了多年,但效果一直不够理想。重要原因之一是在认知、主体和工作方法上存在"错位"现象。③ 胡正明分析认为,"相比本科院校而言,高职院校的办学历史比较短,文化的积淀相对比较弱,高职院校基本上还没有真正形成具有自身院校特色的、有效的

① 杨建义.大学生思想政治教育路径研究[M].北京:社会科学文献出版社,2009:260.

② 教育部职业院校文化素质教育指导委员会,深圳职业技术学院,商务印书馆.封底.文化育人[C].北京:商务印书馆,2016(5).

③ 安蓉泉.高职"文化育人"的错位与调适[N].中国青年报,2014-12-22(11).

文化育人体系。"①

**2. 理论研究偏重于内涵界定,外延研究有所涉及,但更多地关注实践探索和经验总结,文化育人研究尚缺乏深度**

从近些年中文核心期刊和文化类专业期刊刊发的研究成果来看,对高职文化内涵研究的专家学者人数众多。比较有代表性的作者重点讨论了以下问题:朱巧芳学者认为,"高职文化区别于大学文化在于融入了企业文化""校企互动使得企业文化深深植根于校园文化"。② 雷久相学者认为,"实现高职校园文化与企业文化对接,应当以高职院校为主体、以企业文化为主导、以精神文化为重点、以制度文化为抓手、以物质文化为基础、以课程文化为亮点、以实践教学为桥梁、以文化活动为平台。"③刘洪一、陈秋明等学者通过总结我国高职院校综合实力持续名列首位的深圳职业技术学院实践经验提出,高职院校文化育人要进行"系统设计与实践"。④ 李时雨、徐健等学者对高职院校文化个性培育路径进行了研究。他们认为,高职院校文化个性培育有四条路径:"追溯高职教育历史,寻找根性文化基因;珍视区域发展特色,保存本土文化底色;秉持高职就业教育,凸显职业文化符号;甄别高等教育类型,构建实践文化体系。"得出的结论是:"高职院校文化是有民族特色和区域特征的实践型职业文化。"⑤石芬芳、胡类明学者基于高等教育层类视角对高职文化进行了比较深入的研究。他们认为,高职文化的核心内涵是:在精神方面体现"服务为本、职业情怀、经世致用、重技崇学、能力本位",在制度文化方面体现"刚性标准、弹性过程、柔性管理、外圆内方",在行

---

① 胡正明.高职院校如何推进文化育人[N].光明日报,2016-03-01(15).
② 朱巧芳.试析高职校园文化[J].清华大学教育研究,2005(03):100-103.
③ 雷久相.高职校园文化与企业文化对接的理论意义和实践要求[J].职教论坛,2010(12):57-59.
④ 刘洪一,陈秋明,谭属春,窦志敏,王波.高职院校文化育人的系统设计与实践[J].中国职业技术教育,2015(07):74-77+82.
⑤ 李时雨,徐健,绍云雁.高职院校文化个性研究[J].职业技术教育,2009(1):22-25.

为文化方面体现"德高为范、技高为师、知行合一、律己敬业、分工合作",在物质文化方面体现"和谐型校园环境、互补型双师教学团体、共建型综合实训基地、共享型一体化教学资源"。① 刘兰明等学者则从高职教育类型属性和现实矛盾中反思了高职教育文化,并提出了建构建议。他认为,高职教育的教育性决定了"高职教育文化归根到底是育人为本的文化",高职教育的双重属性决定了"高职教育文化是大学文化与职业技术文化融合基础上的文化",并提出,要从时间维度、空间维度、主体维度建构高职教育文化的文化传承与创新、文化气质与结构、文化自觉与创新精神。② 刘小强、彭旭学者从政策、文化改造和社会制度体系等方面提出了建议:要逐步改变传统文化对高职教育的歧视,转变因歧视而形成的不正常的文化背景。③ 陈云涛学者从归属的角度研究了高职文化外延问题。他指出,要在职业情怀、经世济用、开放协作视域下重构高职院校的大学精神。④ 但更多的学者还主要针对高职院校文化建设的具体实践活动和经验进行了研究,集中体现在文化环境、文化活动、校企文化互动等方面。有些文化建设研究成果也涉及"职业性"价值取向,并对高职院校文化育人活动的职业属性提出了一些零散的、具体的、可操作的建议,但总体缺乏深度,尚未形成完整的体系。

**3. 行政性举措推动了文化育人研究并具有初步职业性价值取向,但研究的质量与高职体量和育人实践不够匹配**

党的十八大以来,我国对文化建设高度重视,高职教育也在总结过去经验的基础上提出了文化育人的使命,并通过行政性举措大力推动文化建设。

---

① 石芬芳,胡类明.基于高等教育层类视角的高职文化研究[J].职业技术教育,2010(7):10 - 15.

② 刘兰明,张金磊.高职教育文化的反思与建构[J].中国高等教育,2011(18):40 - 42.

③ 刘小强,彭旭.体制·重心·学制·文化—影响当前我国高职教育发展的四个问题[J].高等工程教育,2007(5):115 - 118.

④ 陈云涛.高职教育视域下的大学精神重构[J].高等教育研究,2009(07):67 - 69.

这主要体现在两个方面：一是以国家教育行政部门为主导推动建立文化育人研究组织。比如，教育部职业院校文化素质教育指导委员会于 2012 年 12 月成立，其重要职能之一就是"提高职业院校文化品位"，加强"各职业院校以及行业、企业、社会之间的联系"（教职成函〔2012〕12 号文《教育部关于成立教育部职业院校文化素质教育指导委员会的通知》）。中国职业技术教育产业文化育人联盟于 2013 年 10 月成立，《中国职业技术教育产业文化育人联盟工作办法》对联盟明确的任务就是：推动优秀企业文化精华融入校园文化，传承、传播先进企业文化；研究和利用校企合作对提升教师产业文化素养带来的挑战和机遇；通过物质文化、制度文化和校园文化活动对学生的行为习惯进行养成训练，实现职业院校毕业生"进得去、留得住、用得好、成才快"的目标。全国高校博物馆育人联盟于 2012 年 5 月成立，《全国高校博物馆育人联盟章程》明确成立联盟的根本目的是充分发挥专业文化的育人功能。教育部职业院校文化素质教育教学指导委员会于 2012 年 12 月成立，其主要任务是在教育部的领导下组织专家对职业院校文化素质教育工作进行研究、咨询、指导和服务。一些行业组织，比如，中国建设教育协会也于 2013 年 5 月成立了职成委校园文化协作委员会，其宗旨就是推动职业院校文化建设和研究。二是优秀成果评选活动推动了高职院校文化育人理论研究和文化建设实践活动。教育部和多数省、自治区、直辖市的教育行政部门，每年都组织"高校校园文化建设优秀成果"评选活动，高职院校获奖数量每年大致占比三分之一左右。从高职院校获奖成果看，具有职业属性的文化建设项目获奖相对较多，且与一般本科院校相比也显得特色鲜明、个性彰显。但从实践来看，组织活动成效尚停留在表面或一般性成果堆砌，从研究和获奖成果的数量和质量来看，还与高职院校的体量、文化育人实践、高职发展态势存在较大的差距。

**4. 研究成果数量很多，但领域零散缺少基础性框架，尚未发现文化育人价值取向系统性研究成果**

纵观我国高职院校文化建设实践成效和现有高职文化研究成果，数量很多，但研究领域零散，总体缺少基础性框架。研究者语境大都模糊了高职文化与普通大学文化、中职文化的共性和区别,没有找到高职文化独特的标签和鲜明的价值取向;有的把高职文化游离于大学文化之外,与一般职业教育文化表述无异;有的没有搞清高职教育的类型和层级特征,研究专注于个别现象、个性案例、个体经验,没有把众多个体推及一般,研究成果离析分散,甚至相互矛盾,缺少基础理论框架,缺少贯通始终的研究主线;有的在教育文化中盲目嫁接行业文化、企业文化、区域文化,止步于适应、对接、满足、迎合,失去了高职文化的教育属性,忽视了人的全面发展,忽略了校企文化的现实不融性和耦合可能性,没有科学揭示校企文化交流交融规律;有的把高职文化停留在校园识别文化、校园文化活动层面,没有深入教育理念、教学设计、教学建设、教学实施、教学方法和文化形态等文化育人的更深层次进行研究。虽然一些研究成果也涉及高职院校文化育人的价值取向,但是还基本停留在探讨高职院校与行业企业之间开展文化对话、举行文化活动的策略性层面,并没有深入触及文化育人和文化育人价值取向等理论性、方向性层面,更没有从认识、实践两个层面系统论述实现和彰显文化育人价值取向的策略。分散在高职教育教学、学生管理、校企合作等其他研究成果中的相关研究,就文化育人问题也只是蜻蜓点水,停留在一般号召和建议的层面。总之,提出高职院校文化育人价值取向命题并进行系统研究的,目前并没有发现。

## 二、国外研究现状及评述

从现有资料看,除瑞典外,国外其他国家并没有"高等职业教育"这样的称谓。但从人才培养的定位看,发达国家都开展了高等职业教育,尤其是一些发达的西方国家职业教育文化氛围浓郁,并通过国家法律法规予以强力推进,以此保障从事高等职业教育的学校与企业、政府各有分工,形成了契约式的技术技能培养模式、运行机制和职业文化。

### 1. 发达国家职教研究成果形成了职业文化支撑工业化的亮色

职业教育是技术技能人才成长的摇篮,是工业化的智力和技术的支撑。发达国家在工业化发展进程中,形成了职业文化与工业化相互促进的良性机制,并逐步通过完善法制保障了教育文化与产业文化、学校文化与企业文化的有效对接。

在欧洲,德国和英国的高职教育文化具有典型性。德国从事高等职业教育的有高等专科学校、职业学院、专科学校、师傅学校、专科学院,他们的企业与学校的紧密合作文化被研究者总结为"双元制",即,私人办的企业作为"一元",国家办的学校作为另"一元",企业和学校合作培养技术技能人才。英国从事高等职业教育的有多科技术学院、继续教育学院、第三级学院,他们在实践中形成并被理论研究者界定为现代学徒制、BTEC 模式(Business & Technology Education Council)(即英国商业与技术教育委员会的简称,是 Edexcel 的品牌教育产品),就是把高职教育与工商企业实践以法制的规定性和职业资格制度结合起来,培养具有较高理论知识基础的技能型人才,形成了较为成熟稳定的职业教育文化。①

相比较而言,日本和韩国高职教育文化在亚洲较为成熟,支撑了二战以后两国经济的高速增长。日本从事高等职业教育的有高等专门学校、短期大学、专修学校以及其他高中后的职业技术培训机构,研究发现,其职业教育文化集中在产学合作、企业职业教育,他们也是以国家制度的形式推动校企合作,其突出特点是注重培养企业精神、道德教育和创新教育。② 韩国从事高等职业教育的有专科大学、产业大学、广播函授大学、技术大学,不少研究者认为,其文化特色是建立了终身教育体系、加强产学合作、提升职业教育地位。③ 职业性、合作性、终身性成为这些国家职业教育文化的研究及实践亮色。

澳大利亚是一个大的岛国,在大洋洲其高职教育文化具有自身特色。澳大利亚从事高等职业教育的机构主要是技术与继续教育学院(TAFE,即

---

① 英罗伯特·艾伦. 近代英国工业革命揭秘[M]. 杭州:浙江大学出版社,2012.

② 汪辉,李志永. 大国教育战略研究丛书:日本教育战略研究[M]. 杭州:浙江教育出版社,2013.

③ 艾宏歌. 当代韩国教育政策与改革动向[M]. 北京:社会科学文献出版社,2011.

Technical And Further Education），由工业学院、农业学院、林业学院、牧业学院、商业学院、护士学院等行业学院构成，它是一种以国家框架体系为统领、以产业需要为推动力量、以客户需求为中心的高质量的教育培训体系，办学形式灵活多样，并与中学和大学有效衔接。研究者发现，其经验就在于，培养目标以就业为导向、以市场需求为动力，以工业部门、行业协会和雇主对专业人才的需要为依据，学习的内容以应用性为主，所有课程按行业职业能力标准提出的要求来实施。① 市场性、培训产业化是其职业文化的研究及实践亮色。

新加坡位处东南亚，国家虽小但归属发达国家，其高职教育文化受到了全世界多数国家的高度关注和认可。新加坡从事高等职业教育的有中学普通工艺课程、工艺教育学院、国立理工学院、大学本科职业教育，南洋理工学院研究总结的"教学工厂"文化育人模式，鲜明地展示了教育文化的职业性，做到了学校、培训中心、企业的"三元合一"，其职业文化亮色是以"双师型"教师队伍为支撑，教学环境做到以综合科技、专业科技中心为背景。② 这一职业文化特色得到了我国不少高职院校的充分认可和积极借鉴，在国际上较有名气。

美国和加拿大的高职教育文化的突出特点是办学模式的灵活性，比较好地适应了经济社会发展和个人彰显个性、提升技能的需求。美国从事高等职业教育的有技术学院、社区学院、地方职业学校、工业管理学院、非正规的成人高等职业课程和暑期学校、合作教育。一些研究者总结认为，这些类别的高职教育，其文化性主要体现在服务方向的地区性、培养目标的多样性、培养规格的应用性、学校办学的开放性，把学校资源、社区资源、企业资源、人力资源等以市场为机制链接起来，形成了灵活多样的高职教育模式，其职业文化亮色是高度的市场性。加拿大从事高等职业教育的有社区学

① 祝怀新. 面向现代化：澳大利亚高等教育研究［M］. 杭州：浙江大学出版社，2009.

② 姚寿广，经贵宝. 新加坡高等职业教育：以南洋理工学院为例［M］. 北京：高等教育出版社，2009.

院、职业学院,其职业文化特点是产业性、开放性、实用性、延续性、实力性、多元性、灵活性、严肃性、就业性,实施的是 CBE 模式(Competency;Based Education),其培养目标是使受教育者达到某一特定职业所需的综合职业能力。① 这一高职教育文化对我国高职院校文化育人实践活动也产生了较大影响。

**2. 发达国家职业文化研究初衷是经济而非文化本身**

从上述一些具有代表性发达国家的职业教育模式、职业教育文化研究成果可以看出,虽然不同国家的国情不同、体制机制不同,但都具有以下一些共同的特征:一是职业教育的发展离不开行业、企业、区域的参与与支持,都十分关注职业院校与利益相关者的互动关系;二是职业教育与行业、企业、区域的互动都建立在法制规范的基础之上,形成了相互配套、制约有力的法律法规体系;三是职业教育成为具有产业性质的市场实体,继而形成了市场性、灵活性的教育经济;四是这些国家以资本为纽带建立起了人与社会、人与人的价值关系,没有职业教育"低等"的文化现象,甚至把一技之长、生活独立奉为个人能力、个人价值得以实现的重要标志。所以,发达国家的职业教育经过数十年甚至数百年的发展,不断适应了发达国家经济和社会发展的实际,为各国经济腾飞提供了有力的高素质技术技能人才支撑,成为一些国家经济快速发展的职业文化"秘密武器"。可见,发达国家的职业院校顺利实现学校教育与产业、企业的紧密结合,并形成良好的互动机制,主要来自企业需要、政府推动、法制规范、资本纽带,其蕴含的是学校文化做到了与区域文化、企业文化、行业文化的有效链接,形成了特有的职业文化现象。

从对这些教育模式和国外职业教育研究成果的进一步深入研究还可以发现,虽然这些模式都形成了比较完备的教育理论体系,有了较长时间人才培养的成功实践,但他们起初都是着眼于工业发展和企业对技术技能人才

---

① 梁绿琦.高等职业教育研究资料选编[M].北京:北京理工大学出版社,2010.

的需要,以此需要为推动,以资本为纽带,为了培养符合工业发展和企业对人才能力和素质的要求,在实践中不断探索和研究形成了各自人才培养模式,并形成了独具特色的较为成熟的教育教学理论和文化育人体系。正因为如此,从现有资源库只能搜索到国外职业教育在校企合作培养人才模式、政府推动校企合作政策等方面的研究成果,没有精确匹配到文化育人方面的研究成果,多数关于文化育人、职业文化方面的表述只是散落在教学研究成果之中,并没有把职业教育的文化育人设计置于人才培养方案设计伊始,在人才培养过程中,也没有把学校与企业、学校与社会的合作建构在文化层面,更没有就职业院校自身的文化建设、文化育人实践进行系统深入的研究。

**3. 国外学者关于职业教育文化研究主要关注公民教育、技术精神和种族、移民等政治方面问题**

国外学者十分关注并广泛研究校园文化建设。1990 年,美国人约瑟夫·奈出版了十分有影响的《美国定能领导世界吗》一书。作者认为,文化是民族的精神家园,凝聚着一个国家的精神追求,体现了一种行为准则,承载着该国公民所认同和信奉的核心价值,会在较长时间内影响这个国家公民的社会认知、价值取向和行为表现[1]。皮特森(Kent D. Peterson)提出,学校文化由规范、价值或信念、典礼或仪式、象征或事迹等因素构成,展现一所学校不同于其他学校的个性。这个个性是一个学校不成文的因素,它会随着时间的流逝和积淀,促使该校教师和管理者、学生和家长一起共事、一起迎接挑战、一起解决问题、共同面对失败[2]。康德则从技术层面和生命伦理层面来评价学校的文化建设。他认为,学校文化建设目标既要保障知识、技术的传递,又要在精神面貌、行为修养、人格养成、潜能开发、创造力培养

---

[1] Joseph. Nye. Bound to Lead: The Changing Nature of American Power[M]. Basic Books,2016.

[2] Kent D. Peterson. How Leaders Influence the Culture of Schools [J]. Educational Leadership. September 1998. Volume 56. Number 1.

等方面促进人的完善。① 洪堡则认为,大学文化的建设目标是培养有修养的人。② 克尔则从大学的社会性角度强调,高校校园文化是一种亚文化形态,是国家文化重要的组成部分,也是维系社会思想和政治统治需求统一的重要途径。德国著名哲学家雅斯贝尔斯在《什么是教育》一书中指出,大学营造的是一种有利于探索真理、认识真理的价值,彰显的是掌握真理的创造性的智力文化,他鲜明的大学文化观点是,"大学是一种文化中心"③

国外学校大都重视文化建设,它们认为,大学是培养"有效公民",强调的是学校文化的根本在于人的培养。所以,很多国外学者对于学校文化建设关注的焦点在于学校文化建设能否服务于学生生命成长,能否充分创造和提供其生命成长所需的机会和条件。它们把校园文化建设和育人统一起来,让文化建设关注人、围绕人、促进人的发展,高校文化建设的根本价值就在于促进学生的发展和完善。在职业教育研究领域,一些西方国家则关注种族、移民问题,主要目的是培养这些"下等"人的一技之长,其主旨是维护社会稳定。④ 当然,也有学者担心,职业教育趋势会威胁到自由主义。⑤

不少国外学者都关注职业院校校园文化建设的价值取向。多数学者都认为,校园文化既有学校的鲜明特点,又彰显特定的历史阶段烙印,还服务于国家整体利益的各个链条。校园文化政治色彩浓厚,满足统治阶级的意愿需求,支持国家政治、经济发展的宏观战略,又兼具社会公共性,促进社会的良性发展。例如:美国社区学校文化教育,重在普及美国政治常识,强调思想道德观念,引导美国青少年认识并支持美国政治策略,其教育内容主要

---

① 瞿菊农编译. 康德教育论[M]. 北京:商务印书馆,1930 年版.

② HUi Jiali. An Exploration on Humboldt's Philosophy of University [J]. Higher Education of Social Science,2015,8(3):46-51.

③ 卡尔·雅斯贝尔斯著. 邹进译. 什么是教育[M]. 北京:生活·读书·新知, 1991:1.

④ Ivan, Greenberg. Vocational Education, Work Culture, and the Children of Immigrants in 1930s Bridgeport[J]. Journal of Social History,2007:149-160.

⑤ Cubberley E P. Does the Present Trend toward Vocational Education Threaten Liberal Culture? [J]. The School Review, 1911,19(7):454-465.

包括公民知识、公民技能和公民意向。所以,美国学校公民教育的目的是使公民成为守规则、有责任心的合格公民,强化国家认同意识,极力宣扬美国"世界领导""美国优先"意识,鼓动美国青少年为维护美国在世界上的强大地位而努力,为维护世界和平与社会秩序而工作。德国制造业享誉全球,支撑这一荣光的是德国职业院校的校园文化。其国家主义的价值取向、职业主义的人生信条和技术主义的精神追求,构成了德国职业教育兴旺发达的文化底蕴。德国的职业教育文化建设凸显职业神圣、职业平等,强调职业素养、职业道德、职业习惯的养成,突出契约精神,强调制度刚性,重视创新创造,并把技术积累创新和产品质量上升到国家生命延续的高度给予宣扬。日本的职业教育文化源于企业,1958 年日本政府制定了企业训练标准,确立了技术鉴定制度,以法律形式固定了职业教育的国策地位。日本还重视企业内职业教育,自 19 世纪 70 年代以来,经过长期实践和探索,开展了集体主义教育、感化教育、家庭式团队组建等职业精神和思想道德教育,并最终落脚于"终身聘用"的劳资雇佣形式,以增进职工的忠诚度、归属感,显示出日本职业教育和职业文化的特点。法国职业类学校则突出文化熏陶浸染作用,培养出良好的兴趣爱好和高雅的风度气质,对提高个人综合素质、融洽人际彼此关系、加强思想道德修养、促进社会稳定和谐等方面发挥了重要作用。

### 4. 国外关于职业文化研究的启示和借鉴意义

国外关于职业类院校的文化育人研究和实践在关注经济的同时也具有鲜明的政治价值取向。这种价值取向既有稳定传承的部分,也有随着社会形态、经济发展水平甚至沟通交流工具的变化而变化,对我们既有值得借鉴的做法,又有需要摈弃的价值取向。

职业文化研究必须关照工业文化。国内外职业教育的共同特征是面向经济建设主战场,与工业紧密关联。这就意味着,职业教育既要为工业发展服务,又要承载、发展、引领工业文化,职业文化研究不仅要关注职业教育本身,还要关照职业文化与工业文化的互动,与本国国情和工业文化特色相结合,逐渐形成具有本国特色的文化育人价值取向,以职业文化支撑、助推工业文化的发展和繁荣。西方发达国家职业文化支撑起工业文化亮色,给西方带来的是工业化时代的经济繁荣。这是值得我们认真研究和积极借鉴的。

职业文化研究必须关注重大社会现实。职业文化的诞生、形成和发展相伴于社会发展带来的社会分工、职业门类的产生和发展,社会分工和职业门类的产生和发展又与政治、经济、文化等社会发展环境的变化紧密相连。一个时期的文化形态表征的是一个时期的社会现实,重大社会现实影响甚至决定职业的消长。所以,研究职业文化,必须高度关注重大社会现实,使研究成果建立在坚实的社会基础和社会发展趋势上,使研究成果的生命和价值体现在解决社会现实问题之中。德国等科技发达国家把技术精神深度融进职业文化,切实提升了该国制造品质,形成了在全世界独树一帜的职业文化。我国已经形成庞大的工业体系,但制造品质在一些方面与发达国家还有一定差距,需要积极学习发达国家技术精神教育,使精深的职业文化有力支撑和促进工业体系的进一步完善和强盛。

职业文化研究必须服务国家政治意志。对个人、团体、民族、国家的生产、生活习惯的定性反映出文化的属性,文化来自人和群体的主体创造和历史积淀,同时又服务于创造文化的主体。职业文化是文化的一个分支,不仅要服务于职业本身,也要服务于国家政治意志。美国在职业文化研究和实践中宣扬"美国优先""世界领导"等极端利己和霸权思想,一些西方发达国家关注公民教育、技术精神和种族、移民等政治方面问题,目的是提高特定群体的职业素养和对国家的忠诚度,巩固资产阶级的统治。实践证明,在资本主义体制下,这种职业文化研究及文化育人实践,对消解基层矛盾、稳定国家基础起到了积极作用。从研究内容、研究方式上看,不论什么性质的国家,其职业文化的研究和实践必须为这个国家的政治意志服务,而不能仅停留在职业教育本身层次上。

职业文化研究必须高度关注人的发展。职业文化研究的目的是传递主导行业或主导专业的职业文化,关注职业文化融入人的培养过程的正确的、有益的方式和手段,以形成学生的职业意识、职业道德、职业情怀和综合职业素质。这样的研究不仅关注职业与经济社会发展的相互关系，而且关注对人的自身素质的提升，并在职业素质提升过程中赢得社会地位、享受职业幸福。西方国家对移民等特殊群体的职业教育，虽然有明显的"甩包袱"的政治目的，但是同时也现实地提高了这类人的技术技能，成为可能自食其力的劳动者。

但发达资本主义国家职业文化研究的主旨是振兴经济、追逐利润而不是人本身，这种偏向没有跳出资本的藩篱和逐利、贪婪的本性，在短期内可能对经济发展、维护社会稳定有一定作用，但不把"人"置于职业文化研究和文化育人实践的中心，最终不仅"人"得不到应有的发展，而且从长远看也难以持久支撑经济振兴。我国是社会主义国家，中国共产党确立"以人民为中心"的价值取向，这是其他文化无法比拟的社会主义先进文化，我国抗击新型冠状病毒取得的重大胜利与其他体制抗击失控的鲜明对比就是生动明证。因此，我国职业文化研究和文化育人实践不能偏离这个价值取向，需要时刻保持政治上的清醒。

## 第三节　研究思路与研究方法

### 一、研究思路

高职院校文化育人价值取向及其彰显是一个重大的理论问题，同时也是高职院校面临的普遍性现实问题。研究思路是：以历史视角梳理研究根基，以文化生态视角厘清文化育人价值追求，以文化形态视角揭示高职特质文化育人规律，以典型区域样本提出彰显文化育人价值取向策略。研究基础是研究活动的立足点，价值追求是研究内容的向度目标，特质文化育人规律是指导高职文化育人实践的理论和方法，彰显文化育人价值取向的策略是研究的实践目的。四个方面相互关联，环环紧扣，形成高职院校文化育人价值取向研究的清晰逻辑和完整架构。

### 1. 以高职发展三个"实现"的历史脉络作为研究根基

历史脉络是文化传承的资源和经络，是文化形态的基础和根脉。在梳理分析我国高职教育发展脉络的基础上，提出我国高职教育正步入文化育人新的发展阶段。从历史的角度，1866 年成立的"福州船政学堂"被认为是我国近代职业教育的开始，孙中山先生提出的"实业救国"是我国职业教育思想在治国方略上的率先应用，我们党在革命、建设、改革中创新形成和曲折实践了职业教育理念。但我国高职教育真正走上正轨化、成建制发展之路，是依靠改革开放后国家经济建设急需技术技能人才的强力推动；其大发展是依靠邓小平南方谈话之后国家经济快速发展在技术技能人才"瓶颈"的制约反力作用；而高职教育理性发展则是依靠高职教育大扩张后对其自身存在的问题理性反思。针对经历这样特殊发展历程的我国高职教育，高职院校文化育人价值取向必然也随之表现出阶段性特征，并演进取得现时代重要成就和依然存在的发展之困。本书研究就是建立在历史发展脉络的一些关键节点和发展趋势上，努力理清高职院校文化育人价值取向的发展根基、发展过程、发展趋势，使研究根基牢固、论点鲜明、论据充分、结论可靠。

### 2. 以文化生态视角研究高职院校文化育人价值取向的"高等个性"目标

高职院校是职业高校，是高等教育的一种类型，多数情况下主要针对人才培养目标规格，主要关注人才知识结构、能力结构、素质结构。本研究则以思想政治教育环境论、资源论为基础，研究高职院校文化育人价值取向的"高等个性"。从育人目标、育人特性入手，分析明确高职院校文化育人价值取向的应然目标；从校企文化交流交融规律入手，构建实现高职院校文化育人价值取向的方式路径；在分析职业教育文化育人的历史积淀、发展现状、影响因素的基础上，梳理高职院校与普通高校的"高等"文化共性和"类型"文化个性；通过分析高职教育在联合国教科文组织和我国教育体系中的定位共识，明确高职院校文化育人价值取向的方向和着力点；着眼于追求和谐融洽、互动共长、可持续发展的生态型文化形态，分析高职院校文化育人价值取向存在的主要问题和实现障碍，为提出彰显高职院校文化育人价值取向策略提供实践和理论的依据。

**3. 以文化形态关系实现为基础研究"高职特质"文化育人规律**

高职教育相对于普通高等教育，其特质是职业性，职业文化是高职院校文化形态的重要内涵和鲜明亮色，需要在高职院校与行业、企业文化形态关系中实现。这种文化形态关系实质上就是高职院校瞄准文化育人价值取向，通过拓展和优化育人环境、科学利用行业企业文化资源有效实施文化育人。实施高职院校文化育人，依赖于高职院校文化建设。高职院校文化建设要在加强"高等性"大学文化建设的同时，科学融入行业、企业文化，凸显高职院校文化育人"职业性"价值取向。从现有研究成果看，关于高校文化建设研究视野十分宽泛，有从社会学、文化学视角，也有从教育学、现象学视角，还有进行了综合考察。本研究拟从思想政治教育视角来研究高职院校文化建设，并聚焦高等职业教育的职业属性，研究高职院校文化建设能否、怎样融合行业企业文化，其目的就是通过有效嫁接行业企业文化有益因子，形成校企"双主体"文化育人，形成具有高等职业教育特质的大学文化。实现校企"双主体"育人，需要正视校企文化不融性，有效实现校企文化耦合性。研究关注理论性，侧重实践性。

**4. 以江苏省 15 所国家示范（骨干）高职院校为主要样本研究高职院校文化育人价值取向的彰显策略**

我国高职院校数量多、类型多，分布区域、分属行业文化差异巨大，办学条件更是参差不齐，因此研究样本选择对于本研究的意义十分关键。江苏省是我国教育大省，国家示范（骨干）高职院校共有 15 所（其中有 1 所已作为职业本科建设，有 13 所进入中国特色高水平高职院校或专业群），在全国被誉为高职"高原"，①因此，江苏省这 15 所高职院校的文化建设、文化育人经验、文化育人价值取向具有典型意义。本研究以江苏省 15 所国家示范（骨干）高职院校为主要样本和国内部分特色学校文化育人实践经验为参

---

① 梁国胜. 江苏高职"高原"现象的启示[N]. 中国青年报，2013-05-06(T01).

照,在深度分析高职院校文化育人价值取向的主要问题和实现障碍的基础上,从认识、实践两个维度和文化育人全环节链提出高职院校文化育人价值取向的彰显策略,以期形成高职院校文化育人价值取向及其彰显的系统化研究成果。

## 二、研究方法

本研究主要用以下三种研究方法开展研究:

### 1. 历史研究法

通过全面梳理国家对推动我国高职教育发展先后出台的政策文件和高职教育发展阶段性重要工作经验,厘清高职教育发展脉络和高职教育在经济社会发展中的定位,以高职教育发展趋势现实考量高职院校文化育人价值取向及其阶段性特征,分析其现实问题和实现障碍,提出实现和彰显高职院校文化育人价值取向的系统化对策建议。

### 2. 文献研究法

通过阅读大量关于大学文化、高职文化、企业文化、文化育人、思想政治教育等方面的文献,准确把握大学文化的精髓和高职院校思想政治教育的规律,了解企业文化、行业文化特点和校企文化的不融、耦合规律,分析高职文化影响因素,深刻理解高职教育发展经验、文化育人制约因素,探寻高职院校文化育人价值取向的文化形态关系、高职院校"大学"文化的个性、高职院校文化育人的规律,从认识实践多维度和育人全环节分析高职院校文化育人价值取向及其彰显的方式和路径。

### 3. 调查研究法

重点调查江苏省15所国家示范(骨干)高职院校校训价值取向、专题博物馆建设现状、校企文化融合经验,试图从职业精神标签、职业文化载体、校企文化交流、职业文化传播、育人环境优化等方面,探寻企业文化对高职育人文化影响的机理,明确高职院校文化育人价值取向的彰显策略,探寻高职院校文化育人价值取向及其彰显的一般规律。

# 第四节 研究难点与创新点

## 一、研究难点

### 1. 学科交叉融合难度大

本研究以高职院校文化育人价值取向作为选题,在文化育人研究方面更深入了一步,涉及大学文化建设理论、高职教育理论、教育教学理论、思想政治教育理论等多个学科。在研究实施中,要以高职教育发展的历史脉络和高职院校文化育人的实践经验作基础,既需要把握人才成长规律、思想政治教育规律,又需要懂得企业文化、行业文化影响规律,课题研究具有鲜明的理论性、实践性、学科交叉性的特点。

### 2. 样本选择较为困扰

本书研究的问题是高职教育发展和高职院校文化育人实践中的现实问题,所以,实施研究需要准确把握高职教育文化育人实践中真的问题、普遍性的问题,需要了解高职院校文化育人实践中的成功经验和面临的难题,而我国高职院校数量多、分布面广、隶属关系复杂、服务面向不同、办学条件和位处经济文化差异较大,这就带来选择样本的标准难以把握,样本选择较为困扰,因为以某一地区的样本所得出的研究结论对其他地区可能会存在前提性的差异,选择全样本又难以企及。本课题以经济发达地区江苏省国家示范(骨干)高职院校为研究对象,提出的对策建议可能会超越一般高职院校和相对落后地区高职院校的现实。

### 3. 找寻不同文化交融规律具有挑战性

从研究的内容看,问题要聚焦高职教育、文化育人、育人文化、价值取向、耦合路径,要在高职教育现实问题中找出文化育人的合理性、必然性,要在追求高职院校育人文化特性上把握分属不同文化亚种的大学文化与企业文化的交流交融规律,从认识、实践和育人全环节上找出高职院校文化育人价值取向的问题、原因和彰显策略,是一项具有挑战性的工作。这也许正是本研究的魅力和价值所在。

## 二、创新点

创新点主要体现在以下三个方面:

### 1. 厘清了高职院校文化育人价值取向的向度目标

文化育人是高职院校思想政治教育的现实课题,本研究以文化育人价值取向及其彰显的视角,更深入地研究高职院校文化育人问题,提升和拓展了高职院校思想政治教育研究的新视野。

高职院校文化育人定位决定高职院校文化育人价值取向的性质,文化育人特性反映文化育人价值取向的面貌;文化育人价值取向反作用于文化育人定位和特性。以定位和特性分解文化育人价值取向抽象的研究论域,既能有效把握抽象问题的本质内容,又能为实施研究活动提供可以触摸的研究要素,研究范式具有新意。文化育人价值取向蕴含在育人载体和育人过程之中,因此,文化育人定位、文化育人特性两个方面价值追求的向度即为高职院校文化育人价值取向的应然目标。

文化育人定位就是培养什么样的人、为谁培养人,决定如何培养人。培养什么样的人、为谁培养人是价值目标的选择,如何培养人是实现价值目标方式的选择。文化育人定位贯通育人全过程的服务面向、服务价值观、服务价值标准、服务实现方式等四个维度,相对应的"四向度"是:服务面向一线、推崇技术文化、渐趋价值理性、摆脱时空拘囿。文化育人特性决定育人目标的设定、育人方式的选择、人才个性的彰显、社会价值的实现,处于高职院校文化育人价值取向的中心环节。这四个维度对应的"四向度"是:文化育人目标崇尚技术应用性、文化育人过程崇尚技术人文性、文化育人成果崇尚技术竞争性、文化育人文化崇尚职业暗示性。

### 2. 揭示了高职院校文化育人价值取向的演进逻辑

在高职教育发展历史进程中,高职院校文化育人价值取向相伴经历了一个由浅入深、不断矫正的发展过程。在追溯文化本源及其当代性价值取向，以及由远及近梳理我国职业教育及其文化育人价值取向历史脉络、审思基本实践的基础上，以发展需要、发展规模、发展质量为标准，分析了我国高职教育递进式发展阶段。从对文化育人的认识高度、重视程度和实践效度，首次分析出高职院校文化育人价值取向相对应地形成随性、工具性、理性、特性四个递进式发展阶段。

四个递进式发展阶段具有鲜明的演进逻辑。一方面，高职教育每一个发展阶段都是由当时经济社会发展需要决定的，相对应的每一个阶段文化育人价值取向也是由高职教育发展阶段的目标任务所决定的；另一方面，当一个阶段文化育人价值取向不适应或阻碍了高职教育发展，继而不适应或制约了经济社会发展要求的时候，反过来通过自身优化文化形态来适应新形势发展的要求，从而推动发展阶段的再提升。社会实践决定文化育人价值取向，文化育人价值取向引领社会实践行动；社会实践发展决定文化育人价值取向发展，发展的文化育人价值取向进一步引领社会实践行动的发展。这一"适应—调整—再适应"的过程是经济与高职互动的过程，是高职院校文化育人价值取向不断演进的过程，是党的改革开放大环境、国家推动经济社会和高职教育发展利好政策的现实化。

**3. 构建了高职院校文化育人价值取向的彰显路径**

育人是一门艺术，具有不同的实施路径。教育主体对路径的选择，不仅是教育技术，而且体现价值取向。

文化育人是以正向价值"教化"学生，高职院校文化育人价值取向的实现需要把握高职特质人才培养目标和育人路径。高职特质人才培养目标是"职业性"专门人才，育人路径是校企"双主体"文化育人。但企业文化不是育人文化，校企文化分属不同亚种，其价值追求存在较大差异，实施校企"双主体"文化育人就必须以政治性、教育性视角厘清"双主体"文化。有基于此，构建的高职院校文化育人价值取向的实现路径是：以"职业性"特质人才为培养目标，实施校企"双主体"文化育人；在文化育人过程中，要从功用差别、对接偏差两个方面正视育人文化与企业文化的现实不融；通过增强政治意识、建立管理制度、实施有效监管来规避企业文化中不利人的道德、理性、真善美形成的文化因子；把握耦合机理，遵循耦合规律，有效耦合高职院校育人文化与企业先进文化，从而实现立德树人的价值追求。

# 第二章　高职院校文化育人
# 价值取向的理论分析

## 第一节　高职院校文化育人
## 价值取向的要义诠释

### 一、文化本源及其当代性

从中国字源学来看，"化"通"花"，所以，文化的最初含义只是指描绘一些漂亮的线条。比如仰韶半坡遗址出土的彩陶上，多是动物形象与动物纹饰。这些形象和纹饰是"化"（花、画）出来的，被称为"纹画"（文化）。这些"纹画"看起来像只是纯形式的几何线条，实际上却是从"写实形象"演化创作的，是把内容形象化、意义抽象化，成为不同于一般内容和意义的形式和线条，赋予线条"有意味"。线条"有意味"就能够给人以美感，就能产生文化感召力，这是文化的本义。所以，文化的最初意义是建立在人们对人类自身生活的粗浅认识基础上的，是十分浅显简单的。

而到了当今社会，文化得到了更大的发展和更广泛的传播，不同的学者对文化的概念概括多多。据不完全统计，文化定义有两百多种。美国文化人类学专家克罗伯（A. L. Kroeber）和克拉克洪（D. Kluekhohn）在 1952 年出版的《文化：一个概念定义的考评》（Culture：A Critical Review of Concepts and Definitions）一书中就收录了 166 条文化定义。

查阅研究资料显示，文化（culture）在拉丁语和中古英语中通常是"耕耘"或者"掘种土地"的意思。在 18 世纪,文化在法语中主要指"训练""心智修炼",并逐渐发展为情趣、良好的风度和艺术、文学、科学。到了 18 世纪末19 世纪初,现代意义上的文化才开始指代"人的完善"和"社会风范",以及培养、教育、修养等含义。对此,胡适先生总结说,文明(civilization)是一个民族应付它所面对环境的"总成绩",而文化则是一种文明形成的"生活的方式"。① 梁漱溟更通俗地说,"生活中呆实的制作品算是文明,生活中抽象的样法是文化。"②

　　而在中国,我国学者们多数把"文化"一词溯源到两千多年前的儒家经典作品《易传》。战国末年儒生编辑的《易·贲卦·象传》载:"刚柔交错,天文也。文明以止,人文也。观乎天文,以察时变;观乎人文,以化成天下。"此处的"文"和"化"虽分为两个单词,但前者"天文"指明的是文理表象的自然规律,后者"人文"则有"化育"之意。大约在西汉末年,"文化"连为一词,突出"以文教化"之意。③ 但据冯天瑜研究,中国古代的文化概念,一般指文治教化的活动,基本属于精神文明范畴,与无教化的"质朴""野蛮"相对应。直到 19 世纪末 20 世纪初,日本人对译西方相应术语后才逐渐赋予文化以现代性。

　　综上对文化发展的简要梳理可以看出,西方和中国关于文化都强调"人为"性质,或者说文化具有非先天遗传性。正如美国恩伯学者所说,"文化包含了后天获得的,作为一个特定社会或民族所特有的一切行为、观念和态度。"④同时,中西文化的指向也因为文化渊源的差异而存在细微差别。汉语中的文化关注对某种给定的人伦关系的考察,所以汉语中的文化一开始专注于人的精神修养,强调"文治教化""人文化成"。而 culture 似乎更强调一种凭借内在生命力而生成的价值规范,是通过初期的耕耘、挖种、栽培等意象逐步引申为对人的品行的培养。不同的来源和关注重点决定了现代中

---

① 胡适. 胡适选集[M]. 天津:天津人民出版社,1991:188.
② 罗荣渠. 从"西化"到现代化[M]. 北京:北京大学出版社,1991:59.
③ 王琦,邢运凯等. 高职教育文化的构建[M]. 杭州:浙江工商大学出版社,2012:2.
④ 董进霞. 中国传统文化对中国女子竞技体育的影响[J]. 体育与科学,1995(2):5.

西方文化不一样的价值走向和性格的差异。这是我们研究文化育人不可忽视的现代性问题。

中西方文化的不同必然带来对文化理解的不尽一样。实际上不同的学科对文化的理解也不尽一样,对文化的界定都带有鲜明的学科痕迹,因而,现时代还很难用简单的语言赋予文化以定义,这也是至今还没有公认的统一的文化定义的原因。比如从哲学视角看文化,文化就是哲学思想的表现形式;从存在主义视角看文化,文化就是一个人或一群人存在方式的描述;从文化研究视角看文化,文化就是不同文化和意识形态的结合;等等。认真分析不同学科对文化的解释就会发现,对文化的理解和阐释具有以下共识:文化既是一种社会现象,同时也是一种历史现象,它是人们长期创造并通过积淀而形成的产物,这种产物既凝结于物质之中又游离于物质之外,来源于人又服务于人。1871 年,英国文化学家爱德华·泰勒在《原始文化》一书中提出了狭义文化的早期经典学说,即文化是包括知识、信仰、艺术、道德、法律、习俗和任何人作为一名社会成员而获得的能力和习惯在内的复杂整体。① 所以,在我们日常生活中,一般还是把文化表述为"人类在社会发展中创造的物质财富和精神财富的总和。"在特定场域则特指精神生活的结晶,侧重价值理性的追求,因而文化一般表现为国家或民族的历史、地理,以及风土人情、传统习俗、生活方式,还表现在文学艺术、行为规范、思维方式、价值观念等方面,具有传承性、互动性、发展性特点。

从学校教育使命来说,要把文化作为育人的资源进行整理、筛选、加工为育人活动使用。理解和运用文化资源,既要把握其当代性,又要把握其政治性。

## 二、高职院校的文化

不同的学科对文化的定义不尽相同,同一学科对文化的理解也不完全

---

① 潘乾,金成龙. 延边朝鲜族文化教育传承策略分析[J]. 长春工程学院学报(社会科学版),2017(4):82-85.

统一。如果从"人类全部精神活动及其产品"来理解文化,则育人的文化就是与培养人才相关的"各种精神活动及其产品"。

从学校教育使命来说,职业院校的育人文化一般包括四个层次:第一层次是中国特色社会主义文化,即中华优秀传统文化、革命文化、社会主义先进文化;第二层次是与育人价值观、育人实践相关的校园文化及其活动;第三层次是与学校服务面向相关的专业文化、职业文化、企业文化、行业文化、工业文化等;第四层次是与学生成长成才密切相关的社区文化、网络文化等。不同层次的文化实施育人的方式和强度是有差异的,有的需要有计划、有组织地"教育灌输",有的需要有计划、有组织地"教育熏陶",有的需要在教育管理过程中进行正面地"教育引导"。育人的文化复合作用于教育对象。

在高等职业教育领域,高职院校的文化就是指与培养高职学生相关的"各种精神活动及其产品",拓展开来就是:具有高等职业教育特色的教育方针、教育思想、办学理念、制度体系、组织形态、校园环境、学校活动、教学质量、服务水平、教风学风、社会关系、公众口碑以及承载了文化信息的一些硬件条件等影响高职院校办学和人才培养活动的各种精神的、物质的、制度的、行为的文化因素的总和。高职院校文化的核心是高职文化,高职文化的核心是职业精神。

高职院校的文化有三个显著特征:一是具有与普通高校同源的大学文化"共性",二是具有职业教育属性的职业文化"个性",三是具有与企业文化、行业文化、产业文化、工业文化、区域文化交流融合的"互动性"。

本研究在重视基本政治文化育人的同时,重点聚焦高职院校文化育人职业性价值取向,侧重关注学校文化与企业文化的交流交融,既要有效剔除企业文化中不利于学生健康成长的因子,又要把企业文化中的有益因子正确纳入学校的育人文化。

## 三、高职院校文化育人

文化育人是"以人类文化的正向价值为导引,教化人走向道德、理性、真善美,从而实现立德树人的目标追求。"①其核心是以"正向"价值的文化"化人",目标是教人道德、理性、求真、崇善、向美。"正向"价值的文化是指先进的文化,育人文化的"先进性"体现在符合党的教育方针、中国特色社会主义文化、社会主义核心价值观的要求,同时符合高职类型特征的学生成长成才规律的价值要求,以情感认同、行为养成为培育和践行目标。

文化与教育密不可分,文化影响教育目的确立、教育内容选择、教育方法使用,而教育则对文化具有筛选、整理、保存、传播、交流、更新、创造等作用。文化环境、文化氛围具有潜移默化的强大教育作用,并以多种方式影响学校文化,因此文化本身就具有教育力量。而教育过程可以传递和深化文化手段、体现教育实践和丰富文化特质,因此教育也是一种特殊的文化现象。所以,文化育人既要明确以什么样的文化来"化人",又要以科学的方式挖掘文化中的正向价值因素为"化人"所用,还要设计有效的路径实施"化人"行动。

高职院校文化育人就是以符合党的教育方针要求和高职学生健康成长的"正向"价值文化为导引,教化其成长为道德、理性和真善美品格的、具有良好职业精神的技术技能人才。拓展开来就是,在"文化"中赋予具有高等职业教育特质的、具有正向价值的职业文化内涵,以社会主义核心价值观为引领,按照党的教育方针培养高素质专门职业人才,促进学生德智体美劳全面发展,价值目标不仅追求职业技术和岗位技能的提升,而且追求职业理想、职业道德、职业态度、职业精神和工匠品质的升华,同时关注人的全面发展和学生人生幸福。本研究的重点就是基于"职业性"价值取向的高职院校文化育人现状及发展规律。

由于历史和现实的原因,虽然我国职业教育发展自洋务运动开始已有一百五十多年的历史,但是我国高职教育伴随改革开放步伐发展至今才四十年,经过了不平凡的发展过程,时至今日,我国高职教育仍然没有完全摆脱全社会的"低等"认知,人才培养没有跳出"功利性"价值取向,"复姓定位"

---

① 陈秋明.文化育人的独特价值[N].光明日报,2017-01-19(14).

在彰显高职人才特质的同时也使高职教育在整个教育体系中常常面临较为尴尬的境地,偏狭工具理性强于价值理性,制约了高职学生全面发展、创新发展,文化育人现实性摆在高职院校面前。现时代强调和研究高职院校文化育人价值取向,对于肩负立德树人使命、推动高职教育健康发展极为紧迫。

## 四、文化育人价值取向

价值取向是主体基于自己已有的价值观或受主体上位要求而影响的价值观,是在面对或处理矛盾、冲突、关系时所持有的价值立场、价值态度和价值倾向。价值取向决定和支配主体价值选择,继而显著影响主体对自身、外部关系的认知和社会行为的产生。价值取向具有时代性、领域性、发展性特征,存在于观念层面,反映在实践领域。

文化育人价值取向是教育主体基于自己已有价值认知或对教育对象成长规律认知或受上级要求影响而确立的具有正向价值的价值观以及为实现已有或期待正向价值的方式方法的选择取向,是在面对或处理价值冲突、方式矛盾、相互关系时所持有的价值立场、价值态度和价值倾向。

为教化教育对象追求道德、理性、真善美,"育人取向"聚焦于人才培养目标的"方向性";"文化育人取向"关注文化的"正向性";而文化育人价值取向不仅关注文化的"正向性",而且关注文化实现方式的"正当性"。因此从文化上分析,育人取向、文化育人取向、文化育人价值取向位处不同层次,具有逐渐提升的特点,三者既相互关联又各有内涵不能相互取代。

校企合作是高职院校人才培养必由之路,所以高职院校育人取向于"技术技能人才",高职院校文化育人取向于"具有职业精神的技术技能人才",高职院校文化育人价值取向于"规避了企业在实现利润最大化过程中可能存在的不利于人的道德、理性、真善美形成的文化因子后"的企业文化融入育人文化的"双主体"培养"具有职业精神的技术技能人才"。

文化育人价值取向具有抽象性特点,研究高职院校文化育人价值取向需要在实践上对接有利于高职学生道德、理性、求真、崇善、向美等优良品格形成的正向价值,依托一定的文化育人载体来实施;在方式上需要把抽象的文化育人价值取向分解为可以触摸的观察论域;在方法上需要关注经济社会发展、高职教育发展与高职院校文化育人价值取向的关联性、互动性。因此,为使研究结论具有一般性,需要选定可以决定高职院校文化育人价值取向性质和面貌的文化育人定位和文化育人特性的向度来深入认识高职院校文化育人价值取向。文化育人是育人体系的组成部分,文化育人价值取向蕴含在高职院校育人理念、育人载体和育人过程之中。

本研究以高职院校文化育人价值取向及其彰显作为研究主题,更深入地研究高职院校文化育人理论及实践问题,不仅细化了高职院校文化育人价值取向的研究论域,而且基本搭建起其理论架构,为高职院校文化育人实践活动提供了正确的理论指导并确保了正确的政治方向,可以使高职院校文化育人实践有深度、有力度、有效度。

## 五、职业文化与文化育人

职业文化有广义和狭义之分。狭义职业文化一般指某一特定职业形成和积淀的特定职业的文化。本研究所指的职业文化是广义的职业文化,是指人们在长期职业实践、与社会互动中逐渐形成的思想观念、价值取向、思维方式、职业规范、行为范式,以及与之相对应的职业习惯、职业气质、职业礼仪、职业风气,其关键内容是从业者对职业文化中职业使命、职业荣誉、职业责任、职业自律等核心文化的自觉认同、自觉践行、自觉遵从。①

职业教育文化育人的重要使命之一就是传递主导行业或主导专业的职业文化,其重点在职业文化中的职业精神。高职院校文化育人实践既要通过一定的方式和手段把职业文化引入培养方案、专业课程、教学环境、教育过程、教学反馈,还要通过正确的、有益的方式把职业文化有效传递给学生,使其受到一以贯之的、正向文化价值的教育影响,成为具有职业情怀和职业

---

① 王文兵,王维国.论中国现代职业文化建设[J].中国长春市委党校学报,2004
(4):71.

担当的技术技能人才。基于职业性价值取向,高职院校文化育人的主要任务就是传递职业文化,因此,本研究不仅关注作为文化育人重要内容的职业文化本身,把社会主义核心价值观的元素分解融进职业文化内容之中,更主要关注以职业文化作为文化育人核心内容来实施文化育人活动的文化载体、传播方式、实施路径、实施策略,以更好地把优秀职业文化转化为高职学生的职业素质。

## 六、校企双主体文化育人

产教融合、校企合作、工学交替、知行合一是高职院校培养职业性人才的文化育人必由之路,其中校企合作是学校和企业通过价值链接、共赢机制建立起来的,以培养职业技术人才为主要目的的办学模式、教育方式、教育活动。依据校企双方利益紧密程度、合作的可持续性,校企合作有深浅之分,优秀高职院校追求校企深度融合。

本研究所述校企合作,主要指育人文化与企业文化的交流交融,关注校企双主体文化育人。高职院校文化育人肩负立德树人根本使命,必须以习近平新时代中国特色社会主义思想为引领,全面贯彻党的教育方针。高职院校有效履行这一使命,不仅依赖于学校教育资源,还需要通过校企合作拓展育人环境、丰富育人资源,把优秀企业文化和行业企业要素融入育人全过程,使学生职业素质短距离对接社会需求、企业要求和岗位标准,使育人过程成为落实党的教育方针、国家对高职教育"需求导向、就业导向"工作指针的过程,成为彰显高职文化特色和类型特征的过程。

校企双主体文化育人,不是简单叠加学校育人文化和企业文化元素,而是从文化育人政治性要求、思想性要求、教育性要求出发,主动寻找优秀企业文化、筛选企业文化有益因子、科学对接双主体文化,使高职院校文化育人实践活动正确实施、有效实施。

# 第二节　高职院校文化育人
## 价值取向的理论基础

### 一、马克思文化形态理论

提出文化形态思想、进行文化形态比较是对人类思想史的重要发展。马克思在《政治经济学批判》中提出的三大社会形态理论是在前人研究基础上创造性建构起的文明时代文化形态学理论。①

马克思社会形态理论萌芽于《1844 年经济学哲学手稿》，基本成型于《德意志意识形态》，成熟于《1857—1858 年经济学手稿》。马克思在《1857—1858 年经济学手稿》中第一次完整明确地提出了三大社会形态理论，发现并论述了三大社会形态历史演进规律。马克思提出的最初的社会形态建立在"人的依赖关系"基础上，表征为农业文化。在这种社会形态下，人类的生产能力的发展仅能在狭窄的范围和孤立的地点上。第二大社会形态建立在"物的依赖性"基础上，表征为工业文化。在这种社会形态下，人类社会逐渐形成了较为普遍的社会物质交换，形成了全面的关系，满足了多方面的需求，人的能力体系较为全面。第三大社会形态建立在"个人全面发展"和"共同的社会生产能力成为社会财富"基础上的自由个性，表征为后工业文化。在第一大社会形态中马克思强调的是人的生产能力存在局限性，在第二大社会形态中马克思强调的是人的独立性，而在第三大社会形态中马克思则突出强调了人的全面发展能力。

实际上，在马克思之前，很多学者从不同视角或以不同的标准对人类历史进行过分类，比如，维科把人类历史分为神的时代、英雄时代和人的时代；

① 顾乃忠. 文化与文化形态学—东西方文化比较研究之一[J]. 江苏行政学院学报，2001(1)：34－37＋118.

孔德把人类历史分为军事阶段、法律阶段和工业阶段;摩尔根把人类历史分为蒙昧社会、野蛮社会和文明社会;卢梭把人类历史分为人人平等的自然状态、人人完全不平等的私有制状态和建立在契约基础上的新的平等状态。①而马克思提出的三大社会形态理论,不是针对特定民族或国家的具体历史过程和发展经验,是着眼人类历史整体,追求自由个性普遍实现,带有解放意图的历史叙事,高度概括、抽象和开放,穷尽了人类社会的可能阶段。三个形态前后相继不能颠倒次序,而且后一形态高于前一形态,准确界定了人类文明时代的三大文化形态,揭示了人类的历史、现实和未来,指明了人类社会前进的方向,为我们提供了比较文化研究的根本方法,自然也是我们审视高职院校文化育人价值取向的根本指针。

马克思文化形态理论中的三大社会形态对应的是"人"的依赖关系、以物的依赖性为基础的"人"的独立性、"个人"自由而全面发展,反映的是人类社会中人与自然之间、人与人之间、人与自身之间的关系状态,其衡量标准不仅在于社会主要矛盾的"根本尺度",更重要的在于人的全面发展的"主体尺度",把"人"置于中心地位。可见,马克思所划分的每个时期的文化形态都存在两个缺一不可的要素:一个是位处文化形态中心地位的"人",另一个是与"人"相关的内外环境。"人"是所有文化形态的核心,分析文化形态、追求高层次文化形态都是为了"人",为"人"服务是文化形态划分的目的性。同时,在各个文化形态中,都必须依赖于"人"来正确处理人与自然、人与社会、人与人以及人与本身的关系。高职院校在社会分工和社会交往中具有自身的文化形态,追求和谐融洽、共生共长、可持续发展的生态型文化形态关系。所以,研究高职院校文化育人价值取向,实质上就是研究与培养具有职业性特质人才相关的文化现象之间的关系状态,同时研究良好文化形态关系的目标以及实现目标的途径和方法。与高职院校文化育人相关的文化现象关系包括学校与社会、学校与企业、学校与老师、学校与学生、老师与学

---

① 汪行福.马克思社会形态与中国道路的理论自觉[J].天津社会科学,2020(1):36-43.

生等众多方面。马克思文化形态理论告诉我们，高职院校不论面临多么复杂的文化形态关系，都一定聚焦于培养"人"这个根本任务，离开了人的发展和人的幸福，就偏离了育人的根本属性。而要聚焦于"人"，为"人"的发展、"人"的幸福服务，就必须关注、挖掘、建造与"人"的发展、人的幸福相关的自然因素和社会因素，形成有利于人的成长的育人文化。

## 二、思想政治教育环境论

对思想政治教育环境或者德育环境的研究成果较为丰富，以张耀灿、郑永廷、吴潜涛、沈国权、王玄武、陈秉公、岳金霞等学者为代表，有的对思想政治教育环境进行了理论架构，有的对思想政治教育环境影响人的思想品德形成和发展的规律进行了探究，有的对思想政治教育环境内容进行了多维度概况，但尚未形成完全统一的意见。

马克思认为，"人们的观念、观点和概念，一句话，人们的意识，随着人们生活条件、人们的社会关系、人们的社会存在的改变而改变。"①恩格斯指出，"人们自觉地或不自觉地，归根到底总是从他们阶级地位所依据的实际关系中—从他们进行生产和交换经济关系中，获得自己的伦理观念。"②同时，恩格斯指出，"环境是由人来改变的，而教育者本人一定是受教育的。""环境的改变和人的活动或自我改变的一致，只能被看作是并合理地理解为革命的实践。"③马克思恩格斯这些思想唯物而辩证地论述了环境对人的思想的作用、人的主观能动性的作用、人对环境的作用，是我们认识和理解思想政治教育环境的哲学基础。

因此，思想政治教育环境就是对思想政治教育的教育内容、教育行为、教育过程、教育方式、教育效果发生影响、起到作用的各种因素的总和。这些因素既有校内的也有校外的，既有网上的也有网下的，既有宏观的也有中

---

① 马克思恩格斯全集(第1卷)[M].北京：人民出版社,1995:291.
② 马克思恩格斯全集(第3卷)[M].北京：人民出版社,1995:434.
③ 马克思恩格斯全集(第1卷)[M].北京：人民出版社,1995:55.

观微观的,既有外在的也有个人内在的,既有直接的也有间接的,等等,总之思想政治教育环境是多维、多层、多面的复合体。思想政治教育环境对人的思想的影响具有自觉性和实践性特点。

思想政治教育环境论的这一特点启示我们,高职院校作为开放的教育类型,要有效实施文化育人,就需要重视育人环境对学生成长的影响,一方面要创设和充分利用良好的环境为育人服务,另一方面也要分清是非和优劣,以正向价值的环境为育人服务,确保育人的正确政治方向,同时要通过开展与思想政治教育环境互动的实践活动来实施文化育人。

### 三、思想政治教育资源论

思想政治教育活动需要主体借助具有文化价值的一定的载体、媒介和传播方式,在这一活动过程中,能够开发利用、可能开发利用和借助开发利用的各种思想政治教育的因素就是思想政治教育资源。对此,陈华洲对思想政治教育资源进行了专门的系统研究。他通过历史考察给予思想政治教育资源的界定是:"在思想政治教育活动中,能够被教育者开发利用的、有利于实现思想政治教育目的的各种要素的总和。"①他同时对其所下的定义从三个层次分析了含义:一是思想政治教育资源必须是有利于实现思想政治教育目的的各种要素;二是思想政治教育资源积极作用的发挥是经过教育者的合理开发利用来实现的;三是思想政治教育资源必须是现实中已经存在,并且有条件被开发利用的各种因素的总和。该学者对思想政治教育资源的定义和分析虽然停留在叙述层面,但是逻辑严密,自成体系,是有价值和符合客观现实的。

思想政治教育具有政治性,决定了思想政治教育资源的开发利用具有历史限制性特点,一方面每一个时代的人们所能利用的思想政治教育资源只能是现实存在着的,另一方面客观现实存在着的资源可能限于人们的认识水平、能力欠缺、技术落后、制度障碍而难以利用。所以,有效利用、挖掘

---

① 陈华洲.思想政治教育资源论[M].北京:中国社会科学出版社,2007:34.

利用是思想政治教育资源论的重要实践问题。

高职院校培养的是技术技能人才,其文化育人价值取向彰显于"职业性"上。要凸显人才的"职业性",自然要有效开发和积极挖掘行业的、企业的、区域的等社会教育资源为学校文化育人所用。利用非学校资源为学校育人所用,不仅是理念问题,而且是实践问题,需要从理论上、方法路径上、制度保障上深入分析、科学梳理。

# 第三节　高职院校文化育人价值取向的类型定位

定位有两层含义,作动词解释是确定事物的名位或用仪器对物体所在位置进行测量,作名词解释是指一定的规矩或范围。社会是一个庞大的系统,教育是社会大系统中的一个子系统,高职教育又是教育系统中的一个部分,明确高职教育在教育体系中的定位,决定了高职教育所担负的责任、担责的方式和文化育人价值取向的向度。

## 一、联合国教科文组织给予高职院校文化育人价值取向"基层职业性"定位

联合国教育、科学及文化组织(United Nations Educational, Scientific and Cultural Organization)是联合国(UN)旗下专门机构之一,简称联合国教科文组织(UNESCO)。该组织制定了《国际教育标准分类》,1976 年制定出台了第一个版本,1997 年修订形成了第二个版本,2011 年第 36 届大会教育委员会通过了修订文本成第三个版本。第一个版本将教育体系分成 9 级,在这个 9 级中,技工教育、短期培训等具有职业教育性质的教育大致分属在 2~5 级,其中并没有明显的高等职业教育属性的描述。第二个版本则将教育体系分成 6 级,并考虑"后继学习和去向",把第 2、3 级教育分为 A、B、C 三种类型,把第 4、5 级教育分为 A、B 两种类型。在这一阶段,联合国

教科文组织特别提出"技术与职业教育(TVE)",并定义为"各种形式和各种级别的教育过程,除普通知识外,还包括技术和有关科学的学习,以及获得与经济和社会各部门的职业有关的实用技术、专门技能、态度和认识。"①显然,这个定义具有高等职业教育的属性含义,我国高等职业教育大致相当于5级B类。第三个版本则在第二个版本的基础上有了更大的发展,根据教育课程内容复杂程度和专门化程度,将教育体系从低到高再次分为9个等级序列,其中5级为短期高等教育、6级为本科教育(学士或等同)、7级硕士教育(硕士或等同)。根据该版本209条的解释,设置5级课程的目的"通常是为就业而准备的";210条的解释,划入5级课程的有多种提法,英语higher technical education(高级技术教育)、community college education(社区大学教育)、technician or advanced/higher vocation training(技师或高级职业培训)、associate degree(副学位)或法语bac+2(两年制学士)。处于国际可比性目的,术语"短期高等教育"(short-cycle tertiary education)用于标识5级。5级教育课程分类编码55直接标示"短线高等职业教育"。②在高等教育体系分类中,又将其分为短期高等教育、学士或等同、硕士或等同和博士或等同四个等级。"等同"实际上暗含着在6级、7级甚至8级中可以有高等职业教育,体现出高职教育具有专科、本科、研究生等多个层次,或者承认资格证书也是衡量受教育程度的依据,从而认可了终身学习理念。

从联合国教科文组织对高等职业教育的5B定位以及5B拓展性定位可以看出,高职教育不论位处哪个层次,高职院校文化育人价值取向都要突出"职业性",并且都要面向生产、建设、管理、服务"第一线"实用技术,对接"基层职业"具体岗位的技术或技能,关注人的就业和职业,崇尚技术文化,力求人的职业技能发展与社会技术进步相协调。可见,"基层职业性"是联合国教科文组织基于对高职"5B"定位而蕴含的高职院校文化育人价值取

---

① 杨哲生. 论高职的教育类型—兼论技术与职业教育的内涵[J]. 职教论坛,2008(07):21-23.

② 联合国教科文组织统计研究所. 国际教育标准分类法[EB/OL]. http://www.doc88.com/p-5819882090549.html.

向的定位,突出面向基层和技术应用。

## 二、我国给予高职院校文化育人价值取向"高等职业性"定位

从我国国体和行政管理体制特点出发,我国高等职业教育具有"高等性"和"职业性"双重特质,给予"复姓定位",由此蕴含高职院校文化育人价值取向的定位是"高等职业性",突出技术创新和服务一线。这可以从法律定位、政策文件定位、行政管理实践定位三个方面来认识:

### 1. 法律对高职层次、类型和实施的定位

我国《高等教育法》第十六条规定,"高等学历教育分为专科教育、本科教育和研究生教育。"我国《职业教育法》第十三条规定,"职业学校教育分为初等、中等、高等职业学校教育。""高等职业学校教育根据需要和条件由高等职业学校实施,或者由普通高等学校实施。"[①]这就从教育层次、教育类型、教育实施三个方面对高职教育进行了法律定位,高职院校文化育人价值取向就必须以此定位来确定其服务向度和实施路径。

### 2. 政策文件对高职的办学、规格、特色的定位

我国《普通高校本科教学水平评估指标体系》(教高厅〔2011〕2 号)将学校定位的内涵分解为目标定位、类型定位、层次定位、学科专业定位和服务面向定位。《教育部关于"十三五"期间高等学校设置工作的意见》(教发〔2017〕3 号)的指导思想中指出,"以人才培养定位为基础建立高等教育分类体系,研究探索分类设置制度,引导高等学校科学定位、各安其位、内涵发展、办出特色",在具体政策中特别强调,"我国高等教育总体上可分为研究型、应用型和职业技能型三大类型。研究型高等学校主要以培养学术研究的创新型人才为主,开展理论研究与创新,学位授予层次覆盖学士、硕士和博士,且研究生培养占较大比重。应用型高等学校主要从事服务经济社会

---

① 张煜,邓玉婷,毛海燕. 中职直通本科的合法性基础研究[J]. 广西教育,2018 (15):41-44.

发展的本科以上层次应用型人才培养,并从事社会发展与科技应用等方面的研究。职业技能型高等学校主要从事生产管理服务一线的专科层次技能型人才培养,并积极开展或参与技术服务及技能应用型改革与创新。"①"推动具备条件的普通本科学校向应用型转变,将办学思路真正转到服务国家和区域经济社会发展上来,把办学定位转到培养应用型和技术技能型人才上来,把办学模式转到产教融合校企合作上来。"②《国务院关于印发国家教育事业发展"十三五"规划的通知》(国发〔2017〕4 号)明确指出,"加快建成一批为地方经济和社会发展服务的高水平应用型高等学校和高等职业学校。""扩大专业学位硕士研究生培养比例,积极稳妥推进博士专业学位研究生培养。"③2019 年 1 月出台的《国家职业教育改革实施方案》更加明确了职业教育的类型特征和自成体系的不同层次特征。集中起来看,这些政策对我国高职教育的界定有三个明确的内涵:高职教育是高等教育一种类型,高职教育培养的人才是应用型和技术技能型,高职教育有专科层次、本科层次、研究生层次。这三个内涵鲜明地界定了高职院校文化育人价值取向必须围绕高等性、技术应用、多层次来设定。

**3. 教育行政管理实践的定位**

教育部曾经把高等职业教育归属高等教育司管理,自成立职业教育与成人教育司后,则把高等职业教育划归职业与成人教育司管理。但从中华人民共和国教育部网站对高教司、职成司介绍中可以看到,高教司"承担高等教育教学的宏观管理工作",职成司"承担职业教育统筹规划、综合协调和宏观管理工作",在职成司其他介绍中都是针对"中等职业教育"和"成人教育"的,从字面上没有任何高等职业教育方面的职责。这似乎显示出高等职

---

① 光明网.高校设置确立新导向[EB/OL].http://news.gmw.cn/2017 - 02/22/content_23786243.htm.

② 房巍.2017 年值得关注的政策[J].职业技术教育,2018(3):72 - 73.

③ 成文章,代红兵,高龙,殷守刚.差异性国际化办学与云南国门大学建设研究[J].普尔学院学报,2018(1):1 - 6.

业教育作为高等教育的一种类型在国家行政管理中的职责交叉或难以清晰划分的无奈,也似乎表明高职教育主要业务管理在高等教育司而不在职业教育与成人教育司。2018 年 12 月底,通过网络对全国 31 个省、市、自治区、直辖市教育行政部门内设机构职责划分的粗略统计,高职教育管理职能划归高教处的有 13 个省、市、自治区,占 41.94%,其他都划归在职业教育管理职能部门(各省对职业教育管理职能部门的称谓不尽相同),占 58.06%。从高职教育管理职责划分看,广东、江苏、浙江等经济相对发达的省份大都将其划归在高等教育处。2019 年 1 月 24 日《国家职业教育改革实施方案》出台后,一些省级教育行政部门内设机构管理职责有了一些调整。不同归属的教育行政管理限定了高职院校的"活动圈子",自然其文化育人价值取向也会存在现实的细微差别。

可见,我国对高等职业教育的定位在实践中还是存在认识上的细微差别。但从总体而言,在以下四个方面的认识是基本统一的:一是高职教育是高等教育的一种类型,侧重于技术应用性,培养服务一线的技术技能专门人才,是高等教育中的"职业"教育。二是高职教育是职业教育体系中的高等教育,属高中后教育,在教育实践中要重视大学文化建设,分为技术专科、应用本科、专业研究生三个层次,是职业教育中的"高等"教育。三是在国家行政管理体系中,近半数重视高职教育的高等性关注其职业性,多半数重视高职教育的职业性关注其高等性,虽在价值偏向上有所差别,但总的价值取向是基本一致的。四是高职教育的实施路径是要立足于地方或行业发展,走产教融合、校企合作、工学结合、知行合一之路。这四个方面的统一认识,实际上是基于对高职的"复姓定位"明确了我国高职院校文化育人"高等职业性"价值取向。

## 三、高职院校与普通高校文化育人价值取向的性向比较

高职院校的"高职"复姓决定了其与普通高校渊源深厚,同时又有其个性价值追求。分析比较高职院校与普通高校文化育人价值取向,有利于厘清其共性和个性,更好地推进高职院校文化育人走出职业高校特色发展

之路。

### 1. 具有"高等"文化共性

大学的存在和发展已经跨越了诸多历史阶段。王冀生认为,大学在本质上就是"一种功能独特的文化机构。"所以,大学在长期历史发展中积淀而成的心理定势和精神状态,展现的就是一种大学精神。大学精神内涵十分丰富,从传统意义上讲有人文关怀、理性辩证、自由独立,衍生开来还有批判精神、创新精神、追求卓越、开放包容等等,这是大学千百年来始终能站在时代高地的文化之源和精神魅力。作为类型高等教育,高职教育积淀形成了高职教育育人文化,与普通高等教育的大学文化相比较,从教育功能、学术精神、学校治理等"大学"表征的核心因素来看,从本质上具有相同的"高等"文化共性:

一是同等"高等性"文化功能。在发展初期,高职教育满足于劳动密集型传统产业,其高等性并不明显。但随着以工业互联网、智能制造等为主要标志的新一轮产业变革的兴起,我国顺应推进了"互联网＋"发展政策,推出了"中国制造 2025"计划。在这样的背景下,我国高职教育则进一步提升了经济社会服务能力,拓展了办学功能。一方面,要继续为低端制造业培养操作型技能型人才,同时要为现代产业培养高端技术技能人才,并赋予这样的人才为知识型、复合型、创新型特征。这就要求高职院校不仅要承担技术技能人才培养,而且要承担技术积累、技术研发、技术创新,自觉承担社会服务、文化传承创新使命。这和普通高等教育具有同等的"文化传承与创新"的功能。

二是同源"高等性"文化基因。高职院校在承担技术技能人才培养、技术研发创新、技术社会服务、文化传承创新功能过程中,不论是探寻技术技能人才培养规律,还是激发创新思维和创新潜力,和普通高校一样,都需要学术自由的环境;不论是研发新技术、新工艺,还是研发新产品、新材料,也和普通高校一样,都需要懂得自然辩证法,坚守学术理性;不论是技术服务、培训服务,还是技术文化的传承与创新,同样和普通高校一样,需要人文精神的浸润。高职院校文化内核的主线不能、也没有脱离大学文化,必须弘扬学术独立精神、学术自由氛围、以人为本环境,依赖教授治学、专业自主。所以,坚守大学文化是高职院校和普通高校共同的文化基因。

三是同型"高等性"治理文化。从实践来看,高职院校发展"高等性"的关键路径也与普通高校相近。高职院校名称都冠以"学院"或"高等专科学校"或"应用技术大学"或"职业大学",形成了符号上的"高等性"。近些年,随着国家推进治理体系和治理能力现代化,绝大多数高职院校也和普通高校一样,在管理方式上推行"现代院校治理",在管理理念上推行"以教师为中心",在管理制度上推行"教职工的自我实现",在组织结构上推行"二级管理"或"二元学术组织",其显著的标志就是全面推进大学章程建设,建立学术委员会或教授委员会、教学工作委员会、专业(群)建设指导委员会或专业外部咨询委员会等学术性、专业性自治组织,具有鲜明的学术自治的导向。

**2. 具有"类型"文化个性**

高职院校需要具备大学精神,并以大学精神为引领设计高职文化、实施文化育人,这是"高等"职业教育绕不开的文化建设基础。但作为高等"职业"教育,则需要融入职业因素,坚持走自己的路,彰显"类型大学"文化个性。

高职教育发展至今才四十年,完全照搬照抄传统意义的大学精神,显然不符合高职教育自身发展的定位和规律。高职院校在管理方法、运作方式上要在借鉴一般大学文化的基础上,在办学主体、办学目标、办学路径上必须坚持自己道路、自身特色。高职教育育人文化的形成经历了一个渐进的发展过程。如果不追究更长的历史,仅从组织化、规模化发展来认识,1980年创办的金陵职业大学是我国高职教育的起步之作。这所学校一开始就是"自费走读、不包分配、自主择业、择优录用"。在计划经济大背景和这样的文化氛围下,早期高职人就开始对自身命运前途进行了理性认识和把握,并逐渐成为一种市场规则、开放办学、合作发展、奋发进取的文化信念和准则,并付诸实践,形成了独特的存在方式和活动图式。大学精神的人文主义主张宽泛的厚德载物,高职院校的"德"在重视大情怀、大抱负的同时重视学生个体的职业理想和企业对人才的素质愿望,这就决定了高职院校必须与企业紧密结合，必须立足岗位、针对需求对学生开展职业文化教育，使学生在求学过程中就形成鲜明的职业认知、职业理想、职业情感和职业态度。这种对职业价值的理性认知，必然伴随高职院校系列化的教育理念、教育目标、价值取向、教育方式与之相适应，把"职业"牢牢刻在心中、付诸在实践中。所以，高职院校文化建设需要大学精神的引领，同时必须从高职教育自身的特点出发，充实、完善和形成高职特色的大学精神，既要使学生成为有理想、有道德、有文化、有纪律的"大写的人"，又要使其成为经济建设和社会发展的合格的"现实建设者"。

高职文化作为大学文化的一类，其鲜明的特色彰显于企业文化、行业文化的强力支撑和与之有效融合。高职教育"技术技能人才"的培养目标、"基层一线"的服务面向、"校企合作、工学结合"的教育模式等三个鲜明的个性定位告诉我们，新时代高职学生求学高职院校，大多是怀揣就业梦想而开始其高职学习生涯的。在整个学习生涯中，高职学生接受的是"技术技能人才培养""双师型"教师教育、企业兼职教师指导，是在具有企业文化因素的学校实验实训基地实践训练下、在真实的企业环境中识岗、跟岗、顶岗学习中成长进步的，从入校伊始就被深深打上职业文化的烙印，一出校门就深刻了解企业文化的因子。高职毕业生供不应求的社会现实就充分说明，高职学生的市场价值主要不是"专科学历"，而是对接企业零距离的"职业素养"和较强的专业实践能力。高职毕业生的面貌展现的是高职院校的特色文化，特色文化是高职教育生命力的源泉。这是高职院校文化育人鲜明的价值展现。

综上所述可以发现，高职教育必须经历的校企合作之路，必然指引着高职院校在人才培养中需要重视社会需求、市场导向、行业动态、企业发展，坚持服务一线、服务基层的办学定位，形成高职院校、行业企业相辅相成、互利共赢的共同体，构建起一种新型的具有职业特质的教育生态；在校企互动、携手发展中，通过多方位交流合作、多渠道资源共享、多维度理念交融，形成开放性的高职教育文化和文化形态。这样一种新生态、新形态同时打破了传统的学校教育行进流程，学生通过走出校门走进企业实习，真切了解企业文化,熟悉企业运作规律,了解、理解、接受企业价值、道德规范和生活信念,增强职业光荣感和从业定力。尤其是作为学校外的企业文化因子融入学校文化成为学校教育文化的一部分,成为影响学生职业发展、身心发展的教育因素,把高职教育的存在价值彰显得"不可替代"。所以,高职院校文化育人需要重视、研究、利用社会教育资源、教育环境,更好地凸显高职教育的特色高等性,彰显高职院校文化育人鲜明的职业性价值取向。

# 第四节　高职院校文化育人价值取向的向度目标

价值取向支配着主体的实践行动,高职院校文化育人价值取向支配着高职院校文化育人的实践行动。文化育人定位是文化育人的基础,决定高职院校文化育人价值取向的性质;文化育人特性是文化育人的核心,反映高职院校文化育人价值取向的面貌;高职院校文化育人价值取向反作用于文化育人的定位和特性;文化育人蕴含在育人实践和育人过程之中,具有互动性特点。因而,文化育人定位、文化育人特性的向度即为高职院校文化育人价值取向的应然目标。

## 一、文化育人定位"四向度"

育人具有全方位特征,文化育人定位就是培养什么样的人、为谁培养人,决定如何培养人。培养什么样的人、为谁培养人是价值目标的选择,如何培养人是实现价值目标方式的选择。我国高等学校必须坚持马克思主义指导地位,全面贯彻习近平新时代中国特色社会主义思想,强化中国共产党的领导,践行社会主义核心价值观,培养社会主义建设者和接班人,这是高职院校必须遵循的文化育人价值取向。本节专从狭义上论析文化育人定位的价值取向,聚焦、定向把握高职院校文化育人规律。

分析高职院校文化育人定位,需要把握贯通育人全过程的四个维度:服务面向、服务价值观、服务价值标准、服务实现方式，以此明确以下四个文化育人向度。

### 1. 服务面向一线

"为了谁"是高职院校文化育人价值取向的首要基本问题。我们党对大学生历来要求走实践成才之路，倡导到祖国最需要的地方去、到艰苦的地方去建功立业，价值取向十分鲜明，因此在我国教育体系中，高职院校文化育人定位确定为"服务面向一线"。

职业教育与相关教育在层次上存在交叉重叠现象，厘清高职院校文化育人服务面向具有理论意义和现实意义。

职业教育中的初等、中等、高等分别与普通教育中的小学、中学、大学层次对应重叠。要在重叠中彰显出个性和不可替代性，就必须明确高职教育"为了谁"，服务于哪个领域和哪些人。服务面向是高职文化育人定位的基本依据，是确定人才培养目标、人才培养方案、人才培养方法、人才培养途径、人才职业定向、人才发展流向的基本价值导向。高等职业教育的"高职"复姓教育决定了其服务面向一线具有自身特色价值取向，清楚地限定于以下三个领域或方面：

一是面向基层。基层本是建筑学意义上的结构层，用以承受上层传递的各种荷载，因此基层有被接受性、承载性、协同性等特征。如果将其引申至社会意义，基层就是权力末梢，就是位处一线、接受上位指令，同时应该具有接受上位指令、执行上位指令的能力。在不同的范围和时空，基层具有不同的内涵。任何层次的高等教育培养的人才一开始都在基层就业，但这不是服务面向本身。一流大学培养的是"高素质、创造性"卓越人才，服务于国家重大战略和重大工程；一般大学培养的是"高素质专门人才"，服务于国家经济建设主战场。我国高职院校人才培养的规格和服务面向有一个渐进提高的过程，①但经过四十年的探索和发展，近些年思想渐趋统一。高职院校

---

① 宗雪萍.高职教育工科类培养目标的定位探究[J].宁波工程学院学报，2007
(2)：123-125.

培养目标是"技术技能人才",鲜明地服务于"适应生产、建设、管理、服务第一线的需要"。因而,高职院校服务面向是基层、"第一线",所培养的"技术技能人才"必须具有"适应第一线需要"的素质。面向基层的文化育人价值取向,要求高职院校人才培养方案必须着眼于技术应用、强化专业实践,着眼于培养扎根基层、无私奉献的品质塑造,着眼于执行意识、执行能力、技术转移能力的培养。

二是面向地方或区域、行业。很多文人都把我国自然条件描绘为"地大物博、幅员辽阔",这一特点也同时决定了我国区域文化和自然环境的巨大差异。教育具有人才培养、科学研究、技术服务和文化传承创新功能,这四个功能都是为社会发展、经济建设和人的全面发展服务的,体现在两个方面:一方面为"未来"储备人才和技术,引领社会和经济发展;另一方面为当下提供人力和智力支持,服务社会和经济发展。但我国区域文化和自然环境的巨大差异,使得同样的领域、同样的专业在不同区域也存在价值取向的差异,甚至较大的差异。这个差异直接影响人们的思想观念、价值追求、发展视野,如果用大一统的育人模式、育人方式来办高职教育,显然不能有效契合各地区和各行业的客观实际,高职院校必须紧密结合实际肩负文化育人使命。高职教育服务地方、服务区域、服务行业的文化育人价值取向是区别于其他高等教育的鲜明个性、不可替代性。因此,高职院校文化育人面向地方或区域、行业,必须体现在人才培养全过程,即开设的专业必须对接地方、区域、行业的发展战略,人才培养方案必须对接地方、区域、行业发展的客观要求,人才培养过程必须走校企、校地合作发展之路,人才素质必须深度嵌入地方、区域、行业的文化因子、文化情感。

三是面向未来。"教育要面向现代化、面向世界、面向未来",邓小平早在1983年对教育的要求具有鲜明的导向性,在新时代仍然是高职院校文化育人定位的价值取向之一。高职教育面向基层、面向地方(区域)、面向行业,不是被动面向,而是主动面向。高职院校文化育人实践活动要研究经济、技术、文化发展趋势,研究区域发展战略规划,面向未来编制学校事业发展规划,以服务未来开设专业、制定计划、设置课程,把未来社会发展、未来经济、未来技术、未来要求融入人才培养方案和人才培养过程,推进学校管理现代化、信息化并与区域文化、行业文化有效对接。同时,也要指导高职学生立足当前、着眼长远做好职业生涯规划。面向未来是高职院校的责任文化属性,必须摒弃短视和功利,这是需要着力加强的当下文化育人价值取向的现实问题。

**2. 推崇技术文化**

多数研究者认为,大学从本质上讲就是一种"功能独特"的文化机构。照此逻辑,高职教育自然也是一种"功能独特"的文化机构,与大学文化有共同的渊源,但其文化架构和价值取向又有诸多个性诉求和自身愿望。高职教育的文化属性集中体现在技术文化上,技术文化是高职院校文化育人的又一定位向度。

科学与技术有着不可分割的联系,同时也有区别。科学中有技术,技术中有科学,彼此之间相互依存、相互渗透、相互转化。科学提供知识和技术的理论,技术提供应用知识的手段和方法,是对科学的应用。科学关注和回答自然现象"是什么、为什么、能不能"的问题,技术关注和回答社会实践"做什么、怎么做、有何用"的问题。所以,科学的价值追求是正确性和深刻性,技术的价值追求是先进性、经济性和可行性。高职教育培养目标是技术技能人才,因而其文化育人价值取向是科学的应用、技术的进步、技术的人文性。

从科学与技术的相互关系中我们可以清楚地看出,科学水平代表着社会未来可能的发展水平,而技术水平在很大程度上决定了当下社会发展水平和社会文明程度,影响甚至决定了社会文化发展的未来。技术的发展不断改变着社会生产方式,社会生产方式的变化必然带来社会职业体系的变化。职业是技术在社会生活领域传播、发展的文化纽带,所以技术技能积累、技艺产生传承从文化上讲归结为职业,职业的变化是技术先进与落后的"晴雨表"。职业技术教育就是技术发展价值取向在教育领域的回应。

技术的发展会产生新的社会角色,这些角色需要经过职业培训的人或人生产的机器(如机器人)担任。而庞大的社会角色技术含量是不同的,有的可以通过简单劳动就能承担,有的则有较大的科技含量需要高素质技术人才才能承担,而且社会角色还会随着技术进步而发生变化。这就给职业院校文化育人带来两个方面的现实要求:一是不同的社会角色需要进行不同要求的职业技术教育,二是职业技术教育要关注承担社会角色的人的职业转换,就是给予接受职业技术教育的人以更多的知识、技术、能力、创新意识的储备,着眼于人自身的发展。这两个方面要求昭示的高职教育文化育人价值取向必须关注"高素质"的"技术技能",关注人的全面素质的提升,而不能把人培养成生产链上特定技能的"机器"。

我国技术发展史源远流长,我们的祖先也曾创造过辉煌的技术文化并享有盛誉。但由于长期受"学而优则仕""修身、齐家、治国、平天下"等传统文化的影响,鄙视技术、鄙视职业成为根深蒂固的广泛、持久的观念,难以接纳以技术为价值内核的高职文化。现实地看,我国高职教育尚未得到家长和考生的普遍追捧,还没有与普通高等教育赢得同等的地位,除了高职教育本身水平还尚待提高之外,恐怕技术文化没有真正深入人心是重要因素之一,这也是制约高职教育健康发展和实现文化育人价值取向的深层文化因素。

技术决定着职业教育的内容、方法和手段,因此技术文化是高职文化的主轴和内核。联合国教科文组织 2004 年在《世界可持续发展教育大会波恩宣言》中指出,"职业技术教育与培训能减少贫困、促进和平、保持环境、提高全体人的生活质量,能帮助实现可持续发展。"①这是在鲜明地要求大力弘扬职业教育文化,通过技术改变弱势群体命运,促进社会进步和发展,在技术教育中实现人的真、善、美。哲学家、教育家杜威就认为,职业是人们可以从中得到利益的一种"生活活动"。可以这样认为,职业是个人可以选择的生活,个人主要是在职业活动中服务社会的。所以,职业教育从根本上讲就是进行的知识、技术、能力、习惯等的训练,训练的目的是为了个人获得职业

---

① 李志雄.高职毕业生职业关键能力培养的社会动因及阻力探究[J].广东技术师范学院学报,2011(1):13-16.

发展、服务于人的自身发展，并非只是服务社会的"工具"。① 技术技能是由人来承担的，人文素养也体现在人的身上，所以，技术文化和人文文化是相互补充、融为一体的。只强调技术技能训练而忽视人文教育，培养的是"单向度的人"，是"机器的人"；而只强调文化修养而忽视技术技能教育，培养的是缺乏赖以生存的"生活工具"，是"不完全的人"。在现代社会，这两种人在社会上都难以适应和拥有立足之地。高职院校文化育人的价值取向，就是把人的技术技能和人文素养加以沟通融合，促进个体成长不偏狭而具有完全性，保持社会发展不畸形而具有有机性、完整性。

所以，现阶段职业教育在强调"服务发展、促进就业"的同时，应该确立"全人"的文化育人目标，把课堂教学、技能训练、岗位锻炼、社会实践赋予人文性，使学生能在学习实践中感受愉悦、获得成就感。尤其对于高职学生来说，他们在高中阶段可能不是成绩最优秀的学生，难以获得教师和同学欣赏的眼光，而在高职教育过程中就可以感受到被欣赏、被鼓励、被重视、不自卑，可以激发其潜能，调动其不断向上的精神动力，这对其正确感受职业、真心热爱职业、扎根职业发展、树立正确职业价值观都是十分重要的，对学生个人幸福、企业发展、社会进步也都具有十分重要的意义。这就给高职院校提出了一个现实性命题，在"以就业为导向"、专业跟着市场走的功利性思想驱使的同时，如何不丧失独立于世俗的社会价值观，这是衡量一所高职院校是否是"大学"的一个文化标志。所以，高职院校要树立鲜明的文化育人价值取向，在立志为社会提供技术技能人才、肩负技术技能积累任务的同时，必须自觉肩负文化传承创新的使命。

### 3. 渐趋价值理性

从全国来看，高职院校数量、在校生规模已经得到"半壁江山"的美誉，党和国家也通过各种会议、各类文件和领导讲话、领导批示等反复强调了高职教育的地位和对经济社会发展的极端重要性。高职教育系统内部更是通

---

① 董秀敏. 职业的文化性向度——兼析职业教育与文化的关系[J]. 职教论坛，2009(21):30-32.

过宣传具有新闻价值的高职院校优秀典型案例,进行大力推行。可放眼全社会,高职教育的文化却经受着审思和批判。① 虽然审思和批判可能聚焦于某些具体的人和事,但是折射的却是高职院校文化育人价值取向的偏狭和缺失。因此,价值理性是高职院校文化育人价值取向的重要向度。

新中国成立以来,我国高等教育经过了多轮大调整,每次调整都有差异化的价值偏向。新中国成立初期,我国院校普遍被改造为苏联模式,实施意识形态规训和职业技能培训,目的是为社会各行各业输送"又红又专"的管理和技术人才。这一调整,使我国高等教育规模快速发展,适应了新中国成立后国家经济恢复对各类专门人才的急需。但是,在高度计划生产人才的方针指导下,大学功能被强制限制,大学精神、思想库被严重禁锢,政治思想灌输完全替代了大学文化,"服从组织、听从召唤"成为大学生价值取向的唯一标签,高校作为科学文化中心地位不再。"文化大革命"期间,我国高校以闹革命为主,大学教育几乎停滞,大学运转几乎停止。改革开放以来,我国高等教育经过合并、扩张、升格、转型,规模急剧扩大,类型迅速增多,本科的一些专业综合化,高职的一些专业更加专门化,科学研究得到重视,素质教育得到逐步推进。但随着市场化的"入侵",功利性观念一度严重冲击办学价值取向,意识形态淡化,从"服务政治"变成"服务市场"。进入新的时代,我国高等教育投入大量增加,高职院校拨款标准基本得到制度保障,办学条件得到极大改善,同时招生、就业也进入了市场。在生源减少、企业选人机会增多的情况下,办学特色、毕业生"好用、顶用"成为高职院校文化育人的核心要素,文化建设现实性地提到高职院校面前,是否重视文化育人决定了高职院校自身的改革高度、办学定位准确度和发展走向适合度,成为学校科学发展的动力源。所以,价值理性是高职院校文化育人实践的必然选择。

高职院校不是生活在真空中,文化育人价值取向在一定程度上需要契合市场规则,做到顺势而为。但如果狭隘地、简单地遵循就业、需求导向,必

---

① 李传伟,董先,高云亭,姜义,谭在仁,崔荣章. 高职学生顶岗实习状况分析研究报告[J]. 北京财贸职业学院学报,2015(1):62-65.

然"屈就"地"按需"培养人才，偏狭工具理性也就必然充分显现出来。在高职教育发展初期，强化技术技能教育成为高职教育的价值体现，也同时成为教育行政部门、社会第三方组织评价高职院校教育质量和办学水平的重要指标。在这一指挥棒的指挥下，很多高职院校只注重实际利益，商业化氛围越来越浓，学生一进校就接受"被就业"教育，就开始产生就业焦虑、压抑精神，就在为找到一个既舒服体面又薪酬可观的工作而全身投入、用心寻门。在这样的大环境下，学生价值取向也变得非常实际，什么理想信念、报效祖国、服务人民等都不作为个人价值的选项。不少老师的价值取向也变得比较势利，都在为考证、挂证挣钱奔波，为追求论文数量、职称晋升卯着一股劲。高职教育方式也停留在知识传授和技能训练，学生独立思考能力、创新创造能力，以及综合素质、道德品行、个性发展、奉献精神等教育被边缘化，教育活动被狭窄化，偏狭的工具理性必然征服高贵的价值理性，导致大学精神的退化和价值教育的缺位。这种狭隘、狭窄、短视、功利的价值取向，在市场大潮中、在碰壁反思中导致了价值理性强烈的反弹，实用主义、功利主义教育不断遭受全社会的批判，教育的人文诉求不断得到重视和加强，"以人为本"逐渐成为高职院校文化育人的出发点和根本立足点，高职教育也逐渐回归价值理性轨道。大家逐渐认识到，高职教育在重视技术技能教育的同时，要确立以人为中心、促进人的全面发展的价值取向，关注人的尊严、自由和幸福，要教育高职学生自觉践行社会主义核心价值观，要把追求个人价值与实现社会价值结合起来，把职业能力提高与职业意识、职业情感、职业道德、职业精神提升结合起来。高职教育是"大国工匠"的主摇篮，应该为全社会提供精神高地、文化源泉。

### 4. 摆脱时空拘囿

高职院校文化育人的一个重要特征是把企业文化正确融入学校文化，这就决定了其文化育人实践活动具有特殊的教育时空，既要以学校为基本依托，又要放眼企业和社会。在这样的教育时空中，文化育人活动受到内外因素共同的影响，各要素之间既有促进作用，也有制约作用。利用有益时空、摆脱时空拘囿是高职院校文化育人价值取向实现的环境目标。

高职教育在教育体系生态中有其个性但也常遇尴尬。高职教育的"类型"高等教育和"高层次"职业教育特性，要求其必须独辟蹊径走自己的路，一方面要自觉融入大学文化，做到有格调、有担当、有情怀，另一方面要立足于社会需求、企业需要、岗位要求，努力实现毕业生与工作岗位、技术教育与技术标准、育人文化与企业文化"零距离"对接。但在我国教育生态中，高职教育却面临着现实的尴尬。在省级教育行政部门管理职能划分上，被纳入高等教育管理范畴的不到一半，显示出教育行政部门对高职教育的不同认知和价值评判。在教育系统内部，高职院校被普通高校"俯视"为低层次教育，被中职学校"仰视"为高层次教育，这显然与高职教育的类型特征不相吻合。在招生就业中更是乱象丛生，高职招生形式有 6 种之多，进入高职院校"上大学"门槛很低，高职教育功能得到彰显的同时，高职教育的低层次也现实性被进一步强化。在高考录取率指挥棒下，在生源不足的大环境下，招生几乎成了高职院校所有人的首要任务，"生源买卖"一度大行其道，学场成了商场，招生成了战场。在产教融合、校企合作中也存在"三热三不热"："上热下不热，官热民不热，校热企不热。"①高职院校的文化处境确实十分尴尬。

高职文化在与社会文化环境互动中存在广阔空间与互动局限。高职教育是一个开放性的教育，与社会环境因素互动具有多层次、全方位的特点。这一文化现象既给高职院校的发展提供了广阔的空间和机会，同时也增添了体制性、人为性负担，造成了现实的互动局限。广阔的空间对高职院校尤其优质高职院校文化育人互动是有益的，但互动局限则十分困扰高职院校的发展。高职文化与社会文化环境现实性互动局限，有的是政策性的，有的是认知性的。比如，很多政策性门槛限制了高职毕业生出口，不少科技项目申报、科技成果展示歧视或对高职院校设限，高职院校专家也难以进入重要学术核心"圈子"话语权受限，等等。

高职院校文化育人实践存在特别时间生态。高职教育是直接服务于经

---

① 李亚楠,李文哲.上热下不热? 官热民不热? 校热企不热? 破解职业教育"三热三不热".半月谈,2018(18).

济建设和社会发展的类型教育,所以,高职文化育人规律必须与经济建设规律和社会发展规律相适应,高职院校文化育人功能的实现就需要在时间上适应经济建设和社会发展节拍,这是高职院校文化育人价值取向面临的突出文化形态。按照《国家职业教育改革设施方案》界定,高职院校主要承担学历教育、技术培训两项教育职能。学历教育,遵循一般教育规律,实施全日制教育教学。但高职教育职业文化属性决定了其实施学历教育时必须把职业认知、岗位感知、专业实践纳入文化育人过程,这一过程可以通过教学计划安排、教学时间统筹,在校内实验实训、技术仿真、职业文化氛围熏陶奠定一定的基础,但更为关键的还是要摆脱校园时空拘囿,有计划、有组织地安排学生通过社会实践和深入企业,切身识岗、跟岗、顶岗感受企业文化,丰富拓展学校育人文化。而社会实践需要相对完整的时间,到企业必须按照企业的生产规律。所以,较大规模的文化育人实践活动就需要安排在非教学时间,通过制定文化育人实践计划、提出实践要求,指导学生自主踏入社会开展企业文化实践过程,一个完整的文化育人实践周期结束后进行总结、评价。企业文化实践时间则需要根据生产规律与企业充分协商后统筹安排,在学生人数、实践时间上契合企业要求,为此就要适当调整学校教学计划,努力使每一名学生都能得到完整生产周期的企业文化实践教育。这样灵活性的企业文化实践活动,对于不同的专业可能也会有不同的特点。一些学校探讨的"2+1"[①]"2.5+0.5""一学年三学期工学交替"等文化育人模式就是符合高职教育不同专业特点的有益尝试。[②] 技术培训是学校文化融入企业文化的文化育人实践活动,也存在类似的情况。培训类型很多,但不论是哪类培训,不论是在企业接受培训还是在学校接受培训,都需要受训者离开岗位,在时间安排、教师调配、受训者统筹、受训地点选择等方面更是对高职院校新形势下的文化育人活动提出了新的要求。只有摆脱时空拘囿,

---

① 陈光.示范院校工程造价专业人才培养的创新与构想[J].温州职业技术学院学报,2011(3):33-36.

② 钱玲玲."2.5+0.5"人才培养模式下的课程设置的问题与对策[J].新课程,2015(2):179.

才能形成校企文化之间良好的关系状态,实现校企深度融合、互利双赢。这是文化育人职业性价值取向对高职院校的现实要求。《国家职业教育改革实施方案》设计"1+X"制度、学分银行制度,就是力图从制度上通过信息化技术和公共平台对此进行破解。

## 二、文化育人特性"四向度"

价值取向率先是由德国心理学家缪勒(Georg Elias Müller)和舒曼(Friedrich Schumann)提出,起初叫作"价值定向"(value orientation),是"人们根据自己的价值观而产生的一种心理上和行为上的稳定趋向",①这种稳定的心理和行为趋向能够支配甚至决定主体的价值选择,对主体自身、主体与他体之间的关系及他体均会产生重大的影响,直接调节主体行为的价值目标指向。所以,高职院校文化育人特性向度,决定着高职院校人才培养目标的设定、人才培养方法的选择、人才培养个性的彰显,以及高职教育社会价值的实现,位处高职院校文化育人价值取向的中心环节。所以,从育人目标设定、育人方式选择、人才个性彰显、社会价值实现等维度分析,高职院校文化育人特性体现在崇尚技术应用性、技术人文性、成果竞争性、职业暗示性等"四向度"。

### 1. 文化育人目标崇尚技术应用性

高职院校文化育人目标有一个循序渐进的认识过程,目前比较公认的界定是"技术技能人才",其本质是"技术应用"。应用有"应"和"用"相互关联的两个方面组成,"应"是指技术工作的实际,这是认识高职院校文化育人的逻辑起点;"用"是指技术工作的目标(即问题的解决),这是认识高职院校文化育人的逻辑终点。因此,高职院校文化育人的逻辑起点是技术所涉及的工作领域,逻辑终点是与工作相关联的实践领域。② 作为高职院校文化

---

① 韩延明等.大学文化育人之道[M].北京:高等教育出版社,2013:13.
② 程宜康.对技术应用型人才培养的若干认识[J].职业技术教育,2016(31):21-26.

育人实践活动，这里技术工作领域不仅指工作过程，更是指"技术过程"。所以，高职院校文化育人的内容，并不是直接从工作岗位和其延伸的领域转换而来，而必须是对工作岗位和其延伸的领域所依存的技术系统进行深入分析后科学筛选而成。技术哲学认为，技能的技术表现是对技术客体的"做"和"做的意志"，所以，技术技能人才的核心能力就是在技术思维指导下的解决问题的能力。因此，高职院校教授技术系统中的技术环节、技术过程、技术原理，以及蕴含在技术中的价值观、思维方式、思想方法和教育意义。技术技能人才在工作中的技术应用，也不只是面对具体的工作岗位，而是整个技术系统中的具体岗位。不掌握整个技术系统就难以做好具体工作，某一个具体工作做不好就可能影响整个技术系统全局。所以，技术技能人才的学习领域如果以"针对岗位"来描述是不准确、不科学的，必须科学、全面、准确地描述出所有相关技术的各个要素，全面系统展示各要素背后的技术知识，更重要的在于让技术技能人才正确理解和认知技术的核心概念。① 技术应用性的目标，要求高职院校文化育人理念要落实在人才培养计划中，就是在设计教学计划时，要着眼于专业所覆盖的岗位群，以及所涉及的技术领域，科学选取基础类、技术基础类、技术类课程，科学分配学时和学分，并为学生创新创业留有合适的空间、时间和拓展课程供学生自主选择。在课程实施方法上，要配套学校实验实训条件建设和实习基地建设，合理分配总量不低于一半的教学时间（"职教 20 条"确定的目标是："职业院校实践性教学课时原则上占总课时一半以上，顶岗实习时间一般为 6 个月。"），并通过技术训练课程来发展学生使用技术设备、生产工具的能力，提供一些知识的综合运用能力，或技术工作过程的整体性把握能力，抑或运用已掌握的技术创造性地自主解决技术障碍、提高技术能力和增强运用技术、克服困难、经受挫折的非技术能力。这是高职院校文化育人"高"于中职学校、区别于普通高校的鲜明特点。

---

① 国际技术教育协会. 美国国家技术教育标准：技术学习的内容[M]. 黄军英等译. 北京：科学出版社，2003.

教师是学校育人的主体,高职院校实现人才培养技术应用价值取向,不仅要通过制度设计来推进,最为关键的还在于需要具有技术应用素质的教师来组织实施。具有技术应用素质的教师或者同时具有教书育人和专业实践能力的教师,一般被称为"双师型"或"双师素质"教师。王旭善等学者把"双师型"教师内涵概括为 4 个方面内容:具备本科及以上学历的专业理论知识与学习能力;具备传授专业理论知识和专业实践技能的教育教学能力;具备从事专业实际工作的经历和经验;具备与经济社会、技术更新同步的专业实践能力。[①]"双师素质"是"双师型"的本质要求,"双师型"是"双师素质"的形式表征,既指教师个体"双师素质",也指专兼结合的"工程型教学团队",还指能工巧匠、对基础课老师的专业素养,以及由此带来的管理文化、服务文化、环境文化等。"职教 20 条"导向的"大国工匠"兼任职业院校教师、职称评定条件推崇应用性科研成果、江苏等一些省份推行"产业教授"制度等都是在技术应用价值取向下在高职院校师资队伍建设上的创新举措。

**2. 文化育人过程崇尚技术人文性**

任何教育都是在教育理念指导下,依赖于符合教育规律的教育过程来实施的。教育过程科学合理就能实现预设的文化育人目标,不合理或有偏差就达不到预设的文化育人目标。高职教育实施的是技术教育,培养的是技术技能人才,法律规定和教育行政部门对技术技能人才的要求是合格的职业技术专门人才。因此,高职院校文化育人目标必须达到较高的职业技术素质。

在人类社会,不同时代、不同国家、不同民族的人具有各种各样的生活样态。在人们还需要通过职业劳动获取生活来源的现时代,职业则是人的众多样态中最重要的样态,它决定着特定职业群体的生活内容和生活形式,决定和影响着这一群体人的认知方式、生产方式、生活方式和交往方式。所以,职业具有文化属性,具有导向性、内生性功能。所谓导向性,就是人按照

---

① 袁洪志.高职教师资格认定应自有标准[N].中国教育报,2009-12-07(07).

自身需要或者理想，努力改造人之外的世界，以满足自身生存和发展的需要。人改造世界首先是为了生存，当生存得到保障后，人的欲望就会进一步提升。随着欲望提升，人们就会不断发展改造世界的工具（即劳动工具），推动生产力水平的不断提升。人们改造世界的工具实质上是人们改造世界的手段，包括价值观念、知识信息、技术水平等物质和精神的总和，即为"技术"。所以，职业不同于一般的文化，它是技术技能性的，每种职业都会随着技术的发展而发展。职业的内生性，则是指人按照自身的需要和理想，不断优化、美化进而不断完善自身，体现在修炼思想、锤炼品质、提升境界、高尚行为，这就是所谓的"人化"文化，就是职业技术的"人文性"。职业的人文性必须与职业技术相匹配。如果人文性不匹配技术，就会阻碍技术进步或者滥用技术，损坏人自身的利益；如果技术不匹配人文水平，人完善自身、追求理想就会"心有余而力不足"，人就会有挫败感，就不能感到幸福。所以，职业内含着人从事某种职业的知识、技能、情感、态度、价值观。只有把职业的选择、职业的培养建立在经济、道德、精神等价值体系中，职业才能是完整的；只有人的精神改变了物质，依据人的理智、道德间接去应用技术、从事职业，才可以称得上从事某种职业的人是"真正的人"。这是高职院校设计文化育人过程的前提。

文化是后天习得的，职业也不是先天遗传的。一个人如果不能按照自我愿望获得自我的职业、实现自我的职业理想，那他的人生就不是完美的；一个人如果能够充分地感受所从事的职业，能够全面了解其职业在技术上、经济上、社会上和道德上的用处，那他就会强烈热爱并全身心地投入它，真正获得愉悦的职业体验，才会增强职业归属感和认同感，才有可能在职业实践中奋发有为、实现价值、做出贡献。所以，技术的人文性是高职院校文化育人的归宿，是高职院校文化育人过程的导向。

高职院校文化育人过程体现技术人文性，首先体现在尊重学生选择专业的自主权，改革"被安排"专业的招生录取方式；其次体现在课程能满足学生个性发展的需求，也就是学校有足够的选修课程或者"课程组合"可供学生自主选择；再次体现在有效的"课程思政"，使学生懂得所学专业在社会中的地位,懂得自己为何而来,今后要干什么、能干什么、可能干成什么,以科技成就教育激发爱国热情、增强民族自豪感,以现实差距调动发奋图强的精神动力。① 第四体现在强实职业素质教育,这是技术人文性的核心。增强职业意识就是使学生懂得肩负的社会责任和义务,懂得专业的社会价值以增强职业自豪感和使命感,了解职业发展预期以增加职业情感、职业兴趣、发展动力和明确今后的奋斗方向,了解职业服务对象特点和职业质量保证因素奠定良好的职业素质基础。职业能力是职业素质的核心,知识迁移能力是职业能力的关键,在专业实践中融合优秀企业文化、把理论知识应用于今后的职业实践是学生创造性素质的重要内涵。在新时代,淡化职业功利是应然的职业素质,要把良好职业道德、正确职业价值观和专业价值观融入职业素质内核。劳动教育也是职业素质教育的新要求,必须把劳动价值理论教育贯穿职业素质教育全过程,帮助学生正确认识职业劳动、劳动价值,树立"崇尚劳动、热爱劳动、辛勤劳动、诚实劳动"的劳动精神,增强服务意识、奉献精神,升华职业精神境界。党和国家对高职学生健康成长创造了越来越优越的办学条件,大力度资助贫困学生,还要通过开展感恩教育、诚信教育,让学生懂得感恩、学会报答,在专业实践和未来生活中把社会主义核心价值观放在心中、践行在行动中。

### 3. 文化育人成果崇尚技术竞争性

在市场经济环境中,竞争是最为鲜明的社会特征,是每一个人所面临的生活常态。竞争的目的在于"追求富有吸引力的目标"。竞争是一把双刃剑,一方面可以提振精神、激发进取、增进协作、促进进步、提高效率、扩大影响,另一方面,竞争的结果常会导致败北的一方有挫败感,可能对群体团结、人际关系、资源调配等造成不利的影响。虽然近些年有学者关注高职学生的"逆商"教育,但是总体而言,高职教育面对的现实是:"低层次"的社会认知、高考的"失利者""专科"的待遇、"一线"的定位,等等,如何利用竞争的积

---

① 方桐清,黄宝玲.试论高校专业课教学中德育功能的渗透[J].煤炭高等教育, 2007(5):78-80.

极作用，提振高职人的自信心，正确引导高职学生积极向上的价值取向，这是高职院校必须做出的智慧选择。提振高职教育精神气，需要从三个方面考虑显示高职的价值：一是通过造势形成群体性、规模性影响，显示"现实的存在"；二是通过比较优选能耐者、推崇卓越者，显示"鲜亮的品牌"；三是通过使用竞争结果激励优胜者、鞭策落后者，显示"向上的精神"。

自 2008 年起，教育部联合天津市人民政府、人力资源和社会保障部等（自 2012 年起联合单位达 20 家）连续举办了由中、高职院校共同参加的全国职业院校技能大赛，形成了"普通教育有高考、职业教育有大赛"的全国性、竞争性教育氛围，体现了德技并重、产教结合和社会参与的职业教育发展格局，形成了高职院校文化育人成果的技术竞争性的内部发展态势，进一步彰显了高职教育特色的内生动力。体系化的职业技能大赛提振了高职教育的精神气，这是一项重要的制度创新，已经逐渐形成了具有中国特色、中国气派的竞技体系，同时也需要针对现实中的问题进一步完善推进的策略。①②

我国职业院校技能大赛文化能够持续健康发展，并且影响力越来越大，得益于中国特色社会主义体制。教育顶层的行政性推动，使得职业技能大赛从上至下完全贯通，不仅成为全国性高职教育内部行为，也调动起了人力资源和社会保障部门等其他部委的积极性，吸引了众多行业企业参与其中。大赛设立之初确定的"专业全覆盖、师生全参与、校校有比赛、层层有选拔、全国全省有大赛"③的职业院校技能竞赛序列已经形成。从实践中看，既有教育部或全国职业教育教学指导委员会举办的教师或学生参加的大赛项目，也有各省级教育行政部门组织的院校间参加的职业技能大赛，更有各高

① 宋园园. 职业技能大赛对高等职业教育生态的影响研究[L]. 辽宁高职学报，2017(5)：73-76.

② 张彩云，赵冬，赵中见，马兰. 高职院校技能大赛的意义、作用与推进策略[J]. 湖北职业技术学院学报，2015(6)：31-33.

③ 鞠锡田，张翠香. 全国职业院校职业技能大赛研究综述[J]. 职教论坛，2012(19)：79-82.

职院校甚至二级学院（系）组织的形式多样的技能大赛，一些行业组织、企业之间也定期或不定期联合或独立组织单项的技能大赛。大赛已经成为我国职业教育的一种文化现象，成为高职学生技能发展、技能展示的教育文化盛宴，成为广大师生开阔眼界、深入交流、大长见识的大赛文化。职业院校技能大赛的诞生、发展和壮大具有存在的文化价值。

　　大赛及大赛组织过程指向学生发展、教育质量、社会民主，其文化价值体现在人本价值、教育学价值和社会价值，①同时体现了质量提高、制度创新、多元互动、职教发展，②倒逼高职院校深化内部深层次改革，促进了发展方式的转变。当然，现行的职业技能大赛是"精英式"选拔，绝大多数学生处于被轻视被忽视的境地，可能使本处于"弱势"的学生更加自卑。③ 目前职业技能大赛也还不能涵盖所有专业，大赛本身尚存在价值导向偏颇现象，工具理性在此领域被"裹挟"，学生成了"比赛机器"，甚至误导了一些贫困地区职业院校，④大赛组织过程还被一些教学设备企业或软件公司所"绑架"，存在过多过滥现象，对大赛价值取向客观上也造成了一定负面影响。从宏观层面来看，我国现行的高职院校职业技能大赛是由教育部门主导的，而国际上举办的世界技能大赛则是通过人力资源和社会保障部组织的，两张皮导致职业院校等社会主体往往无所适从，也造成社会资源的巨大浪费。《国家职业教育改革实施方案》"1＋X"制度的设计对打破这一行政壁垒带来了曙光，但从当前实践情况看，还仍存在一些体制机制问题尚待破解。

　　职业能力不是先天形成的，必须经过艰苦的逐渐积累的过程。新职业主义理论认为，职业能力开发的主要任务是形成职业核心技能而不是操作技能。建构主义则强调学习者的主动性和与经验、环境的互动性，重视情景

---

　　① 　张秋玲.论高职院校学生职业技能大赛的价值取向[J].河南科技学院学报，2011(8):25－27.

　　② 　任邢晖.充分认识职业技能大赛的功能价值[N].中国教育报，2008－06－25(09).

　　③ 　张雅泉.对职业院校技能大赛热的理性思考[J].职教论坛，2011(1):53－54.

　　④ 　杨连成."变味"的技能大赛[N].光明日报，2010－05－28(05).

性、个体性和建构性。这给我们的启发是,真正职业能力的形成必须建立在真实职业活动中,在工作现场通过多元主体的共同协作和职业活动实践逐渐习得。职业技能大赛可以作为高职院校学生成长成才的重要平台和实践经历,但它不能代替职业院校文化育人活动的全部。把握好职业技能大赛的价值取向和价值应用,对于高职院校文化育人向何处去、培养什么样的技术技能人才将是革命性的。

职业技能大赛是高职教育发展过程中逐渐形成的一种突出的文化现象,高职院校文化育人成果的技术竞争性是客观存在的,职业技能大赛只是其中一个缩影。这种竞争性一方面带来高职院校的发展压力继而产生发展动力,倒逼高职教育提升文化层次,激励高职学生积极向上、追求卓越,确立正确的人生价值追求;另一方面也带来高职院校的分层分化甚至优胜劣汰,改变高职院校文化育人价值取向的文化形态。

### 4. 育人文化主旨崇尚职业暗示性

人都是生活在社会中的社会人,所以人的内心和行为都会自觉不自觉地接受外界思想观念、社会期待、情绪情感、价值判断、态度行为等的影响,人的这一心理特点在心理学上称为"心理暗示"。心理学家巴普洛夫认为,暗示是一种条件反射,是人的一种无意识的自我保护能力和学习能力。心理暗示有强弱之分,暗示效果有好坏之分,暗示形式有自我暗示和他暗示。自我暗示是自己的显意识不断重复从而迫使潜意识接受显意识所传导的内容而得到改变的心理过程。暗示具有消极或积极的作用,这种作用受暗示价值取向的显著影响。暗示具有自身规律,有效利用暗示规律,可以影响被暗示者改变其心理状态、思维方式、行为方式,从而达到暗示者所预设的目标。学校文化育人活动是有计划的、系统性的教育活动,学校文化是学校的基本建设,是学校教育影响的深层因素。学校教育文化对所有学子都会打下深深的个性烙印,这些烙印是育人文化的主旨体现,对学生形成了强大的心理暗示,成为其世界观、人生观、价值观形成的文化基础,直接影响其职业选择、职业发展、职业动力和职业成就。

众所周知,我国高等职业教育从诞生之日起就被贴上"职业"标签,鲜明地确定为"服务一线"的职业文化导向,这本没有高低贵贱意义。但在我国"学而优则仕""万般皆下品唯有读书高"的传统文化影响下,对本没有歧视性意义的"职业"却给人们留下"低等"文化印象,"服务一线"被理解为"治于人"。从当前来看,在制度设计、政策制定上,我国高职院校大都为专科层次,招生被安排在最后批次,这又进一步强化了高职院校的"低层次",高职学生等价于"差生",高职毕业生起薪"低于"一般高校毕业生。这是腐朽的、糟粕的文化遗存! 这是社会心理暗示的结果,是高职学生自卑心理的重要文化源泉。

高职文化贯穿于高职院校全方位和教育教学全过程。在招生宣传阶段,高职院校除了要把挂点边的所有荣誉都展示出来外,几乎都把"好专业""好职业""好就业""好前景"一股脑儿灌输给考生。学生进校后,入学第一课就是学校介绍、专业介绍、高职学习特点介绍、适应高职学校生活介绍,意在告诉学生专业的培养目标、专业的就业岗位、专业的能力素质、专业的发展预期,专业、就业、职业、事业等"众业"充斥着学生的整个头脑。在专业学习阶段,专业课程有实验验证、项目实践、生产体验,不同的专业实践阶段有识岗认识实习、跟岗实践学习、顶岗独立学习,学生的职业意识、岗位意识、企业意识逐渐增强。在整个学校教育全过程中,校企合作贯穿始终,企业文化无时无刻不在影响着学生,职业文化、一线环境、市场机制、竞争氛围全方位环绕在学生学习和生活的全域。在三年的高职教育过程中,多数高职院校还经常邀请杰出校友返校对学生开展励志教育,其目的也是以显性的、权威的高职教育成果进一步强化高职文化。这样的文化育人内容、文化育人过程、文化育人强度,暗示着高职学子:学习是为了技术或技能,技术或技能是为了就业,就业是为了生活,生活的全部就是人生。

高职文化的心理暗示对高职学生的心理和观念带来了巨大影响。多数高职学生认为,自己"不够聪明"是高考的"失败者",在高职院校求学的目的是学一技之长、选择一个适合自己的工作、找到一份安身立命的职业,在心理上暗示自己要珍视现在、扎根一线、踏实务实、任劳任怨,他们懂得了"幸福都是奋斗出来的"的真谛。正是有了这样的心理品质、工作作风和"能吃苦、下得去、用得上"的良好职业品质,加之近些年企业转型升级对高素质技术技能人才的旺求,高职毕业生越来越受到企业的青睐,当然也同时吊高了高职学生的胃口。高职学生好就业是因为高职教育的职业属性造就了高职学生的专业实践能力强、岗位适应性强,具有不可替代的职业文化素质;他们不安于现状在跳槽实践中优选职业也是高职文化职业暗示的另一结果。企业希望有一支忠诚于自己并相对稳定的队伍,就业者希望企业能提供实现个人理想、宽裕生活的优越条件。学生个体具有跳槽的能力不是坏事,人才的流动对整个社会来说也可以形成不腐的活水和竞争的机制,从而促进企业发展。但与此同时也给企业短期管理带来很大的负担。这给高职院校文化育人设计和实践的重要启示是,一方面要提高高职学生专业实践能力和综合人文素质,使其具有在市场环境中闯荡、选优的本领,另一方面也要加强职业道德教育,教育学生在社会生活中,要把个人利益与集体利益、国家利益有机结合起来,要在奉献祖国、服务人民中实现自己人生的价值。

## 第五节　高职院校文化育人价值取向实现的应然路径

育人是一门艺术,具有不同的实施路径,教育主体对路径的选择,不仅是教育技术,而且体现价值取向。文化育人是以人类文化的正向价值为导引来"教化"学生,所以,从育人路径分析,高职院校文化育人目标趋向于培养高素质技术技能人才,彰显高等职业教育人才"职业性"特质,选择校企合作育人之路。但校企文化分属不同亚种,价值追求存在较大差异,因此在合作中需正视育人文化与企业文化目标的现实不融,规避企业文化中不利于人的道德、理性、真善美形成的文化因子,有效耦合高职院校育人文化与企业先进文化,从而实现立德树人的育人目标。在这一文化育人路径中,最关键的问题是如何正视育人文化与企业文化的不融性,把握育人文化与企业文化耦合的有效性。

## 一、正视育人文化与企业文化的不融性

高职院校育人文化与高职校园文化既有联系又有区别。学校属于组织范畴，因而学校文化属于"学校背景下的组织文化"。[①] 校园是一种具有特殊功能的社区，因此，"校园文化就是一种社区文化"。[②] 校园文化起步于校园文化活动，发展于校园教育教学实践，反映了师生共同的价值理念，是办学理念、个性风格和人文精神的综合体现。高职院校的校园文化是高职院校育人文化的组成部分，但不是高职院校育人文化的核心部分。高职院校育人文化是融入了较多职业属性的大学文化。企业文化是企业经营的价值理念的综合体现，比如企业的经营理念、企业精神、行业准则、企业形象以及全体员工的归属感、责任感等。所以，高职院校育人文化与企业文化都属于社会文化中的亚文化，具有相对独立的文化功能，在相互交流对接的过程中存在现实的不融性。

### 1. 高职院校育人文化和企业文化功用的差异性

高校有人才培养、科学研究、服务社会、文化传承创新四个功能，第一功能是培养人才，因此育人文化是高职文化的重要内容。高职院校四个功能具有高等职业教育的特点和风格：培养的是技术技能专门人才，科学研究具有技术应用性价值取向，服务社会主要体现在技术、工艺方面，文化传承创新的是技术文化、职业文化。因此，高职院校的文化承载和特色彰显相对应地也体现在四个方面：物质层面体现在学校硬件设施必须符合高职教育的教育教学规律；制度层面体现在为培育人才、规范教学秩序的各种规定、规程、计划和考核要符合高职教育类型特征和技术技能人才成长的规律；精神层面体现在办学理念、办学传统、学校风气等方面凸显高职院校的校长风

---

① 吴建强. 大学学校文化及其对教师的影响：中英比较对我们的启示[J]. 教育学报，2005(4)：83-89.

② 王建军. 论校园文化的多维系统结构[J]. 吉林教育科学：高教研究，2001(3)：8-11.

格、行业特色、区域特点、培养目标；表现形式主要体现在校企互动、师生互动、学生自主互动等人际交流和思想碰撞等方面必须符合高职特点的教育性。

企业是物质生产的场所，其生产的既有有形的产品，也有无形的"产品"，只不过无形的文化"产品"是蕴含在有形产品之中的。不同类型的企业产品形式可能千差万别，附加值也不一样，但是所有企业生产的共同目的都是为了生产更多的高质量的产品，并通过市场交换获得利润，通过技术创新增加产品附加值追求更多更大的利润。同样，企业文化也有四种承载形式：在物质层面，体现在能满足生产产品的工厂、车间、设备等硬件设施上，这些硬件必须满足产品生产的工艺要求；在制度层面，体现在遵循完成产品制造的规律、成本控制的规律、企业员工的生活规律等方面，制度设计的核心是保质求利；在精神层面，体现在"为人"上，就是充分调动企业员工的积极性，增强团队之间的团结合作意识，强化所有员工的主人翁责任感，精神生产的核心是忠诚、敬业、利益；在表现形式上，企业文化主要是理念灌输、制度激励和惩罚措施。① 可见，企业文化表现为经营文化，重点关注效益、利润，就可能存在忽视人自身的发展，或者为追求自己效益而忽视他人利益、集体利益、公共利益甚至不讲诚信、欺诈蒙骗、不择手段，存在不利于道德、理性、真善美形成的因子。

从上述高职院校育人文化与企业文化的不同功用可以看出，两者虽然在内在逻辑上具有相通性和一贯性，但是在价值取向、行为范式上存在明显的差异。②

价值取向具有决定、支配主体价值选择的作用，价值取向迥异是高职院校育人文化与企业文化功用差异的最核心的方面。我国高职院校招收的基本上是高中或中职毕业生，年龄大都在 18 岁左右，他们的世界观、人生观和

---

① 李红,方桐清.高职院校校园文化与企业文化的耦合研究[J].教育与职业,
2010(30):23-24.

② 唐锡海.高职文化与企业文化的融合逻辑[J].中国高等教育,2013(8):51-53.

价值观仍处于关键形成期，所以高职院校对这一群体实施教育的重要任务是关注他们政治上进步、思想上成熟、人格上健全、知识上完善、技术上提升，使之成为高素质技术技能人才。这一教育过程价值取向是培养满足经济社会发展需要的青年学生的成长成才，追求的是社会效益最大化。而企业的价值取向则是通过实施对员工的有效管理，以产品或服务为载体把生产、管理、经营有机组织起来，敏感于市场变化，关注时效、效率和利润，目的就是追求经济效益最大化。学校和企业价值取向的巨大差异是校企合作过程中的文化障碍。

行为范式刚柔差异是高职院校育人文化与企业文化功用差异的外化形式。高职院校育人文化是由高职院校全体师生员工在教育教学、管理服务等过程中共同创造出来的物质和精神成果，突出育人使命，追求职业文化，崇尚技术之美，固守稳固宁静氛围，表现单纯稳定关系，注重学习方式多元，重视职业精神培养。而企业文化则是企业在生产经营实践过程中逐渐形成并长期积累的企业哲学、企业精神、企业价值观、企业行为准则，是一种责任文化，虽然也注重过程管理，但是最为强调的是行动结果。虽然好的企业也重视社会责任担当，但是从根本上讲，企业追求的是利益，往往以利益制约为手段管理个体。这种文化传递到个体上，企业个体均表现出较强的功利性和目标单一性，在行为方式上基本都是在企业刚性制度约束下的目标一致性。校企和校企成员行为范式的刚柔差异，为高职院校育人文化与企业文化交流形成了一定障碍，但同时也提供了融合的理由和融合的意义。

可见，高职院校育人文化和企业文化的差异，不仅体现在物质层面、制度层面，更核心的还是体现在精神层面、文化活动层面。校园文化针对的是人的培养，所以具有活泼灵活、关注个性的特点；企业文化针对的是产品质量和经济效益，所以具有严谨规范、目标一致的特点。尤其是企业文化效益最大化的目标追求、内部管理的刚性行为方式会在一定程度上造成从业者在道德、理性和真善美的价值追求上的异化可能，这与高职院校文化育人的目标是不一致的。所以，高职院校育人文化和企业文化的风格、目的均存在较大的不同，高职院校育人文化与企业文化不能相互代替。

**2. 高职院校育人文化与企业文化对接的不融性**

高职院校育人文化与企业文化功用的差异将造成育人文化在对接企业文化过程中的不融。这种不融集中体现在高职教育对接企业对人才功利性需求的过程中,体现在教育理念、教育价值、教育精神等文化层面。

首先体现在就业导向制约人的发展上。"以就业为导向"是高职教育社会价值的政治体现。"就业"有五个关键词:达到法定年龄、有劳动能力、有劳动愿望、获取合法报酬、实质参加劳动活动。其中,劳动能力实际上就是掌握了能胜任岗位的技术知识和专业技能。这是高职院校所肩负的使命。大多数高职学生求学愿望都是为了找到一份心仪的工作,并通过自己的诚实劳动获取应得的报酬,这是无可厚非的。问题在于,高职院校以就业为导向,体现在人才培养计划上就会针对岗位设置课程、针对岗位要求取舍课程内容、针对岗位特点实施课程教学,这就造成了这样一个现象:当岗位随着技术进步、企业发展而发生变化的时候,"针对性"培养出来的高职毕业生能不能、会不会及时顺变就是个问题。如果简单的"针对性",对于"人本身"的价值实现则是令人忧虑的。从另一个角度看,在国家考核高职院校就业率指挥棒的指挥下,现实性存在学校"逼"学生签就业协议、学生因种种原因"造假"提交就业协议现象。倪方方于 2013 年 5 月 29 日在《新华日报》撰文《不交三方协议不给毕业证,高就业率这样"逼"出来》对此就进行了关注。这是何等的教育荒谬!当学生以就业为导向时,他们就可能以功利性思想学习专业、学习课程、度过学校生活,有用的就学,没用的就应付,综合素质提高、复合型人才培养的口号就可能会因简单的"就业导向"使之真的成为一句"口号"。再深入分析就会发现,当功利性思想充斥头脑后,学生在择业时就会以环境舒服不舒服、薪酬高不高来取舍企业、取舍岗位,即使实质性参加了就业后的劳动活动,这些学生可能仍然认为自己是"打工者",是为老板工作,不是为自己谋生,更不是为社会做贡献、为人民服务。所以,"以就业为导向"如果在实践中执行走样,就会制约人的发展,背离教育的根本宗旨。

其次体现在知识育人遮蔽文化育人上。知识是一个非常复杂的概念,至今仍没有确切的定义。但知识一定是人类在实践中认识客观世界(包括人类自身)的结果,是一个依赖于自身认知水平而进行总结、凝练、提升的系统化的认识。知识既包括事实、信息,也包括技术、技能。所以学校教育都很重视知识的传授,而高职院校不仅重视一般知识的传授,更重视技术技能知识的传授。高职院校实施这些任务不能关起门来搞教育,需要走校企合作之路,或者说需要把高职院校育人文化对接企业文化。立德树人是高职院校首要任务,所以,在高职院校育人文化对接企业文化的过程中,需要把文化育人作为贯彻始终的重要内容并进行总体设计规划。这是高职院校的政治担当。但在现实中,就知识育人与文化育人一起做出整体规划的高职院校却较少;学生个人多数关注自己学业成绩、获得职业资格证书或技能等级证书数量,眼睛只关注自己是否"羽翼丰满"、找到好工作,至于自己参加了多少社会实践活动、课外文化活动、社会公益活动、政治学习活动等思想教育活动,自己是否"羽毛美丽"、赢得企业青睐、具有持续发展力却并不重视。知识育人"含蓄"地遮蔽了文化育人。

再次体现在偏狭工具理性弱化大学精神上。工具理性来源于德国社会学家马克斯·韦伯(Max Weber)所提出的"合理性"(rationality)概念,其主要论点就是行动者唯功利动机驱使,行动借助理性达到满足自己需要所预期的目的。行动者追求的是效果最大化,行动始终存在漠视人的情感、人自身价值。高职院校育人文化在对接企业文化过程中,如果以满足企业需要为唯一目的,以学生就业为唯一导向,就必然把功利性思想带入教学设计、教学实施、教学评价,就会把学生的技术技能的提升作为核心目标进行人才培养,锻造的是生产线上的"工具"。这样一种人才培养过程,教育者关心的是学生会不会、能不能,而忽视了学生愿不愿意、快不快乐,人被视为无情感、无欲望的"机器"。更为重要的是,偏狭工具理性培养的学生是"小绵羊",没有"为什么"的追问精神,没有"如果不这样"的逆向思维和批判品格,看问题直线型而不辩证,做事情知其然而不知其所以然,只会按部就班不会随行变动,更是缺乏为祖国、为社会、为他人的大情怀。这与大学精神格格不入。所以,在校企文化对接过程中,高职院校如果忘记自己的高等性、教育性,撇开"人"来培养人才,就偏离了大学精神,失去了"高"职教育的本质属性。

另外还体现在高职层次受制企业文化上。2014年2月26日,以国务院召开的常务会议部署"加快发展现代职业教育体系建设"为标志,我国制度性打通了中职、专科、本科到研究生的上升渠道,引导一批普通本科高校向技术应用型高校转型。① 这也意味着,我国高职教育正式有了专科、本科、研究生层次。从现实中看,在人们的传统理念中,"高职院校=专科",在转型过程中一些高校领导和教师对转型技术应用型的认识就可以看出,技术应用型本科的高校领导和老师在心理上过不了自己是"高职"这个"坎",②传统的固有观念使得几乎少有人认为自己是高职。在这样强大的文化背景下,高职育人文化在对接企业文化的过程中,多数企业都认为,高职院校都是专科层次,把学生派到一线,把待遇设定在较低档次,把学生第一学历标定为"大学专科"。而对于应用型本科,企业也少有认为是本科层次高职,都标定为全日制"大学本科"。这种受制的文化作用,客观上压制了高职教育的健康发展,矮化了高职毕业生的发展台阶,阻滞了现代职教体系和终身学习机制的形成和发展。

## 二、把握育人文化与企业文化耦合的有效性

高职院校育人文化对接企业文化的不融性并不妨碍二者的耦合和相互促进。高职教育的服务面向决定了高职院校育人的各个环节必须自觉融入"产业、行业与企业等要素"③,自然地,高职院校的文化建设也必然要自觉融入这三大要素。高职院校育人文化融入产业、行业与企业"三要素"实质上是实现校企文化的有效耦合,而要在不融性中实现有效耦合,就必须弄清

---

① 谭思师.转型背景下地方院校大学生职业生涯规划教育探析[J].中国高校科技,2017(S1):13-14.

② 李剑平.院长空降易学校转型难[N].中国青年报,2014-03-04(3).

③ 李红,方桐清.高职院校校园文化与企业文化的耦合研究[J].教育与职业,2010(30):23-24.

两种文化之间耦合的机理,促进高职院校文化育人价值取向的实现和文化育人活动的实施。

### 1. 耦合的基础

学校的一切工作本质上都是育人的。显然,不论是物质层面还是精神层面,不论是制度设计还是行为导向,从目的性上看,高职院校育人文化都是为了培养人、塑造人、引导人、感染人,使高职学生在所设计的文化熏陶下,成长为符合党的教育方针所要求的技术技能专门人才。所以,高职院校育人文化是"为人"的文化,追求社会效益最大化是高职院校育人文化的重要价值取向。

而企业的一切工作本质上都是为了实现利润,追求利润最大化是企业的主要价值取向。企业追求利润需要通过生产产品、出售产品并依赖多种手段来实现:通过投资搭建实现利润的物质平台,通过生产符合市场需要的产品呈现利润实现的载体,通过市场流通收回高于产品价值的利润。从企业实现利润的全过程来看,不论投资、生产还是流通,都不可能自发实现,都必须由"人"通过一定的技术和手段组织实施。这里的"人"是指通晓实现利润各环节所需要的管理人才、经营人才和技术技能人才。其中,技术技能人才能否展现所能,还需要合适的知识迁移能力和能力迁移动力,并且具有随着环境和条件的变化而不断提升和应变的能力。动力深藏于人的心里,外化于人的行动;能力蕴含在人的大脑、体力和协调力里,外显于能达成预设的目标。所以,企业文化从本质上讲也是"为人"的,其价值取向是追求经济效益最大化。

虽然高职院校育人文化和企业文化分属不同文化分支,"为人"的目的和实现形式有较大不同,但是"为人"的共同指向奠定了融入、合作、共赢的基础。

高职院校育人文化与企业文化"为人"的共同基础体现在以人为中心、

以发展为目标的组织文化和内在逻辑的相通性、一贯性上。① 高职院校是人才培养机构,培养的是"人才",人才价值实现需要通过走向市场、进入企业;企业发展需要"人才",人才是否是真的人才,需要在市场上"溜溜"中分清"骡"和"马",在企业"真刀真枪"的实践中来检验其能力和价值。可见,人才价值是高职院校和企业双方共同关注的焦点,是校企文化得以耦合的链接点,人才就成为高职院校育人文化与企业文化耦合的重要载体和纽带。从另一视角看,在市场竞争环境下,作为在不同领域的市场主体,高职院校和企业都面临着发展自己、壮大自己、站稳市场的共同愿景。实现这一愿景,校企双方当然都可以发挥各自优势、充分利用自己的资源来实现各自的功能。但是在新的时代,实践反复证明,不论是什么样的市场主体,不借助外力的发展都是理想化的、短视的,是没有效率、没有生命力的。高职院校需要与企业合作了解技术发展动态、企业用人需求变化,从而锻炼师资队伍、改进教育教学、帮助学生就业、实现服务功能。高职院校发展的活力就是涌现于校企之间的频繁互动、有效互动、有益互动中,活力就是文化力。企业在发展中的技术难题同样需要借助高校(包括高职院校)的专业和技术优势进行联合攻关,充分利用高职院校丰富的实训资源和专业实践能力强的教师资源来培训、锻炼企业员工队伍,使其建设者始终充满电能、产生源源不断的动能。尤其是企业通过前置人力资源管理、参与人才培养过程,把企业文化主动融入育人过程,对于及早培养留得住的"自己人"是很有现实意义的。

**2. 耦合的使命**

随着我国现代职教体系的逐步建立,职业院校学生发展的"立交桥"已经搭建。但从数量而言,高职院校大多数学生毕业后都要走向社会、走进企业开始职业生活,所以,高职院校的使命就是把高职学生(在学校学习期间,不妨称其为"学校人")培养成为满足企业需要的、能零距离对接企业岗位的

---

① 唐锡海. 高职文化与企业文化的融合逻辑[J]. 中国高等教育,2013(8):51-53.

合格技术技能人才（不妨称其为"企业人"）。所以，高职院校推进育人文化与企业文化的耦合，其使命就是把"学校人"培育为"企业人"。

　　"学校人"和"企业人"存在着较大的不同。"学校人"的主要任务是在学校教学计划指导、在校园文化熏陶下，系统学习专业知识、提高专业技能，掌握今后从事职业所需的技术本领、生存发展能力，是充实自己、强实自己、提升自己的过程；"企业人"的主要任务则是在工作岗位上运用自己在学校学习和社会活动中所掌握的专业知识、专业技能和综合素质，履行职责、创造财富、实现自我，是释放能量、散发热量、奉献社会、回馈人民、安身立命的过程。"学校人"大都需要接受父母的经济支持或国家资助，"企业人"则要靠独立自主、自己奋斗来获取幸福。"学校人"生活简单安静无社会负担，学习和生活基本有规律，自由支配时间多；"企业人"面临的则是复杂的职场生活，工作节奏快而紧张，自由支配时间少，受到比较严格的企业制度约束。"学校人"在学校交往的对象主要是老师、同学，关系较为简单，没有明显的复杂利益关系，得到的是师长的教育和包容；"企业人"位处激烈竞争的社会环境中，交往关系复杂，人际关系复杂，利益冲突较多，责任担当直接、现实和骨感。所以，"企业人"较之"学校人"，思维跨度大、环境变化大、位责要求高。这就要求高职院校必须遵循高职教育规律，以高职院校文化育人价值取向系统设计学校教育教学人才培养方案，帮助学生针对自己特点规划好个人职业生涯，把"企业人"的素质要求体现在育人全过程和校园文化全空域。

　　了解"企业需求"是高职院校育人文化耦合企业文化的前提。了解企业需求是为了耦合，实现有效耦合就需要了解对耦合有用的需求，包括企业宏观需求、某一专业岗位对人才素质、能力结构的要求，以及高职院校自身现状和可能发展的前景。

　　真正"以人为本"是高职院校育人文化耦合企业文化的核心。高职院校要发展，就得走自己的路，这是一般意义上高职院校办学的价值取向。但在生源减少、经费来源单一、办学成本较高的学校，现实地存在只关注生源数量、企业的用工需求，表现在教育教学中就是就易避难、就岗不就技，其目的主要是把学生"安全"地送出校门。教育目的是育人,以人为本是学校的天职,在高职文化耦合企业文化的过程中,只有真正做到以人为本,把学生的全面发展作为主旨,把学校、企业和学生等互利多赢融合起来,才能实现校企文化耦合的效能。这是校企文化耦合的核心。

贯穿始终的"职业"教育是高职院校育人文化耦合企业文化的关键。高职院校培养的学生具有较高的职业素养或者职业能力,这是高职教育的魅力和价值所在。而高职学生基本上是从高中或中职的校门直接踏进高职的校门,因而他们刚入校时基本没有建立起"职业"的概念。所以,高职院校就需要从教学计划、课程安排、教学组织、教学场所、教学手段、教学方法,从第一课堂、第二课堂到第三课堂都要有计划、有步骤地渗入职业教育内容,全面有效地提升学生的职业素质或职业能力。职业素质或职业能力一般包括专业能力、方法能力和社会能力。专业能力主要指掌握专业知识和专业技能,这是一个社会人基本生存的能力。方法能力主要指学会学习、学会工作的能力,这是决定一个社会人自身发展、业务持续发展的基本能力。社会能力主要指学会与人共处、学会做"人"的能力,这是一个社会人得以和谐发展的基本能力。有了这三种具有关键意义的职业能力,即使遇到社会变迁、职业变化、走出国门,也都能做到自我适应、自我调节、自我发展。

### 3. 耦合的社会土壤

在知识经济、信息化时代,有专家断言,近50年来人类社会所创造的知识比过去3000年的总和还要多。联合国教科文组织的埃德加富尔先生就曾预言:"未来的文盲,不再是不识字的人,而是没有学会怎样学习的人。"[①]可见,技术的进步和获取信息手段的快速发展,使从业者已有知识很快就会"过时",如果不及时更新知识,进行"回炉"教育,就难以适应岗位的需要,跟上时代发展的步伐,甚至可能被现实无情地淘汰。所以,教育"回炉"已经成为学习型社会的一种新的社会现象,2008年12月27日《杭州日报》刊文

---

① 习近平. 领导干部读书"三要"[J]. 精神文明导刊,2010(4):9.

《杭州白领纷纷"回炉充电"教育培训反周期"火爆"》就对此进行了深度关注。在教育领域还存在另外一种现象,少数大学毕业生因无一技之长多次被企业拒之门外而"回炉"职业教育。2018 年 6 月 21 日《华声在线》刊发《大学生"回炉"职校映射教育观念改变》,报道和评论了一名从东北农业大学播音主持专业毕业的本科生因一直找不到合适的工作转而到职业学校学习电力机车技术的新闻事件,其主旨是反思大学教育,肯定社会对就业的理性认识,提出职业教育与大学教育没有高低之分,呼吁加强大学教育与职业教育的合作。同日,《北方新报》对此又刊发了文章《大学生"回炉"启示树立终生学习意识》,该文对大学生"回炉"从终生教育的角度进一步进行了评论。作者认为,大学生"回炉"职业教育是理性选择,表明企业用人不再是看重"文凭",而体现了"真才实学"导向,呼吁求职者都要树立终生学习意识,增强持续学习精神,增强"学历社会向能力社会"的内在动力。

可见,"回炉教育"具有厚实的社会土壤。对于高职院校来说,能否具有"回炉教育"的实力和计划安排则是关键性问题。实际上,我国高职教育从高等教育司转入职业与成人教育司管理,从这一国家管理体制设计导向可以看出,高职教育是我国继续教育、终生教育的一支主导性力量。这就要求,高职院校在学校教育教学活动整体设计时,要自觉加强培训功能,把"回炉教育"作为基本建设做出安排。要成立专门的组织来管理"回炉教育",要根据学校优质专业、优质教育资源和社会需求设计培养方案,采取长期与短期培训、综合与专项培训相结合的教育方式,以菜单式、学分储蓄等灵活多样的教育形式为社会搞好教育服务。高职院校为社会提供这样的服务要体现高职教育特色,要特别重视对接、耦合企业文化,教育服务要务实、真实、实用,要具有前瞻性、导向性、引领性,能切实满足企业转型升级需求、职工提升素质愿望、学习型社会人们的求知期待。高职院校如果不懂得或不重视校企之间的紧密联系,不能做到校企文化耦合,主动占领职业培训市场,市场竞争力将会大打折扣,换言之就是没有完整实现文化育人价值取向。

**4. 耦合的目标**

随着工业化提档升级、信息化迅猛发展,国家高度重视科学技术和创新型人才在企业转型升级中的支撑作用。为此,国家制定了很多行业企业资质的认定标准,把不同层次的专业技术人才或持有职业资格证书人才的数量、科技研发机构的设立、科技创新成果数量和等级等,规定为企业资质认定的基本要求。现实中,企业在发展中面临着大量技术难题,但有的企业并没有研发能力,也不符合其价值追求。而国内外知名的大公司不仅组建了自己的研发机构,而且还拥有高水平的科技团队,每年都投入相当比例的研发资金,创造自己的知识产权,并以此作为企业核心的竞争力。近年来,美国对我国中兴、华为等知名企业采取技术制裁、扣押高管等手段,其中一个重要原因就是想通过以控制"芯片"为核心的高端技术来制约中国高新企业,并以此阻挠中国发展,维护其全球霸权。在经济全球化、一体化的大环境下,借智发展、合作发展也是多数企业的聪明选项,并不需要孤军奋战,可以通过购买服务、合作服务弥补自身不足、提高自身竞争力。同样的,作为以技术应用为导向的高职院校也需要来自企业实际工程技术项目来丰富教师工程实践经历和充实教学内涵,用企业发展中的难题作为技术攻关项目提高师资队伍水平,为培养高素质技术技能人才提供技术支持和人才保障。校企双方互有需要、优势互补为实现文化耦合提供了可能,有效实现文化耦合必能实现互惠双赢、共同发展。而要顺利实现校企文化的有效耦合,必须落实到现实,找到契合点,找准切入点。①

搭建文化合作交流平台是基础。校企合作热度不和谐是没有生命力的,任何一个市场主体要赢得市场必须赢得现实利益或者长远利益,没有利益就失去动力,持久合作的动力必然建立在互惠双赢的基础之上。所谓互惠双赢就是校企双方都能在合作平台上找到自身角色、实现必要利益。校企合作不是企业和学校自己的事,而是经济社会发展的大事,为此,政府负有重要责任,需要通过建立法律法规来正确引导校企合作方向、校企合作行为和校企合作结果,这是我国高职院校校企合作取得成功的关键因素。改

---

① 李红,方桐清.高职院校校园文化与企业文化耦合研究[J].教育与职业,2010(30):23 - 24.

革开放以来,尤其是自 1994 年推进社会主义市场经济体制以来,我国教育法制化进程明显加快,目前已基本形成了比较完善的教育法律体系。但在这个体系中,有关职业教育方面的法律法规条款总体上制定的还比较原则,不少仍停留在一般性号召层面,在企业支持和参与职业教育上只有倡导性而缺乏制约性,法律法规之间配套性也不够,仍需要通过人大立法给予进一步完善,以更加清晰企业在培养职业人才方面的法律义务和法律责任。这在后节将做专门阐述。同时高职院校也要增强"企业意识",建立科学的调查制度,以准确了解企业对人才的需求,切实能帮助企业解决技术难题,使教师水平的提高有企业平台的支撑、企业的发展进步有学校智力的支撑。

创建仿真职业文化是载体。重视培养学生专业实践能力是高职教育区别于一般高等教育最重要的特征。专业实践能力培养离不开企业文化因素的渗入和职业文化氛围的熏陶,这就要求高职院校校园环境建设、校内外实训基地建设等都要体现职业性和教育性的统一。校园文化的职业性不能完全照搬企业文化,需要通过现代技术手段把优秀企业文化嵌入到校园文化,形成仿真的职业文化。仿真来源于真实但不是真实,校内实训基地建设要做到"源于现场、高于现场",使职业技能训练和职业素养培育具有"企业气息"。弥补仿真的"不真实性"需要用"真实"优秀企业文化"点睛"校内实训基地建设,可以有意识地引进若干知名企业进校园或与学校一起共建具有真实生产、真实检验、真实检测功能的校内实验实训室,形成校内有真的企业、校企文化硬融合的高职教育实训教育格局,使师生在工作、学习和生活中,都无时无刻得到真实企业文化的熏陶。

校企携手文化活动是重要形式。高职院校可以与企业合作设立企业奖学金,按照校企共同制定的标准和要求来组织评定,使学生在上学期间就形成"准企业人"的心理感受。实训场所内环境的设计、设备的摆放,要尽量做到企业化,体现与企业的工程或工厂相统一的真实性,使学生接受的是具有"真实性"的仿真职业文化的教育。学校的教学管理、学生管理是学生成长成才的重要教育环节,在管理过程中要在体现教育性的基础上适当引入企业管理制度,按照企业的标准来要求参训学生,使学生感觉到责任和压力。

实训基地和校园内适当场所适当位置要显示企业文化,建立起具有真实性的企业制度环境,形成仿真的职业文化氛围,使学生在进入企业之前就通过学校实训场所持续不断地浸染在企业文化之中,逐渐形成和增强学生对职业的认同度,确立正确的职业目标,激发学生职业热情,形成良好职业道德,缩短职业适应期,提高职业抗挫折能力和抗风险能力。

主动契合企业需求是助推器。高职院校文化建设需要注入市场因素、企业因素,按照"就业导向、市场需求"主动恰当满足企业文化需求。2017年12月12日,习近平总书记考察的徐工集团是我国工程机械行业的排头兵,其企业愿景是"成为一个极具国际竞争力、让国人为之骄傲的世界级企业",核心价值是"担大任、行大道、成大器",企业精神是"严格、踏实、上进、创新",干部座右铭是"忠诚信用,艰苦奋斗,尽职尽责,为人表率",员工准则是"忠诚信用,敬业守纪,团结协作,精准高效"。他们的文化理念中有一条鲜明的主线,就是为国担当、诚实守信、追求卓越。正是有了这样上下贯通的文化精神的助推,才使得一个市级企业能够做成世界级品牌,得到了我国最高领导人的点赞。企业文化理念需要所有员工承载与传承,通过不断传承转化为员工发展的不竭动力,成为统一员工思想的永续根脉。把优秀企业精神在员工进入企业之前通过校园文化熏陶习得,不仅可以使毕业生深受企业欢迎,而且还可以降低企业成本,学校也会在企业的认同中实现自身的价值,获得持续健康发展的不竭动力和永续源泉。这是校企双方共同的价值追求。因此,高职院校要积极主动满足企业文化需求,以企业需求和市场需要助推自身文化建设,从硬件建设、制度设计、文化活动等方面入手,把企业所推崇的创新意识、竞争意识、责任意识和进取精神、敬业精神、团队精神等文化精神主动引入校园文化之内,使之逐渐形成和成为全校教职工共同遵守的校风、教风和学风,使高职院校和优秀企业文化的有效耦合建立在相互交流和合作之中。

# 第三章 高职院校文化育人
# 价值取向的历史回顾

文化是历史的积淀,历史印记和发展过程决定了文化的特点和发展的趋势,也决定了居于特定文化领域中的人的文化的价值取向。作为具有鲜明中国特色教育类型的高职教育,在整个教育体系中有其自身的特色定位,并经历了循序渐进的发展阶段,每一个发展阶段都是应时需要而发展起来的,文化育人价值取向也随之表现出不同的阶段性特征,并积淀形成了渐趋共识的发展结果。

## 第一节 高职院校文化育人价值取向的渊源

溯源高职院校文化育人价值取向,需要把握两个基本问题:一是职业教育及其文化育人价值取向的历史印记,这是高职院校文化育人价值取向的"本来"。二是高职院校文化育人价值取向的基本实践,这是文化育人价值取向的"本色"。

### 一、职业教育及其文化育人价值取向的历史回望

职业是社会分工的产物,社会分工产生职业技术教育萌芽并不断孕育发展,学校职业技术教育伴随大工业生产的出现而产生,具有一以贯之的职业性价值追求,但价值追求的目的、价值实现的条件、价值实践的路径是有一定差别的。高职教育发展的基础是各类职业教育,职业教育及其文化育人价值取向是高职院校文化育人价值取向的"本来"。

　　洋务运动是我国清代一批先贤针对当时闭关锁国的弊端开展的学习西方科学技术的民族自救运动,由此我国自 19 世纪 60 年代起就应运而生了近代军事、采掘、交通运输业等工业,并在工业需要推动下在一些工厂设立了学堂,目的是培育工程技术员和技术工人。1866 年在福州船政局旗下成立的福州船政学堂,兴办工艺教育,被公认为我国最早的职业技术学校。①之后,虽相继组建了一些技术教育学堂,但总体规模很小,且没有统一学制。洋务运动及其创办的技术教育学堂的历史意义在于,这一民族自救、职业技术教育学校的兴起强力冲击了旧的教育思想,以职业技术教育救国、兴国成为鲜明的价值取向。在这一星星之火点燃之下,1903 年 11 月,清政府颁布《奏定学堂章程》(即癸卯学制),第一次将实业教育纳入学制成为学校教育中初、中、高独立的实业体系。但受制于半殖民地半封建的社会条件,“学而优则仕”成为学校教育的价值取向,旧思想根深蒂固,实业教育课程难以实施,其地位仍然低下。

　　辛亥革命吹响了“资本主义工业化”②的号角,加之第一次世界大战的爆发、我国新文化运动的兴起,中国民族工商业有了较大的发展,并推动了我国职业技术教育的发展。1915 年全国教育联合会成立后,相继推出实业教育、实业学校、职业教育方案,尤其是 1917 年 5 月以黄炎培为主要代表的教育界、实业界数十位名人在上海创立中华职教社,推动北洋军阀政府以大总统名义颁布实施“新学制”,把职业教育置于重要地位,并使职业教育范围得以拓展。黄炎培致力于革除旧教育观念,在其 1917 年发表的《职业教育实施之希望》中说:“盖社会积习重士而轻农、工、商。”“处此社会而欲提倡职业教育,诚戛戛乎其大难。”他深刻揭露了当时教育脱离生产和生活的弊端:“升学者数若是其少,谋生者若是其多,乃为学生升学之中学、高等小学数若是其多,为学生谋生地之实业教育数若少,供求不相剂如此。”③他通过创立

---

　　① 张玉山.福州船政学堂与中国近代职业教育[J].新乡学院学报(社会科学版),2010(4):84-87.

　　② 胡绳.中国共产党的七十年[M].北京:中共党史出版社,1991:3.

　　③ 中华职教社.黄炎培教育文选[M].上海:上海教育出版社,1985:3.

中华职业学校实践和对多个省份职业教育的指导，不仅转变了人们的教育观念，而且还有力开拓了职业技术教育的广阔途径。他还大力主张"大职业教育思想"，要求职业技术教育工作者必须参加改革社会的政治活动，必须考虑劳动人民的需要和利益，必须深入实际、调查研究、熟悉社会、熟悉经济，倡导职业技术教育与经济、社会发展的紧密联系，倡导"手脑并用，做学合一"教育思想。其创立的中华职业教育社的宗旨是改革脱离生产劳动、社会生活的传统教育，教育目的是谋个性之发展、为个人谋生之准备、为个人服务社会之准备、为国家及世界增进生产能力之准备。这一鲜明的职业教育文化育人价值导向在新时代仍然具有强大的生命力。黄炎培及其创办的中华职业教育社在我国职业教育领域具有较高的历史地位。

在解放区时期，我们党确立了革命根据地发展教育的方针。1934年1月，毛泽东在第二次全国苏维埃代表大会上指出，苏维埃文化教育"在于以共产主义的精神来教育广大的劳苦大众，在于使文化教育为革命战争与阶级斗争服务，在于使教育与劳动联系起来，在于使广大中国民众都成为享受文明幸福的人。"①他的讲话首次明确了教育服务方向、教育与生产劳动相结合、加强劳动教育的思想。在抗日战争、解放战争期间，根据毛泽东指示精神，各根据地先后创办了适应战争和生产需要的职业技术学校，坚持教学密切联系实际、实行多种形式办学，为新中国成立后发展职业技术教育积累了经验、奠定了基础、指明了方向。

在国民党统治区，国民党为适应其反动统治的需要，也反思过教育弊端，出台过教育训令、职业学校法、职业学校规程等一些职业教育规章制度，给予职业技术教育一定的位置，但由于其政治腐败、经济凋敝，虽有倡导但终未能使职业技术教育得到应有发展，在其统治的22年后期，国民党统治区的职业技术教育一蹶不振、基本停滞。

新中国成立后，我国职业技术教育及其价值取向经历了曲折的发展历程。在国民经济恢复和第一个五年计划时期，首先对旧的教育制度进行改

① 人民教育出版社.毛泽东同志论教育工作[M].北京：人民教育出版社,1958:15.

造,进行政治教育、就业教育、专业教育,创办技工学校,将职业学校改为中等专业学校,学习苏联经验重视生产教学,为新中国职业技术教育发展奠定了基础。1958年在社会主义总路线指引下,教育战线掀起"教育与生产劳动相结合""脑力劳动与体力劳动相结合"为价值取向的教育革命热潮,中共中央国务院在《关于教育工作的指示》中提出了国家办学与厂矿办学并举、普通教育与职业教育并举、成人教育与儿童教育并举、全日制教育与半工半读教育并举、学校教育与自学教育并举、免费教育与不免费教育并举的方针,对推动中职教育实行理论与实践结合、提高操作技能、培养劳动观念起到了积极作用。但同时,由于生产劳动过多,违背了教育规律,超越了现实可能,导致了教育质量下降。之后,在"调整、巩固、充实、提高"国民经济方针指引下,职业技术教育价值取向同时进行了调整,并开始初见成效。但是,1966年开始的"文化大革命"十年内乱,污蔑职业技术教育是修正主义教育路线的产物,大量半工(农)半读的中等技术学校、职业中学被砍掉,全日制的学校则被长期停办,教学设施、教学场地、教学人员都被损失、占用、解散,政治导向的错误导致我国职业技术教育到了崩溃的边缘。

党的十一届三中全会之后,随着党的工作中心的转移,职业技术教育随之得到了迅速发展,高职教育也随之产生和发展壮大,文化育人价值取向也伴随经济社会发展步伐在曲折中不断修正、渐趋共识并不断完善,形成了鲜明的阶段性特征。

## 二、高职院校文化育人价值取向的基本实践审思

探寻高职院校文化育人价值取向的渊源,离不开我国政治文化的现实背景。我国是社会主义国家,高职院校文化育人理念的确立、教育的实践必须全面贯彻党的教育方针,大力弘扬中国特色社会主义文化。这是我国高职院校文化育人价值取向的政治使命,是文化育人的基本实践活动,是文化育人价值取向的"本色"。

我国高职教育诞生、发展四十年来,虽然在发展过程中肩负政治使命的坚定性出现过弱化、摇摆的现象,但是文化育人价值取向始终没有偏离党的

政治主线。这是我国高职教育不断发展的政治保证,体现在以下几个方面:

一是党的领导始终坚持并不断加强。我国所有高职院校自成立之日起都成立了学校党委,党的组织体系全面完整。在 20 世纪八十年代,多数高职院校都实行党委领导下的校长负责制,有少数高职院校实行校长负责制,有些学校基层党组织负责人不设定行政级别,但党的领导仍在,各级党组织仍在发挥应有的作用。尤其是在 1986 年资产阶级自由化思潮泛滥以后,高职院校党的领导在教训中通过指导思想、政策方针、组织体系、制度保障得到全面加强。党的十八大以后,以习近平同志为核心的党中央更是全面加强了党的领导,鲜明强调"党是领导一切的",高职院校党委的领导核心作用、二级党组织的政治核心作用、党支部的战斗堡垒作用得到全面落实,文化育人价值取向始终遵循党的教育方针所指引的正确政治路线,并得到强有力的组织保证。

二是社会主义核心价值观教育全面有序推进。社会主义核心价值观是社会主义核心价值体系的内核,是社会主义先进文化的集中体现,其主旨是把国家利益和个人利益相统一、国家精神与个人价值观相统一,其形式以独具魅力的简洁语言把我国公民的道德要求和核心价值进行了生动表达。高职院校是国民教育的重要组成部分,培育和践行社会主义核心价值观是基本使命,把社会主义核心价值观融入人才培育各环节是基本任务。自党的十六届六中全会提出社会主义核心价值体系、党的十八大提出社会主义核心价值观以来,高职院校都能自觉肩负使命,全面有序推进社会主义核心价值观教育。一方面以思想政治理论课为主渠道对高职学生全覆盖地实施社会主义核心价值观说服教育,另一方面以实践载体为主板对高职学生拓展进行社会主义核心价值观实践教育,同时通过营造丰富多彩的校园文化活动持续不断地对学生进行社会主义核心价值观文化教育,通过社团建设引导高职学生进行自我教育,通过课程思政对高职学生实施融合教育。这一系列的立体式教育,促使高职院校文化育人价值取向与社会主义核心价值观相统一、相合拍,保持了应有的政治本色。

三是利用红色资源实施文化育人蔚然成风。我国拥有博大精深的传统文化和光荣的革命传统,涌现出各行各业英雄模范人物,留存了丰富的中华优秀传统文化、辉煌历史文化、高尚革命文化的资源。近些年来,我国对具有重大历史价值和教育意义的文化资源进行了大规模的系统发掘、专业整理和精心修缮,实行"成果让人民共享"的文化福利政策,开发了众多文化阵地和形式多样的传播形式。这为高职院校文化育人实践活动提供了丰富的红色资源和方便的教育条件。在这一利好大环境下,高职院校都通过党支部、共青团、社团等组织,利用各种中华传统纪念日、各类重大节庆活动、入学军事训练、必修国防教育,就近、就便开展各种形式的文化育人活动,使高职学生的家国情怀、民族观念、奉献精神、集体意识等都得到明显增强,"追星"价值取向发生了较大变化,模范人物、道德标兵、大国工匠、时代楷模、人民英雄等成为新的"星星",正能量不断上升。

但文化育人基本实践成效还存在不平衡现象。据林夕宝、余景波、周鹏等学者的调查,我国高职院校学生接受中华优秀传统文化教育的渠道较窄,不能有效调动他们学习中华优秀传统文化的浓厚兴趣;对社会主义核心价值观内容了解程度、内化于心在不同年级表现出较大的不同,与知识层次存在一定相关性;社会主义核心价值观培育状况在不同年级也存在明显不同,指导学生言行还存在弱项;等等。① 高职学生多数在校学习只有三年时间,且要求有一半的教育时间用于专业实践,所以实施符合政治性价值取向的文化育人基本实践活动,既要独立于专业教学之外专门实施、专业化教育,更要把政治性基本要求有效分解为可以触摸的教育元素,与课程教学、专业实践、第二课堂活动深度结合起来,以形式的隐含性确保效果的实效性和外显性。

---

① 林夕宝,余景波,周鹏.中华优秀传统文化融入高职学生社会主义核心价值观的培育研究[J].职教通讯,2020(09):82-93.

# 第二节 高职院校文化育人
# 价值取向的发展阶段

回望历史,我国职业教育思想出现和办学实践历史比较悠久,而我国高职教育真正以组织化形式、成规模出现是 20 世纪 80 年代的事,历史并不很长,但其发展过程在我国具有与其他类型教育不同的轨迹,其产生、发展、壮大都与经济和社会发展需要和自身发展状态紧密相连,表现出不同的阶段性特征。由于划分标准或研究视角的不同,不同学者对高职教育发展阶段的划分有所不同。比如,高职教育著名专家邢晖把新中国成立以来的高职教育轨迹分为初步建立、恢复重建、外延波浪式发展、快速高位发展、质量内涵发展等五个阶段,王旭善等学者则把高职教育发展划分为起步发展、探索发展、稳定发展、蓬勃发展、科学发展等五个发展阶段[①]。但截至目前尚未发现对高职院校文化育人价值取向进行过发展历程研究和发展阶段划分。

文化是人创造和积淀的,文化育人是人对文化优选后作为教育元素实施对教育对象的教育活动,文化育人价值取向则是在文化育人活动中对文化内容、文化传播方式以及传播路径的选取和稳定性态度取向。显然,文化育人价值取向与某一特定阶段的经济社会发展水平、党和国家政策要求以及人们对育人的期待紧密关联。经济社会发展水平是文化育人价值取向的物质基础,党和国家的要求是文化育人价值取向的政治导向,人们对教育的期待则是文化育人价值取向的现实动力。以发展需要、发展规模、发展质量三个要素为标准分析高职教育发展历程,可以将其分为诞生增数量、调整扩规模、充实提质量、创新抓特色四个阶段,每个阶段面临不同的发展任务,并具有递进式发展特征。发展任务决定价值目标,递进式发展任务决定递进式价值目标。从对文化育人的认识高度、重视程度和实践效度分析,高职院

---

① 王旭善等.高职教育发展战略研究[M].北京:高等教育出版社,2008:28-37.

校不断爬升的四个发展阶段决定了其文化育人价值取向也相应地表现出随性、工具性、理性、特性四个递进式阶段,前一个阶段是后一个阶段的基础,后一个阶段是前一个阶段的提升,前后阶段相互联系、不可割裂,研究逻辑清晰,但阶段之间的边界不是硬性的。

## 一、1980—1994:文化育人价值取向"随性"阶段

在这一阶段,党和国家政策"导向"高职诞生和增数量,高职院校则聚力增数量,政策虽有文化育人价值取向的一般要求,但文化育人尚处于自发性阶段,文化育人价值取向具有随性特征。

党的十一届三中全会做出"以经济建设为中心"的重大战略重心的转移,迈开了我国改革开放的崭新步伐,带来了经济的快速发展。经济的快速发展带来了对各类人才需求的急剧增长,尤其是技术应用型人才严重匮乏的矛盾日益突出。这一形势呼唤投入少、见效快、学制短、办学活的短期职业大学。国家高度重视解决制约经济社会发展的瓶颈问题,1980 年原国家教育委员会批准成立了南京金陵职业大学、湖北江汉大学等 13 所短期职业大学,这些短期职业大学被公认为我国改革开放后最早的高等职业学校,同时标志着我国高等职业教育的正式起步。在创建初期,我国高等职业教育虽然规模较小,但是发展速度较快,同时也带来了管理和办学质量的问题,尤其是没有把文化育人纳入高职发展整体规划,使高职教育发展起点都比较低。随着省级教育行政部门不断出台政策加强对职业大学的管理,各校文化育人意识有所确立,我国形成初具规模职业大学的办学逐渐得以规范,输出的技术应用型人才解决了经济快速发展对人才渴求的燃眉之急,引起了广泛的社会关注。

1985 年 5 月 27 日,《中共中央关于教育体制改革的决定》出台,针对制约经济发展的技术技能人才短缺形势,首次在中央文件中强调要"大力发展职业技术教育",明确指出"职业技术教育恰恰是当前我国整个教育事业最薄弱的环节。"提出既要"多出人才",又要"出好人才。""要在全党和全社会进行教育,树立行行光荣、行行出状元的观念,树立劳动就业必须有一定的

政治、文化和技能准备的观念",确立了职业教育价值导向。① 在中央精神指引下,各地举办职业教育的积极性空前高涨,职业大学数量迅速扩大,"高职教育"概念、职业意识开始被社会广泛接受。1991 年 10 月,《国务院关于大力发展职业技术教育的决定》出台,在强调必须重视和大力发展职业技术教育的基础上指出了鲜明的文化育人价值取向:"坚持不懈地进行四项基本原则和国情教育,进行爱国主义、社会主义、集体主义及共产主义人生观等思想政治教育。要注意根据职业技术教育的特点,切实加强职业自豪感、职业道德和职业纪律的教育,坚持严格要求,反复实践,扎扎实实地提高学生的思想觉悟和纪律观念。"②1993 年 2 月,中共中央、国务院在印发的《中国教育改革和发展纲要》中指出,职业技术教育是工业化、生产社会化和现代化的重要支柱,必须在积极发展职业技术教育的同时,"把坚定正确的政治方向摆在首位,培养有理想、有道德、有文化、有纪律的社会主义新人","要把劳动教育列入教学计划,逐步做到制度化、系列化。"③这对于建立中国特色高职教育体制和文化育人价值取向奠定了一定的基础。

　　1994 年 6 月,党中央、国务院召开了全国教育工作会议,针对经济快速发展与一线人才供给的突出矛盾,强调要把"大力发展职业教育摆在突出位置",明确提出发展高职教育的基本方针是"三改一补",即"改革"现有的职业大学、部分专科学校、独立设置的成人高校的办学模式和调整培养目标来发展高职教育,在仍不能满足社会需求时,经过批准,可以利用少数重点中专改制或举办高职班等方式给予"补充",并确立了"面向地区经济建设和社会发展培养生产、管理和服务第一线需要和适用型人才"的育人价值取向。

---

①　教育部门户网站. 中共中央关于教育体制改革的决定[ED/OL]. http://old. moe. gov. cn/publicfiles/business/htmlfiles/moe/moe_177/200407/2482. html.

②　国务院关于大力发展职业技术教育的决定. 中华人民共和国国务院公报(1991 年第 36 期)[EB/OL]. http://www. cnki. com. cn/Article/CJFDTotal-GWYB199136002. htm.

③　中国教育网. 中国教育改革和发展纲要(中共中央、国务院 1993 年 2 月 13 日印发)[EB/OL]. http://www. eol. cn/guojia_3489/20060323/t20060323_49571. shtml.

从党和国家出台的相关文件以及高职教育实践来看,这一阶段属我国高职教育诞生增数量时期。这一时期,我国高职教育的发展有两个鲜明的特点:一是经济建设的强力推动成规模出现了高职院校,二是国家政策的大力鼓励使高职院校大量涌现、规模迅速扩大。"双同向力"形成强大合力,其直接的后果是,高职院校把主要精力都放在学生量的扩张上,教育行政部门同样重点关注高职院校数量、在校生数量的增长上,党的政策中关于价值导向的要求成为"摆设"。在这样"狂热"的教育环境下,各级领导者、管理者重视教师、教材、校园面积能否满足教学的基本需要,至于教师能力素质、课程结构、教材内容、教学方式方法是否符合党和国家确立的高职育人价值取向少有人问津或无暇关注。但是在高职教育改革发展过程中,对高职教育发展方式、育人方式有了一些零散的观念和政策取向。比如,在办学主体上由过去以中央、省两级办学主体推动和调动市、县和社会力量办学的积极性,教育经费由过去国家财政单一渠道改为国家投资为主、省里补一点、市里拿一点、用人单位出一点、学生交一点等多元筹资方式,学生由过去国家全包做法改为走读、自费、不包分配的做法,学生就业由过去"国家干部"改为面向基层、面向中小企业,同时由于高职院校规模的不断扩大也改善了人才层次结构。在这样环境下,高职院校文化育人理念也发生了较大的变化,学校逐渐成为准市场主体,管理逐步向服务转变,师生关系从从属逐渐向平等转变,教育理念从服务国家调整为服务企业,学校逐渐实行开门办学,行业企业因素逐渐成为学校教育因素,育人场域从单一校园逐步拓展到企业,毕业生具有了"产品"属性,等等。但从整体教育发展环境看,这些新的育人理念、职业性价值取向尚处于萌芽和零散状态,系统的文化育人理念更没有建立起来,文化育人的关键环节、推进策略、实践力度只是建立在管理者的个性和兴趣的基础上,这一时期的高职教育文化育人成果数量很少、理念散落,处于自发性阶段,文化育人价值取向具有鲜明的随性特征。

## 二、1995—2005：文化育人价值取向"工具性"阶段

在这一阶段，党和国家政策"导向"调结构扩规模，高职院校聚力满足经济社会发展对技术技能人才的急需，实用理念强化，文化育人弱化，文化育人价值取向具有"工具性"特征。

针对高职教育在大发展中的问题，1995 年 12 月，原国家教委下发了《关于开展建设示范性职业大学工作的原则意见》，着力以检查、评选等行政手段推动职业大学办学条件、办学质量快速提升，文化育人价值取向于"促进就业、改善民生，构建终身教育体系和建设学习型社会。"1996 年 5 月，全国人大颁布并于当年 9 月开始实施了《中华人民共和国职业教育法》，这标志着我国职业教育正式走上法制化轨道，高职教育的属性定位得以正式确立，企业文化融入高职文化成为法定导向。1998 年 8 月，全国人大审议通过的《中华人民共和国高等教育法》第六十八条规定，"本法所称高等学校是指大学、独立设置的学院和高等专科学校，其中包括高等职业学校和成人高等学校"。这是我国首次从法律层面明确界定高职教育是高等教育的有机组成部分，高职院校的层次定位得以确立。

1998 年 12 月，国务院批转教育部《面向 21 世纪教育振兴行动计划》，针对经济建设和社会发展对技术技能人才职业素质更高的要求，提出要"积极发展高职教育""加快发展高职教育的步伐"的同时，必须"坚持社会主义办学方向，完善德育工作体系，教育引导学生坚定政治信念，加强思想修养，树立远大理想，投身社会实践，自觉艰苦奋斗，立志振兴中华，把培养'四有'新人的战略任务落到实处。"[1]1999 年 1 月，教育部联合国家计划委员会下发的《试行按新的管理模式和运行机制举办高等职业技术教育的实施意见》进一步拓展"三改一补"，助推了"多车道"发展高职教育的格局，并明确了出台意见的重要目的是"促进我国高等教育更好地适应经济建设和社会发展

---

① 教育部门户网站. 面向 21 世纪教育振兴行动计划[EB/OL]. http://old. moe. gov. cn//publicfiles/business/htmlfiles/moe/s6986/200407/2487. html.

需要,加快培养面向基层,面向生产、服务和管理第一线职业岗位的实用型、技能型专门人才的速度,缓解应届高中毕业生的升学压力"。1999 年 6 月,中共中央国务院《关于深化教育改革全面推进素质教育的决定》再次强调"要大力发展高职教育"的同时"职业学校要加强职业道德教育"。2002 年 7 月,国务院《关于大力推进职业教育改革与发展的决定》首次明确提出,要"扩大高职教育规模""积极发展高职教育",打通中职与高职、职教与普教、成教相衔接与沟通的"立交桥",明确了高职教育要"以服务为宗旨,以就业为导向,走产教研结合发展道路"的办学导向。① 2004 年 9 月,由教育部、国家发改委、财政部、人事部、劳动和社会保障部、农业部和国务院扶贫办联合印发《关于加强职业教育工作的若干意见》,开始实施五年一轮的高职院校人才培养工作水平评估,特别强调要"把职业道德培养和职业能力培养紧密结合起来,培养学生爱岗敬业、诚实守信、办事公道、服务群众、奉献社会的精神和严谨求实的作风。"② 自此,我国高职教育发展转向更加注重质量提高、内涵发展、特色提炼,文化育人价值取向于职业精神的培养。2005 年 10 月,《国务院关于大力发展职业教育的决定》出台,确立了一系列文化育人价值取向:办学方针要"以服务为宗旨、以就业为导向",做到"职业教育教学与生产实践、技术推广、社会服务紧密结合""与繁荣经济、促进就业、消除贫困、维护稳定、建设先进文化紧密结合",要"坚持育人为本,突出以诚信、敬业为重点的职业道德教育"。

从总体上看,这一时期党和国家出台的文件和实施的举措,虽然有明确的文化育人价值取向政策表述,但是基本上把着力点放在大力发展高职教育、调整高职教育结构、关注高职教育质量上,我国高职教育处于调整扩规模阶段。这一发展阶段的鲜明特点是:国家充分认识到了高职的快速发展带来人才培养质量的不尽如人意,并通过下发文件引导加强内涵建设,通过

---

① 解万玉. 工学结合人才培养模式再认识[J]. 中国成人教育,2011(1):106-108.
② 人民网. 教育部等七部委关于加强职业教育工作的若干意见[EB/OL].
http://edu. people. com. cn/GB/8216/54807/54811/3822282. html.

确定"以评促建、以评促管"的方针依次通过合格、选优评估，力图充实办学内涵提高高职院校办学水平和人才培养质量。在这一过程中，国家多次召开研讨会，就高职教育发展方向、发展路径、产教合作等进行深入讨论，形成了很多共识。比如由教育部从 2002 年开始连续三年牵头组织的全国高职高专教育产学研结合经验交流会，明确的办学方向是"以服务为宗旨，以就业为导向，走产学研结合发展道路"。2004 年第五次全国职业教育工作会议后由教育部等七部委联合下发了《关于职业教育工作的若干意见》，明确了注重质量提高、内涵发展、特色提炼、服务区域的发展方向。2005 年 8月，时任教育部长周济在天津召开的职业教育工学结合座谈会上明确，"职业院校要与企业紧密联系""大力推行工学结合、勤工俭学的人才培养模式""高职院校要做到学生实习实训时间不少于半年"。由此可见，我国高职教育文化育人导向已经比较明确，育人路径也比较清晰。但由于我国高职教育发展历史还不长，多数又脱胎于以短期培训为主的职业大学、较低层次的中专学校，教育行政部门、教育理论工作者对高职教育认识水平都还不高，尤其是从上到下过于强调高职教育的社会功能，重视满足企业、针对岗位、强化技能、弱化基础，提出理论知识"够用"为度，实践操作"会用"为标，使培养出的学生适切了生产线上的特定岗位，却由于专业基础薄弱、综合素质不高、创新能力不强而在企业技术转型升级中败下阵来。学生因基础弱不能适应岗位转换要求，因创新能力不足得不到就业的幸福、成就的喜悦和成功的快感，企业也从对高职毕业生能力素质不满意转变为对高职教育本身质量的怀疑，这样的育人价值取向是鲜明的"工具性"，偏离了文化育人的"正向价值"本质，一度使高职教育工作者以什么样的价值取向来培养高素质技术技能人才而陷入深深的困惑。

### 三、2006—2018：文化育人价值取向"理性"阶段

在这一阶段，党和国家政策"导向"充实内涵提质量，高职院校聚力创品牌办特色，文化育人得到重视，"复合型"人才成为主流育人价值目标，文化育人价值取向具有"理性"特征。

高职教育的快速发展尤其是规模的迅速扩大，虽然在数量上基本满足了经济社会发展的需要，为高等教育大众化做出了历史性贡献，但是，市场竞争的巨大压力使得企业必须依靠产品质量和技术含量赢得市场、立足市场，这就有赖于技术技能人才的综合素质和创新能力。同时随着高等教育规模的逐渐增大，考生对优质教育资源的需求和要求也越来越高。在双重需求的强力推动下，从2006年开始，为贯彻《国务院关于大力发展职业教育的决定》，国家和多数省份开始设立专项资金用于高职院校实训基地建设和"双师型"教师队伍的培养，并从2006年11月开始，教育部、财政部先后连续下发《关于实施国家示范性高等职业院校建设计划，加快高职教育改革与发展的意见》（教高〔2006〕14号）和《关于全面提高高职教育教学质量的若干意见》（教高〔2006〕16号），历时10年分多批推动了200所国家示范性、国家骨干高职院校建设。之后各省、市、自治区也推动了省级示范、骨干高职院校建设。这两个"意见"特别强调，要"把社会主义核心价值体系融入高等职业教育人才培养的全过程。""要高度重视学生的职业道德教育和法制教育，重视培养学生的诚信品质、敬业精神和责任意识、遵纪守法意识，培养出一批高素质的技能性人才。"鲜明地导向高职人才培养必须把社会主义核心价值观教育置于育人全过程，把职业精神教育置于育人实践的中心环节，文化育人理念得以强化。

示范建设项目切实地推动了我国高职教育整体水平的提高。随着国家经济结构调整、技术转型升级、供给侧改革推进、全面建成小康社会目标的临近，我国整个教育体系包括高职教育发展面临新的课题。在广泛调研的基础上，2010年7月国家出台2010—2020年《中长期教育改革和发展规划纲要》，明确"职业教育要面向人人、面向社会，着力培养学生的职业道德、职业技能和就业创业能力。"2014年6月教育部、国家发展改革委、财政部、人力资源社会保障部、农业部、国务院扶贫办组织编制了《现代职业教育体系建设规划（2014—2020年）》，明确"弘扬民族优秀文化和现代工业文明，传承民族工艺文化中以德为先、追求技艺、重视传承的优良传统。""推进产业文化进教育、企业文化进校园、职业文化进课堂，将生态环保、绿色节能、清洁生产、循环经济等理念融入教育过程,开展丰富多彩的校园文化活动,建设融合产业文化的校园文化。"从这些表述可以看出,文化育人价值取向已超越"生产线上的工具"渐趋理性。为了促进新动能发展和产业升级,带动扩大就业和扶贫攻坚,推动经济保持中高速增长、迈向中高端水平,2014 年6 月国务院出台《关于加快发展现代职业教育的决定》(国发〔2014〕19 号)明确指出,"建成一批世界一流的职业院校和骨干专业,形成具有国际竞争力的人才培养高地。""坚持校企合作、工学结合,强化教学、学习、实训相融合的教育教学活动。""强化以育人为目标的实习实训考核评价。"①为了服务国家一带一路、中国制造 2025、创新驱动发展战略,全面推动中国制造向中国创造转变、中国速度向中国质量转变、中国产品向中国品牌转变,培养一大批技术精湛的技术技能人才,2015 年 11 月教育部印发《高等职业教育创新发展行动计划(2015—2018 年)》(教职成〔2015〕9 号),明确建设 200 所优质专科高等职业院校,推动高职教育"集团化发展",鼓励"合作办学、合作育人、合作发展""将学生的创新意识培养和创新思维养成融入教育教学全过程""深入开展中国特色社会主义和中国梦教育""坚持知识学习、技能培养与品德修养相统一""培育学生诚实守信、崇尚科学、追求真理的思想观念""充分发挥校园文化对职业精神养成的独特作用,推进优秀产业文化进教育、企业文化进校园、职业文化进课堂。"利用学校博物馆、校史馆等,发挥学校历史、杰出人物事迹的"文化育人作用""围绕传播职业精神组织第二课堂,弘扬以德为先、追求技艺、重视传承的中华优秀传统文化。"这一时期出台的政策具有体系化特征,文化育人置于人才培养的较高位置,彰显了文化育人价值取向的理性。在借鉴过去人才工作水平评估、示范项目建设经验的基础上,2017 年 6 月教育部职成司下发《关于全面推进职业院校教学工作诊断与改进制度建设的通知》(教职成司函〔2017〕56 号),推进新形势下通过体系设计、专家智慧,进一步为职业院校育人实践问诊把脉。

---

① 孔小娃,孔巧丽.优质高职院校建设:逻辑起点与战略要点[J].职业技术教育,2018(10):6-11.

　　在这一时期,党和国家密集出台文件,从整体规划、专项实施、协同推进到国际视野、专家智慧、内生动力,着力全面提升我国高职教育质量和水平,我国高职教育发展具有鲜明的充实内涵提高质量特征。在这一阶段,我国对高职教育发展进行了全面反思,并采取综合措施提高高职教育质量和层次。具体表现:在对高职人才存在的文化素质欠缺、创新能力不足、工匠精神不强等问题有了清醒理性的认识;通过示范项目试点、创新行动计划实施、优质院校建设,推动产教融合、校企合作,着力培养高素质技术技能人才;高职文化育人组织在国家和省级层面纷纷成立,并形成了常态化研究机制,一些高职院校陆续把文化育人纳入学校整体发展规划,甚至有少数学校还制定了专项文化育人计划,文化育人成果不断涌现,文化育人价值取向于职业性,着眼于职业"人"的培养,尤其是在探讨高职院校育人文化与企业文化有效融合方面形成了一大批实践经验成果。项目建设的推动、实践经验的总结、用人单位的期待、家长考生的渴求、文化育人理论的探讨,使高职院校以及高职教育相关管理主体都逐渐认识到,在培养技术技能人才过程中,必须大力弘扬社会主义核心价值观,把培养职业技能和职业精神结合起来,既要着眼于提升学生的技术技能,也要着眼于提升学生的综合素质(即复合型人才),既要满足社会需要,也要满足人的自身发展的需要,高职教育不能偏离教育本质简单迎合市场,要切实把立德树人作为根本使命扛在肩上。这一文化育人价值取向的理性来自教育实践和对实践教训的深刻反思,其意义十分深远。

## 四、2019—:文化育人价值取向"特性"阶段

　　在这一阶段,党和国家政策"导向"中国特色、世界一流,高职院校以"双高"为目标强化党的领导和立德树人使命,文化育人成为育人基本体系之一,高职院校文化育人价值取向具有"特性"特征。

　　2019年1月国务院印发的《国家职业教育改革实施方案》,明确界定"职业教育与普通教育是两种不同教育类型,具有同等重要地位。"方案指出,"随着我国进入新的发展阶段,产业升级和经济结构调整不断加快,各行

各业对技术技能人才的需求越来越紧迫"，"到了必须下大力气抓好的时候。"并明确了今后三年我国职业教育发展的具体目标，提出了"促进产教融合校企'双元'育人"工作导向和完善技术技能人才的保障政策。① 方案分为 7 个方面共 20 条具体实施政策，这将是我国职业教育未来几年发展的施工蓝图，使我国高职教育进入创新抓特色阶段。

该文件相较过去职教发展政策有以下鲜明特点：一是过去国家或部门关于促进高职教育发展的文件都是"决定"和"意见"，而这次是"方案"，无须讨论，必须贯彻执行；二是紧紧围绕打造"类型"做出政策安排，既有具体目标和任务，又有强有力保障机制；三是把党的领导、立德树人、产教融合、"双元"育人等职业教育文化育人价值取向及其彰显方式上升为国家战略、国家方案。可见"职教 20 条"对推进发展职业教育的力度是空前的，价值取向于"各类课程与思想政治理论课同向同行""实现职业技能和职业精神培养高度融合。"方案出台近两年来，通过国务院相关委员会的协调，教育部、人社部、财政部等国家职能部门纷纷出台政策给予落实，各省、自治区、直辖市也已开始行动，《职业教育法》修订草案也体现了此文件精神，并在全国公开征求意见，② 并已经在"双高"计划实施、"1＋X"制度落地等方面取得了实际成效，党的领导在高职院校得到全面有力落实，立德树人在高职院校得以全面加强，高职正式迈入"双高"时代，③ 具有中国特色的高职院校文化育人价值取向快速呈现出突出职业、彰显类型、自成体系、不可替代的鲜明特性。

2020 年 3 月 20 日，中共中央、国务院又制定出台了《关于全面加强新时代大中小学劳动教育的意见》，首次把劳动教育纳入大学教育，这对于进一步丰富文化育人内涵、廓清文化育人实施路径、彰显文化育人价值取向"特性"又赋予了新时代的意义。

---

① 高靓. 国务院印发《国家职业教育改革实施方案》[N]. 中国教育报，2019－02－14(01).

② 高靓. 职业教育法修订草案公开征求意见[N]. 中国教育报，2019－12－06(01).

③ 梁国胜. 高职迈入"双高"时代[N]. 中国青年报，2019－12－02(06).

纵观我国高职教育发展历程可以清楚地看出高职院校文化育人价值取向的演进逻辑。一方面,高职教育每一个发展阶段都是由当时经济社会发展需要决定的,相对应的每一个阶段文化育人价值取向也是由高职教育发展阶段的目标任务所决定的;另一方面,当一个阶段文化育人价值取向不适应或阻碍了高职教育发展,继而不适应或制约了经济社会发展要求的时候,反过来通过自身优化文化形态来适应新形势发展的要求,从而推动发展阶段的提升。社会实践决定文化育人价值取向,文化育人价值取向引领实践行动;社会实践发展决定文化育人价值取向发展,发展的文化育人价值取向进一步引领实践行动的发展。这一"适应—调整—再适应"的过程,是经济社会发展与高职发展互动的过程,是高职院校文化育人价值取向不断演进的过程,是在党的改革开放大环境和推动经济社会和高职教育发展利好政策的良好条件下实现的。

# 第三节　高职院校文化育人价值取向的宏观成就和向度之囿

经过四十年的不断演进,从主体需要、认知水平、利益矛盾、文化差异视角看,高职院校文化育人价值取向尚存在市场需要与人的自身发展需要对接的矛盾、社会需求与社会认知存在价值的冲突、校企双主体教育导向存在现实的偏差、国际化进程中中外职业文化存在价值的难融等现实矛盾,而且从发展的观点看,即使这些矛盾在实践中不断消解,新的矛盾也还会不断出现,但这并不妨碍高职教育属性、高职教育特色、高职教育目标的不断完善以及由此带来的高职院校文化育人价值取向形成的以下四个方面的宏观成就和现实存在的向度之囿。

## 一、高职文化"双重属性"形成共识

属性是对于一个对象的抽象刻画,所以,属性与事物不可分,属性就是一个对象区别于其他事物的个性属类。属性有本质和非本质之分,本质属性决定事物的性质,非本质属性是区别于本属性事物的个性外在特点。教育是社会文化中的一个属类,高职教育则是教育体系中的一个属类。不少学者对发展中的高职文化的属性进行了研究,并逐渐形成了高职文化"双重属性"的共识,但对其内涵的理解尚存在细微偏差。

冯军在《论高职教育的高等性和职业性》一文中论述了高等教育职业性社会价值的根本体现和个体价值的基本反映。他认为,高等教育是教育系统中的最高层次。"高等教育的高级性不仅通过职业性表达出来,而且体现为教育指向与社会分工高度同步。"这种同步性文化反映在两个方面,一方面是科技发展、分工深化促进社会职业演变和发展,新型职业诞生也为高等教育注入新活力,形成科技发展与高职文化的互动;另一方面是高等教育受教育者从高等教育终点走向社会职业起点,实现文化场域的转移。所以不论专科、本科、硕士哪个层次的高等教育都具有不同层次的职业性,体现了职业文化迁移的思想。

解延年在《高等职业教育属性再议》一文中提出了高职教育的职业属性、层次属性和中介属性。[①] 并从"教育体系"入手,展开对高职教育的位置、属性的认识。他认为,我国整个教育体系按其作用说包括基础教育及在此基础上的普通教育和职业教育三个部分。在职业教育板块内,既包括职业学校教育(即学历性职业教育),还包括职业培训(即非学历性的短期及其他实用的技术、技能培训),成人教育、继续教育的主体是职业教育,职业学校教育有初、中、高三个层次。他认为,高等职业教育是"职业本位",即办学思想、专业设置、课程内容、教学方式等应突出职业需要。从层次属性上看,高职教育的基础一般应是高中文化程度加上中等专业技术技能,在职教系列中相当于大专及其衍生层次的职业教育。同时他认为,高职教育具有"桥梁性",即中介属性,这种文化属性是作者基于高职教育培养目标是培养从事设计与制造、决策与操作、策划与实施等理论与实践的中间环节的人才而

---

① 解延年.高等职业教育属性再议[J].天津职业大学学报,1995(2):3-4.

得出的结论,价值取向于"职业性"。

黄柏江结合自己在高职院校工作实践和在本科院校做访问学者的切身感受,在《高等性:高职院校建设中不可忽略的一翼》中指出,①高职教育姓"高"的问题尚未引起足够重视,并分析了高职教育"高等性"缺失的原因来自政策引导偏向、现实需求压迫、院校自身原因,指出了"高等性"缺失对高职教育健康发展的危害,建议从正确处理高职教育发展过程中的职业教育类型特征、高等教育应有属性和服务地方经济社会发展的使命等三个命题之间的关系,赋予高职院校自由发展空间,加强高职院校领导班子建设、加强示范引领、改造内生力量等方面强化高职院校"高等性"。这给高职院校文化建设提出了要补齐大学文化短板的现实命题和对策建议。

黄少荣在《由高职教育的三维属性探讨动态人才的培养》一文中提出,高职教育具有高等性、职业性、教育性三维属性。他认为,高职教育是一种高等教育,目的是培养德、智、体全面发展的社会主义高级专门人才,体现了全面性、专业性和创造性的统一。② 这就决定了高职教育依然肩负着通识教育的重任,必须把注重学生综合发展能力、非智力因素、非专业能力的培养,以拓宽知识面,增强综合素质能力,更好地适应职业岗位、行业企业的更高要求。而高职教育是针对某一专业进行的系统性教育,培养的人才的特点是应用型、实用型和职业型,需要把握行业、专业、岗位之间的内在联系,并有针对性地实施教育,使学生具备某一专业多岗位的职业素质。他还认为,高职教育是"职业定向教育",要以职业为导向,为就业服务。他还进一步指出,高职教育作为教育具有教育性,教育性最突出的特点是培养人的一种社会活动,对人的全面发展发挥着"奠基性"作用,可以为高职学生这个群体做到三"发":即发展个性、发掘潜力、发现价值,同时可以增强学生职业发展的主动性,实现人本性目标,成为对国家有用、对社会有责任感的社会人。

---

① 黄柏江. 高等性:高职院校建设中不可忽略的一翼[J]. 江苏高教,2011(2):142
—144.

② 黄少荣. 由高职教育的三维属性探讨动态人才的培养[J]. 新课程研究,2009
(08):119—120.

教育性决定了高职教育能否可持续发展,决定了高职学生能否实现作为"人"的自身价值。"人的发展"是作者倡导的高职院校文化育人鲜明的价值取向。

上述研究者对高职教育文化属性的分析,大都是从政策演变、理论分析、实践经验、亲身体验等角度提出的个人见解,都具有一定的合理性。从大量研究者的研究成果和文化育人实践来看,高职教育文化的属性体现在高等性、职业性两个方面,这是有共识的。但对其内涵的理解和把握则存在着较大的差异。

在高等性方面,文化育人价值取向有所高移但也存在着矛盾现象。随着高职教育实践的深入发展和经过四十年社会实践的反复检验,越来越多的高职教育工作者都认为,需要重视加强对高职学生基础理论知识、创新创造素质的培养,不能忽视学科知识的深度和广度,提高高职学生今后走向社会后的综合职业能力、职业迁移能力、技术创新能力,并通过教学计划、课程设置、教学方法、课堂延伸、社会实践等育人环节实践高等性。这与文化育人本质要求是一致的。但也有些教育实践者受封建传统思想的影响,比较关注高职教育的"层次""级别",这似乎可以在社会生活中能够体现其地位、价值、面子,表现在人才培养上就是简单迎合企业需要而不遵循教育规律、人才成长规律,以就业率、学生就业起薪作为人才培养质量的主要标准,失去了高职教育作为教育的自我,甚至催生了以评价学生就业率、就业质量为主业的一些中介公司并快速发展。市场的巨大力量揉捏着高职教育,功利性不断浸染着高职教育,一些高职院校陶醉于企业的青睐和学生出口的旺盛,影响着高职院校文化育人价值取向。这一价值取向似乎给高职教育作为一种类型的教育发展带来一丝隐忧。

在职业性方面,高职院校文化育人价值取向实现进行了丰富实践。不论是理论工作者还是高职教育实践工作者都认为,这是高等职业教育的特性所在,其主旨是知识的实用性、能力的实践性、工作的基层性,强调学科知识的广度和实用性,突出职业岗位实践能力,并为此在服务面向上强调服务地方、服务区域、服务行业,在人才培养计划中安排了近半数学时的专业实践教学,在课程建设上推行以工作过程为导向的项目化教材、活页式教材,在教学环境设计上推崇职业文化、准企业文化,在教学手段上在乎技术方法、技术过程仿真。多数高职院校都在企业建立实习实训基地,在学校成立企业专家工作室,实施"双主体"科研、"双主体"育人,形成了校企共建共享共赢的新机制。但高职院校在实施职业性教育计划的过程中,也现实性地存在很多难题。职业教育必须走校企合作之路,但高职院校与企业的合作多数尚处较浅层次,存在学校"一头热"现象,企业动力不足。在被动合作、动力不济的前提下,校企合作育人客观上存在教育与实践、实践与管理、管理与制度相脱节现象,优秀企业文化就难以通过企业管理制度、企业指导教师、有计划有目的地有效教育影响学生,未来企业需要的职业意识、职业情感、职业道德、职业素养就不能理想化地在学生身上建立起来。而且职业性与经济社会发展紧密相连,经济社会发展水平高了,对职业性的要求自然就高了,职业性具有动态发展的特征,所以高职院校文化育人职业性价值取向的充分彰显还有很长的路要走。

高职文化的高等性与职业性不是独立存在的,其划分边界也不是绝对的,更不是相互排斥的,它们同时嵌固于高职院校文化育人全过程,形成高职教育独特的文化风景,共同影响高职学生素质的发展。高等性随职业发展水平的变化而不断赋予新的内容,职业性也随着经济社会发展而提出不断发展的高等性的要求。但是在不同的专业领域,对学生高等性或职业性的要求和价值取向是有不同侧重的。在创新型技术应用领域,对从业者基础理论掌握的要求就高,而在重复性技术应用领域则对职业技能的要求就高。所以,不同地区、不同时期、不同专业以什么样的价值取向实施文化育人,需要因时因地因需设计层次、设计人才培养计划、设计课程内容、设计人才培养手段和方法。高职院校文化育人价值取向的选择决定了其发展的高度和特色的形成,在激烈竞争的环境中甚至会攸关一所高职院校的生死存亡。

## 二、高职文化"中国特色"初显雏形

我国高等职业教育从不断解决现实问题中前行,从开门办学、合格评估、选优评估、示范建设到国际化战略、高水平院校建设、卓越院校建设、优质院校建设、中国特色高水平院校建设等,逐渐形成了现代职业教育体系,文化育人达到较高水平,形成了一道亮丽的风景,初显出具有中国特色高职文化的雏形。

据考证,"现代职业教育体系"一词第一次出现在 2002 年 8 月 24 号国务院下发的《关于大力推进职业教育改革与发展的决定》(国发〔2002〕16号)文件中。之后,《国家中长期教育改革和发展纲要(2010—2020)》进一步明确,以终身教育理念为指导,以满足社会发展需求为出发点,以推动产业结构优化升级为落脚点的中高职教育有效过渡、合理衔接的现代化、特色化的职业教育体系。[1] 2014 年 6 月,国务院《关于加快发展现代职业教育的决定》出台,更加明确了中国特色社会主义现代职业教育体系的指导思想、基本原则、目标任务。这一系列的国家文件都是在总结我国四十年高职教育发展经验的基础上搭建起的中国特色高职教育的架构和政策措施。高职文化在育人方面的"中国特色"有以下几个鲜明特征:

一是文化育人宗旨体现人民性。我国高职教育的发展离不开中国的文化背景,必须以立德树人为根本,以服务发展为宗旨,以促进就业为导向,以产教融合、校企合作为路径,着眼于培养社会主义合格建设者和可靠接班人,着眼于国家利益、集体利益和现实民生,着眼于人的全面发展,着眼于教育与生产劳动相结合。高职院校全面贯彻党的教育方针,服务于社会需求、劳动力就业、科学技术应用,为我国教育事业满足人民对美好生活的向往、学习型社会人们终身学习的需要、现代化建设对技术技能人才的需要、经济转升级对创新型专门人才的需要提供了有力支撑。尤其是职业培训功能定

---

[1]　赵燕. 构建中国特色现代职业教育体系的策略探析[J]. 教育评论,2018(1): 26 - 29.

位、社会招生职业人才培养定位，更是从政策层面强化了高职教育的服务性质，拓展了高职教育文化。可见，高职院校文化育人充分体现了"服务经济、服务社会、服务人民"的思想。

二是职业教育文化育人体系逐渐完善。我国现行教育法规和教育管理制度，已经规定并建立起了普通职业教育与成人职业教育两大部分，建立起了初级、中级、高级三个职业教育层次，搭建起了职业教育与普通教育、不同层次职业教育协调发展的"立交桥"，形成了学校教育、社区教育、成人教育等不同教育类型之间的交流合作机制，直接面向广大民众、服务区域经济、承担"双创"教育、满足人民乐业和终身学习的需求，形成了具有中国特色的职业教育发展的制度体系、学制体系、服务体系、文化育人体系。

三是高职文化实践道路体现中国特色。在发展初期，我国对高职教育的认识基本上是一片空白，于是积极向发达国家学习发展经验，并结合我国实际积极借鉴，比如，加拿大 CBE 理论、德国的双元制、日本的产学合作制、美国的合作制、英国的三明治制、新加坡的教学工厂等都为我国高职院校文化育人模式开阔了思路、提供了有益经验。但是我国并没有照搬照抄外国模式，始终立足中国实际，坚持中国化和本土化，坚持洋为中用、自主发展。从管理文化来看，通过办学条件评估使多数高职院校达到培养技术技能人才的基本要求，以保证人才质量；通过选优评估，鼓励部分优秀学校不断创新、探索符合高职教育规律的中国路子；通过国家、省两级示范项目建设，促进和引领高职文化形成中国特色、中国模式；通过中国高水平高职院校（又称"双高计划"）建设，鼓励优质高职院校主动走出去，敢于与国际优秀高职院校竞争，并输出中国高职文化育人模式，形成中国气派、中国风格、中国品牌。以点及面、循序渐进，择优扶强、榜样示范，开门办学、文化自信，这是具有我国自主"知识产权"的中国特色高职文化育人实践的成功经验。

四是高职文化在开放多元中发展壮大。改革开放是我国经济和社会快速发展、综合国力显著提升的成功战略，同样也是我国高职文化快速发展、科学发展的成功战略。我国通过打开大门实现走出去、通过博采众家之长建立了自己的高职教育学制形成了自己的管理文化；通过与国外优质高职院校合作保持了我国高职文化的生机和活力；通过输出我国高职教育资源参与"一带一路"建设，在实践中检验了自身管理文化。同时，我国高职育人主体也是多元的，①教育行政部门、劳动保障部门、行业企业、教育培训主体等都是高职育人的主体，甚至家庭、社会都被纳入高职育人主体范畴，建立起了开放性、协作性、多层次的具有中国特色的高职教育管理文化。

　　五是高职文化价值逐渐得到认可。文化价值是一种关系，所以文化价值是社会性产物。人既是文化价值的需求者，同时又是文化价值的承担者。文化价值是由人创造的，同时也是为人服务的。所以，任何社会形态都有该社会特有的文化需要，并通过人们的文化活动来满足。高职教育作为一种实践活动，其文化价值就是在与经济社会发展关系中产生和体现的。经过四十年的艰辛探索和改革发展，我国高职教育满足了莘莘学子上大学的梦、就业创业梦，培养了数以百万计的专门人才满足了企业对服务一线的技术技能人才的渴求，创造了一大批科技应用创新成果满足了企业技术进步和转型升级的需要，形成了具有高职特色的文化育人理念、文化育人成效，高职文化在与社会的互动关系中实现了其文化价值，并逐渐得到社会的认可。一方面，高职学生人身价值在高职文化育人中得到提升。高职支撑了高等教育大众化使高职学生有了上大学的机会；与区域、行业紧密联系赋予学生职业能力，使其成为现实职业者；作为高考"失利者"高职生在专业实践中容易找到学习快乐，在社团容易施展个性、激发其自信心，在评先评优中得到鼓励、获得成就感，增添了对未来工作和美好生活的信心和事业奋斗的动力；高职生经过较短学制，可以较快地成就自己、脱贫一家；同时为学有余力、积极向上的优秀高职生提高学历、培养创新素质开辟了通道，满足了人的发展需求，铺就了新的"金光大道"。另一方面，有力支撑了经济社会的快速发展。高职缩短了人才供给、岗位适应"两个周期"，"一线"定位给高职毕业生以扎根一线、奉献基层的文化影响，学生对职业岗位没有"过分"要求，职业思想相对稳定，满足了企业对一线员工忠诚、吃苦、稳定的职业品质要

――――――――――

① 孟娜. 论中国特色现代职业教育体系的创新构成[J]. 继续教育，2013(01)：38.

求。不少优秀高职生很快脱颖而出,迅速成长为企业技术和管理骨干,成为企业稳定发展的坚强力量,就与高职学生良好的职业品质息息相关。高职教育是与区域经济发展联系的紧密性主要体现在专业建设与区域产业发展紧密匹配上。① 这是高职教育迅速发展壮大和具有强大生命力的文化源泉。再进一步看,高职文化赋予新时代文化育人新内涵。深圳职业技术学院曾连续四年对珠三角2100多家企业进行过技术技能人才需求情况的跟踪调查,收集了大量数据,得出的结论是:转型升级的企业对技术技能人才最看重6项能力:积极主动、责任心、团队精神、执行力、沟通能力和专业学习能力。② 所以,文化育人是高职院校面临的现实课题。2011年底,该校又联合部分首批国家示范性高职院校发起并组织了首届高职教育"文化育人"高端论坛,率先在全国高职院校中高高举起了"文化育人"大旗,有力推动了我国高职教育"文化育人"事业的发展。目前,全国高职院校几乎都成立了类似"文化素质教育中心"或独立或挂靠的组织机构,把"文化育人"纳入了人才培养计划,文化育人理念和实践在高职院校得到了普遍重视。但高职教育"文化育人"不同于本科"文化素质教育",正如李克强总理在2014年全国职业教育大会上的讲话中所说的,高职教育的文化育人要"把提高职业技能和培养职业精神高度融合",③培养一大批牢固树立敬业守信、精益求精等具有较高职业精神且掌握了一技之长的劳动者。④ 职业院校"要做到产业文化进教育、工业文化进校园、企业文化进课堂"⑤。所以,高职院校开始重视职业道德和职业精神培养,通过强化实践育人,着力增强高职学生自信心,促进学生人人成才、人生出彩。

---

① 刘晓,刘晓宁.以服务产业转型升级为导向提升高职专业建设[J].中国高等教育,2017(2):69-71.

② 胡辉平.从"技能本位"走向"文化育人"[J].巢湖学院学报,2017(4):153-156.

③ 郑丽梅.注重职业技能和职业精神的融合提高职业教育人才培养质量[N].中国教育报,2015-10-26(08).

④ 卢亚莲.文化育人:高职教育内涵式发展的必由之路[J].河北广播电视大学学报,2014(5):96-98.

⑤ 胡辉平.从"技能本位"到"文化育人"[J].巢湖学院学报,2017(4):153-156.

### 三、高职转身"类型大学"成为目标

国务院印发的《国家职业教育改革实施方案》把党中央、国务院做出的办好新时代职业教育的决策部署细化为具体方案和行动措施,被誉为"办好新时代职业教育的顶层设计和施工蓝图"[①]。这个施工蓝图有 7 个方面内容:完善国家职业教育制度体系、构建职业教育国家标准、促进产教融合校企"双元"育人、建设多元办学格局、完善技术技能人才保障政策、健全职业教育办学质量督导评价、做好改革组织实施工作,每一个方面内容都有若干具体举措,累计 20 条。"职教 20 条"与过去国家或部门出台的有关职业教育发展的决定、意见不同的鲜明特点是毋庸置疑性,以国务院名义下发的方案,在我国优越的社会主义制度下,全国各个部门、各个地方都不需解读,都必须不折不扣地执行。同时专门明确了由国务院分管教育工作的副总理担任国务院职业教育工作部际联席会议召集人,这对有效解决部门之间、政策之间难以协调、尚未配套的问题提供了有力的组织保障。更为重要的是,这个方案开宗明义了职业教育的类型特征和重要地位,并且整个方案都紧紧围绕"类型"这个定位提出改革举措。这个方案有关高等职业教育转身"类型"集中体现在:

一是明确培育"类型大学"目标。在"总体要求与目标"中提出,"经过5—10 年左右时间,职业教育基本完成由政府举办为主向政府统筹管理、社会多元办学的格局转变,由追求规模扩张向提高质量转变,由参照普通教育办学模式向企业社会参与、专业特色鲜明的类型教育转变"。在"具体目标"中提出,"到 2022 年,职业院校教学条件基本达标,一大批普通本科高等学校向应用型转变,建设 50 所高水平高等职业学校和 150 个骨干专业(群)。"

---

① 编者按. 专家解读《国家职业教育改革实施方案》[N]. 中国教育报,2019 - 03 - 20(04).

这个项目已经于 2019 年 10 月有了明确的结果。① 培优提质、目标导向、技术应用、社会参与、文化转型是"类型大学"的重要特征。

二是"组合拳"式政策文化推进"类型大学"建设。在"推进高等职业教育高质量发展"中明确：建立"职教高考"制度，完善"文化素质＋职业技能"的考试招生办法，提高生源质量，为学生接受高等职业教育提供多种入学方式和学习方式。启动实施中国特色高水平高等职业学校和专业建设计划，建设一批引领改革、支撑发展、中国特色、世界水平的高等职业学校和骨干专业（群）。在"完善应用型高层次人才培养体系"中明确：发展以职业需求为导向、以实践能力培养为重点、以产学研用结合为途径的专业学位研究生培养模式，加强专业学位硕士研究生培养。推动具备条件的普通本科高校向应用型转变，鼓励有条件的普通高校开办应用技术类型专业或课程。在"构建职业教育国家标准"中明确：完善高等职业学校设置标准，实施教师和校长专业标准，持续更新并推进专业目录、专业教学标准、课程标准、顶岗实习标准、实训条件建设标准（仪器设备配备规范）建设和在职业院校落地实施。深化复合型技术技能人才培养培训模式改革，启动"1＋X"证书制度试点工作。加快推进职业教育国家"学分银行"建设。在实施路径上明确产教融合、"双元"育人，打造高水平实训基地和"双师型"教师队伍。同时在管理体制、运行机制、激励机制、服务机制、党的领导等方面都提出了创新举措。

三是新时代劳动教育丰富"类型大学"内涵。中共中央、国务院《关于全面加强新时代大中小学劳动教育的意见》的出台，标志着我国劳动教育进入了新的发展阶段。这必将强化"幸福是奋斗出来的"，深度改变高职院校思想政治教育方案的设计、课程体系的调整、教育途径的变化。高职教育崇尚技术应用、专业实践、服务一线，劳动意识、劳动习惯、劳动品质、劳动素质必定是高职学生应有本分，因此，新时代劳动教育必将丰富"类型大学"的文化

---

① 中华人民共和国中央人民政府网.关于中国特色高水平高职学校和专业建设计划拟建单位的公示[EB/OL]. http://www.gov.cn/xinwen/2019－10/26/content_5445161.htm.

内涵。

　　"职教 20 条"是我国未来一个时期职业教育的施工蓝图，真正建成"类型大学"将是高职院校应然的价值追求，培育和彰显"类型大学文化"自然是高职院校文化建设、实施文化育人的应然任务。

### 四、高职文化"向度摇摆"阻碍类型彰显

　　我国高职教育成规模、成体系发展的四十年历程并不是直线型的，而是经历了从无到有、从重数量到重质量、从合格评估到选优评价、从推进振兴到特色打造、从优质建设到高水平引领等渐进式、反思式、纠偏式、卓越式的不平凡的发展过程。高职院校文化育人价值取向也伴随高职教育的发展步伐不断进步、逐渐清晰，取得的成就有目共睹。但在发展过程中，高职院校文化育人也出现了"向度摇摆""向度模糊"现象。向度的不确定性、飘忽性阻碍了高职教育类型特征的彰显，这种发展过程之囿亟待破解。

　　一是培养目标的不确定性导致文化育人价值取向难以聚焦。我国高职教育从诞生之日起对培养目标的确定先后有 6 种概括，目前比较统一的表述是培养"技术技能"人才。这种表述虽不能准确涵盖所有专业，但似乎比过去 5 种表述更能反映高职教育的本质特征。但是在实践中，教育行政部门的领导讲话和各类高职教育类研究文献仍然经常出现"技术技能"和"技术技能型"两种表述。实际上这两种表述的内涵存在哲学意义上的明显差异，前者是抽象性表述人才培养目标，具有发展性特征；而后者则是型态性表述人才培养目标，具有静态性特征。显然，不同的表述或者说对培养目标不同的理解对文化育人产生的导向性是不同的。即使统一认同"技术技能"表述，对不同专业在"技术"和"技能"要求的偏向上也是不同的。培养目标的向度在理论上尚未完全清晰界定，体现了高职文化的未成熟性，这对彰显高职类型造成了现实性阻碍。

　　二是育人路径的模糊性导致文化育人价值取向难以清晰化。高职教育的开放性、职业性特质要求其必须走校企合作育人之路，这在理念上已经形成共识，并且几乎所有高职院校都在积极实践。问题在于，学校主责是育

人,企业主责则是生产和经营,那么校企合作"双主体"文化育人该以谁为主? 学校是育人主体无可厚非,但企业成为育人主体如何实现? 如果没有利益驱动,企业就不会有育人动力;如果没有法律强制力,企业就不会主动投资去育人;即使解决了育人动力和法律保障问题,如果不进行企业文化的政治筛选,就有可能把企业文化中客观存在的投机性、排他性、利己性、逐利性等不利于人的成长的道德因子带进人才培养过程中。如果没有正确的认识和有效的制度对校企合作行为给予规范,这将有悖于党的教育方针的全面贯彻。对此,目前并没有清晰的、权威的校企合作机制来保障校企"双主体"文化育人的正确方向。

三是办学的就业导向容易导致文化育人价值取向狭隘化。众所周知,国家对高职教育确定了"需求导向""就业导向"的办学指针,在政策层面引导高职院校的办学行为,以行政力推进科学合理的教育体系的形成,这从行政管理角度看是正确的,现实问题出现在政策解读和执行层面。"需求导向"是导向企业需求还是人的需求还是兼顾企业和人的需求?"就业导向"是导向"人的就业"还是导向"就业工作"本身? 是全日制教育以"就业为导向"还是培训工作以"就业为导向"? 是"为就业"而培养人才还是"为人的幸福"而促进就业? 现实中,一些高职院校在文化育人实践中,偏狭理解"需求导向""就业导向",盲目而机械地按企业需求开设专业、拟定计划、选择教材,着眼于岗位而忽视人的可持续发展,满足于企业需求而忽视学生成长成才成就后的价值实现和从业幸福感,从本质上偏离了"以人民为中心"的思想。需求导向的片面化、就业导向的狭隘化,在实践上偏离了"人的自由而全面发展"的教育真谛,这在高职院校彰显文化育人"职业性"价值取向过程中容易导致工具理性的泛化和极端化。

# 第四章 高职院校文化育人
## 价值取向的现状考察

现状是历史的积淀,更是未来发展的基础。对高职院校文化育人价值取向现状的考察,目的是从不同角度总结经验,准确把握文化形态、现实问题和造成问题的原因,为明确高职院校文化育人价值取向及其彰显提供依据。

准确把握高职院校文化育人价值取向需要从文化和现实两个视角进行考察。一方面要在文化层面把高职院校视为开放的文化机构,以文化形态视角考察与高职院校文化育人价值取向相关的文化形态关系及其价值追求;另一方面要在现实层面着眼高职院校文化育人价值取向本身,把握影响高职院校文化育人价值取向的主要因素及存在的主要问题。

# 第一节 高职院校文化育人
## 价值取向的文化形态

高职院校的发展经历了前后相继的发展过程,高职教育"职业性"特性不仅决定了高职院校办学必须与其他社会主体之间进行互动,而且也必将受其深刻影响。因此,高职院校的育人方式、育人过程、育人状态就呈现出独特的文化形态。以文化形态理论论析高职院校文化育人价值取向及其彰显,可以从实践上反映高职院校在复杂文化因素影响下的当下生存方式,以及可能的进一步优化和发展的途径,以利更好地实施文化育人。

## 一、高职院校文化育人价值取向文化形态的"双层面"审视

文化是人的文化，动物没有文化。育人的过程本质上就是文化传承、文化创新、文化演进的过程。既然高职院校育人是一个过程，这个过程又受到不同教育因素的影响，那么必然呈现不同的外貌和不同的形态。

马克思文化形态理论中的三大社会形态反映的都是人类社会中与人相关的各种关系状态，都是紧紧围绕"人"的关系状态性质来划分的，所以，研究文明时代的文化形态必须着眼于"人"这个中心，研究高职院校文化育人价值取向的文化形态自然也不例外，必须着眼于"培养人"这个根本任务。高职院校文化育人价值取向具有一般高校人才培养的特征，更具有高等职业教育属性的特殊表征。所以，高职院校文化育人价值取向从本质上反映了高职院校特性的生存方式和竞争方式。考察高职院校文化育人价值取向的文化形态就是要把与高职院校人才培养相关部门的表现形式内在地联系起来进行文化形态关系考察和比较，从而实现高职院校的社会目的和高职院校的文化价值。

研究高职院校文化育人价值取向文化形态，要以马克思文化形态理论为指导，采用简便清晰的方法。张永新在《大学文化建设的文化形态学分析》一文中，从表征上把大学文化分成形上的、形下的和大学内部各种文化现象之间的三种关系形态。① 行上、行下与内部文化现象的形态关系都聚焦于形而上的上位和方法论的下位两个层面，所以，如果从上位、下位两个层面来审视高职院校文化育人价值取向文化形态，就可以清晰明了高职院校生存方式和竞争方式，从而可以以发展视角，为重构和增强高职院校在市场中的生存力和竞争力提出具有现实意义的文化建设路径。

从上位层面审视，高职院校文化育人价值取向本位就是形而上的办学精神、教育思想、工作理念、价值取向。高职院校"出身"情况复杂，所处区位、服务面向、隶属关系千差万别，学校在发展中面临的困难各种各样，学校

---

① 张永新.大学文化建设的文化形态学分析[J].大连大学学报,2005(1):64 - 66.

管理者尤其主要管理者学术经历、工作经历、管理视野同样差异较大，这就造成了每一所学校具有不同的办学精神。办学精神影响了工作理念、价值取向，直接决定了办学走向。全国高职院校的示范、骨干、高水平等项目建设客观上造成了高职院校的分层；有的高职院校具有鲜明的行业特性、地方特性，而有的则没有主导服务面向，使得高职院校生存状况存在较大差别。这些现象从根本上讲就是上位文化作用的现实结果。上位层面的高职院校育人文化的这一特性，要求高职院校必须树立优秀文化理念和追求卓越的精神品质，大力弘扬人文精神、科学理性，遵循高等职业教育的价值取向和教育伦理，并以此进一步明确具有自身行业特点、区域要求的教育定位、培养目标和办学思路。

从下位层面审视，高职院校文化育人价值取向本位就是实现高职教育目的、实现高职院校功能、对接高职院校学术研究价值取向的方法论。专业是高职院校的基本建设，是高职院校的核心单元。在专业布局、课程组建方式，以及教研活动、学术活动的组织方式、运行机制设计上，体现了高职院校学术权力体系和表现出的学术文化。在此基础上，进一步深入分析就进入到人才培养计划、年度或学期教学计划、课程体系设计、教材教法设计、教授授业风格、教育教学手段、实验实训条件等育人文化。管理是任何组织和组织活动都必不可少的目标实现环节。在管理层面，以"大学章程"设计为统领的管理体制、管理制度、人力资源调配等高职院校行政权力体系设计所展现的管理文化；以楼宇场所、生活设施、教学仪器以及这些载体的技术含量所体现的物质文化、技术文化等，都是从下位层面审视的高职院校文化育人价值取向的文化形态。

上下位文化层面并不是独立的、相互分割的。上位层面文化决定着下位层面文化的性质和方向，下位层面文化建设水平反映了上位层面文化的高度、强度和效度。可见，上下位层面文化存在着相互制约的形态关系。其关系状态决定着高职院校的育人文化是健康和谐的或者是内力耗散的。所以，建设优秀高职院校文化必须关注上下位文化层面这种形态关系。比如，行政权力和学术权力一直以来都是高校争论的焦点问题之一。在学术权力和行政权力争论中,一种观点认为,学术是教授的事而不是校长处长的事;另一种观点认为,校长处长也是教授,参与学术无可厚非。实际上,学术和人是合为一体的,管理职责和校长处长也是紧密联系在一起的,行政权力和学术权力客观上是难以完全分开的。在学术组织运作的实践中,不是人数决定学术权力,而是学术权威和行政权力共同决定学术权力,或者说是控制力决定学术权力,即使是通过投票集体决定某一事项,也都是在充分讨论的基础上,在领导意见和学术权威意见影响下进行的。如果硬要将行政权力体系和学术权力体系分开来审视,在这一形态关系中,当行政权力过大超越正当权力边界后就必然边缘化学术权力体系,把"大学"文化涂上"官本位"色彩,导致"仕途"升迁成为个人价值评判的最主要标准。反之,当学术权力过大超越正当的权力边界也必然削弱行政权力,就可能导致管理无序、效率不高、绩效低下,这同样与"大学"文化相背离。所以,行政权力和学术权力分离是正确的方向,分离的方式才是问题的实质。建立具有高职院校特色的、科学的行政权力和学术权力良好文化形态,以及学校内外其他文化现象之间的相互作用的和谐融洽形态关系,则是高职院校文化育人价值取向和文化建设本身应当追求的目标。

## 二、高职院校文化育人价值取向文化形态的现象关系审视

高职院校文化建设实质上就是优化高职院校一切形上、形下文化现象之间的形态关系。高职院校文化育人价值取向的文化形态关系实质上就是与高职学生成长成才有关的各文化现象之间的形态关系。各文化现象的形态关系直接决定了高职院校文化性态。当各文化现象之间呈现良好形态关系时,高职院校育人过程就会呈现出和谐融洽、互动共长、可持续发展的生态型文化发展特征。当各文化现象之间呈现相互矛盾、相互冲突、性态相克状态时,高职院校就会呈现出文化力相左、内生力耗散的文化结构,人才培养就会受到直接的危害,优秀生源将会远之避之,毕业的学生就不会受到用人单位的青睐,学校的影响力、可持续发展力就会受到极大的消解和弱化。

高职院校服务于行业、区域,直接关注企业的发展需求,因此优秀高职

院校必然以追求良好文化形态关系为目标。影响高职院校文化育人价值取向的文化形态关系包括内部的文化现象之间的形态关系、内部文化现象与相关外部文化现象之间的形态关系。从一般意义上，内部文化现象分为物质的、精神的、制度的、行为的和环境的五个方面。物质的文化现象包括校园建筑、建筑形式、建筑文化承载、物质技术、教学科研设施等；精神的文化现象包括校风、教风、学风和师生员工所具备的人文精神、科学精神素养；制度的文化现象包括组织机构形成的文化圈、管理制度体系；行为的文化现象包括校园社会实践活动、各种文化活动；环境的文化现象包括校园绿化体系、交通体系、景观体系。外部文化现象包括与政府、行业、企业、社区等之间的关系。这些文化现象之间形态关系实质上就是指校内文化现象、学校文化与外部文化现象之间理念和谐性、个性互补性、目标同构性、制度伦理性、协作顺畅性，具有整体性文化特征。整体性特征表明，高职院校内部的各项改革和发展都是在变革学校的文化，调整的是整体性文化结构，在推进人才培养方案设计、人才培养方式改革、教育教学资源配置等各项重大政策调整时，必须充分考虑到各种文化现象之间整体性的形态关系，以使单项改革有利于整体性育人事业，以整体性文化思维确保单项改革的正确方向。比如，高职院校的教学改革是近些年来伴随示范项目、高水平院校建设项目、教学诊改、卓越院校建设、优质院校建设的重要内容，演化发展着高职院校的教育形态。每一个时期针对育人目标、办学模式、教学模式改革的目的性都十分鲜明，都是在政府或政府支持的组织的强力推动下实施的，极大地影响了学校教育教学行为。而每一时期的改革导向与教师原已持有的教学改革的主体意识、教育价值观、专业教育价值取向、学习态度、团队精神，以及学校行政主体的管理伦理意识、原有管理支持系统等具有密切相关度，成为新的改革举措顺利推进和高职院校育人文化形态发展的制约因素。再比如，从现有高职院校"出身"情况看，不少都是从中专升格、多所职业大学、中专、技校等合并升格而成，带有较为根深蒂固的行政管理痕迹。这对各高职院校内所有职能部门的管理形态产生了较大的影响。有的指向管理者自身"方便"的需要，制定并依赖于标准化、刚性化的制度，缺乏人文亲和力、文化穿透力,固守原有组织体的管理文化,缺乏整体性工作理念,与"大学"管理文化格格不入,缺失与"大学"文化现象的协调和补充,久而久之就会偏离"大学"整体性的价值取向。而有的则照搬照抄普通本科院校的育人目标、管理模式、教育方式,冠以"高职"的名却实施的仍然是普通的学科教育,没有足够重视和协调与市场需求、企业需要的文化现象关系,丧失了职业属性,也偏离了"高等职业教育"整体性的价值取向。走进一所高职院校的校园,亲身感受一下校园的文化氛围,与高职院校干部、教师进行一段深入交流,不少研究者都会发现,有的高职院校真正像一所"高校",而有的却还仍然像一所"中专"。这实质上就是不同高职院校文化育人价值取向文化形态关系演进的现实实践和不易抹去的文化痕迹。

因此,优化高职院校在文化育人价值取向上的形上、形下文化现象之间的形态关系,其关键在于遵循高等职业教育规律和高职特质人才成长规律,以高等性、职业性的整体性文化视野,来设计规划、组织实施学校教育、管理、服务、对外交流等文化现象,使之形成相互和谐、相互促进、共生共长的良好形态关系。

### 三、高职院校文化育人价值取向文化形态的取向审视

高职院校作为高等教育中的一种类型和职业教育中的高等教育,其文化育人价值取向理想的文化形态就是形成具有中国特色高等职业教育特质的特色文化。换言之就是高职院校在新时代能在办学资源、人才资源激烈竞争的市场环境中立稳脚跟、科学发展,体现出有别于普通高校、中职学校文化形态的差异性和具有高职特色的个体性,形成鲜明的文化形态取向。

刘玲在《软实力视域下的高职院校文化形态探析》一文中认为,高职院校是文化传承和知识创新的重要阵地,她从提升高校文化软实力的角度和高职院校的文化建设实践基础上考察了高职院校文化育人的原生形态、知

识形态、经济形态、技术形态和社会形态。[①] 虽然作者只是简要地探析了高职院校文化形态取向，但是其研究视野基本上涵盖了高职院校文化育人价值取向的文化形态取向。

从世界范围来看，高职教育起源于工业经济时代，高职院校创建于工业发达时代。我国职业教育则起源于洋务运动，转型于"实业教育""教育与劳动的结合"，而我国高职教育则形成于改革开放之初，快速发展于社会主义市场经济体制的建立，壮大于党的十八大之后。不论从世界范围还是我国高职教育发展的历程来看，技能或技术技能本位始终是高职教育发展的基本形态，其文化育人价值取向和核心内涵是培养职业能力、锻造职业精神。这一文化育人价值取向也是高职院校立校之本、发展之魂。

高职院校技术技能本位立足于高职教育与经济社会发展联系的紧密性。这种紧密联系体现在高职院校为经济社会发展提供技术知识、技术技能专门人才、应用性科学技术，面向行业或区域支柱产业规划专业群、设置核心课程，形成与行业或区域经济社会发展的良性互动机制。这是问题的一方面。另一方面，高职院校要培养符合行业和区域发展需要的技术技能人才，不能坐井观天，需要开放办学，拓展教育资源，走与产业相融合的发展道路。面向行业、服务地方、合作办学是高职院校文化经济形态的鲜明特征。

高职教育的产教融合不仅是职业教育的教育理念、教育模式，更重要的是要通过一定的载体给予实施。高职院校是育人之地，需要通过课程、教材、教学活动承载和传递知识，学生需要以教材作为学习的重要参考。教学载体是高职院校实现文化教化的基本中介。高职教育适应经济社会发展的教育特性决定了高职院校课程的知识形态不能脱离生产实践，课程开发也必须融入产业、行业、企业要素，课程设计的逻辑更是必须给予典型职业活动、典型工作任务或典型工作过程。其典型性不仅体现在静态的课程，还体

---

① 刘玲.软实力视域下的高职院校文化形态探析[J].职业技术教育，2012(8)：87－89.

现在培养职业人活动的人文性,避免产业、企业追逐利润最大化而可能导致的工具理性或功利主义等企业经济活动价值取向对学生的成长的负面影响,实现高职院校教育性的知识形态价值取向,自觉承载文化传承创新的使命。通过开设职业价值观、职业心理、职业能力、职业规划、职业法规等课程,系统培养高职学生职业人文素养,树立职业思想,掌握职业方法,端正职业态度,确立职业情感,做到个人价值实现与社会需要相统一。

高职教育的知识形态不仅指知识,还包括蕴含在知识中的技术技能。技术技能教育不是单向度的经验传授,还包括技术技能的生成和创新。所以高职院校实施的育人过程就是凸显技术教育生成形态的创造力,以及创新力的应用、整合和提升,体现的是技术形态的文化选择、传承、创新和创造。高职院校育人文化的技术形态依赖于教师有设计、有组织的系统化的技术活动。教师通过校企合作在服务企业中学习、研究和把握最新科技知识,传承智力资源和科技成果,引领和助推企业技术创新,并把科技发展的最新成果、市场变化的最新信息反馈到教学中,使学生掌握最新技术,与企业需求、岗位要求短距离对接,相关文化现象关系处于良性形态。

职业的存在和分工是工业文明时代的社会现象。社会文化环境对生活在其中的人们产生深刻影响,职业教育在其中起到同化作用。高职院校培养的是"准职业人",高职院校文化育人价值取向的文化形态对一个人生活、一个家庭状态和整个社会都会产生多方面影响。高职院校注重职业文化教育,其中所形成的文化形态必将对社会起到引领作用。其作用在于打破人们传统的认知方式和思维方式,提升人们对科学与技术、理论与实践的认识,引导人们面向社会、关注实践、脚踏实地。高职院校关注和有效利用其育人文化的社会形态,依靠职业文化的熏陶和激励功能,发挥职业文化的凝聚、整合和润滑剂作用,就可以对整个社会的教育观念、价值取向产生重大而有益的影响。高职院校要肩负起这一文化传承创新的使命,就必须主动对接工业园区和所处社区,使园区、社区的公民能享受到终身学习、有效就业、教育环境等先进的职业文化服务,从而赚取良好社会口碑和优质社会资源为高职院校自身发展和文化育人服务。同时,随着党和国家"以人民为中心"理念的进一步确立和强化,高职院校也需要紧随大政走向,既要关注最基层,也要关注国际水准,大力开展职业培训,实施国际化战略,重视文化间性,构筑良好的高职院校文化育人价值取向的文化形态。

# 第二节 高职院校文化育人价值取向的影响因素

高职教育是社会系统的一个类别,高职院校是以培养高素质技术技能人才(即高等职业性人才)为己任的社会组织,所以,高职院校的生存和发展必然要与各类社会主体交流合作、交锋碰撞,其育人文化的各种要素自然会受到其他文化或多或少、或深或浅的影响。分析高职院校文化育人价值取向的影响因素,对于明确在纷繁复杂的文化环境中高职院校的文化传承与创新的担当,有效推动高职院校文化育人价值取向的实现是十分重要的。

## 一、传统文化对技术精神的"双压制性"

中华传统文化博大精深,中华优秀传统文化是中华民族宝贵的精神财富,是我们引以为自豪的文化资本和中国特色社会主义文化的重要内容。中国的传统文化是一种伦理型的文化,着重界定人与人之间的关系,以及关系的价值评判,这对调整人与人的关系、家庭成员间的关系、社会阶层的关系起到了积极作用,从而促进了社会稳定,创造了中华文明。随着社会的文明进步,社会交换逐渐产生和发展,工商业文明出现,多样文化逐渐接触、冲击着以伦理为核心的中华传统文化,渐渐的一种新的文化精神——技术精神出现,应运而生了职业教育的文化。

中华传统文化对以技术精神为主要特征的职业教育文化存在"双压制"现象:一是以"修身为本"的伦理型中华传统文化压制技术精神,二是以"科举制"为主要特点的古代封建统治者选拔人才机制压制技术精神。①

## 1. 伦理型文化对技术精神的压制性

中国伦理型文化起源于儒家。它们把技艺、知识都落脚于人生伦理,比如"忽悟格物致知,当自求诸心,不当求诸物"(明朝,王守仁信札)的思想就缺乏超越性,缺少终极性价值追求。《大学》中"修身、齐家、治国、平天下"的观念,其核心或者说其重点是"内圣而非外王",强调建功立业必须首先进行内在的道德修养,明德是经世救国的基础。一旦有忽略"明德"而"事功"的,往往会遭到多数儒家学者的激烈反对。比如,历史上王安石、陈亮、叶适等人推行制度改革而轻视了道德修养就遭遇了极大的阻力和强烈的反对,认为这是"末也,非本也"(《莲池大师论生日》)。我国古代四大发明蜚声中外,这是我们一直以来引以为豪的文化资本。但明朝中叶之后伴随着封建社会的逐渐衰落,我国科学技术的发展停滞不前,而就在这个时期,西方国家科学技术则蓬勃兴起。比如牛顿的学说,由于清政府排斥西方国家思想文化和科学技术,致使这些科学思想比英国等西方国家晚了一百多年才传到中国。强大的、封闭的封建思想和封建势力严重阻碍了我国当时科学技术的发展,导致了社会的衰弱和落后。一些有识之士,比如魏源就看到了问题的症结,但又无能为力,只能疾呼"师夷长技以制夷",就是打开大门"师夷"他人"长技"。新中国成立后,我国面临着一个千疮百孔的国家大摊子,要搞社会主义建设就要学习、消化、吸收国外现成的理论和技术,但同时西方国家又不希望看到中国的发展而封锁中国,对于一盘散沙的中国如果毫无顾忌地敞开大门也必然被强大的西方洪流冲垮刚刚建立起的新政权。所以,这个时代的中国传统知识对科学思想、科学技术的普及产生过积极的影响。但从总体看,封建思想中轻视体力劳动、蔑视劳动者,视能工巧匠为"杂家之流",将工艺性、技术性的东西视为"雕虫小技",而将读书-应试-做官视为人生"正途","劳心者治人,劳力者治于人"(《孟子·滕文公上》)、"君子齿于

---

① 王琦,邢运凯等. 高职教育文化的建构[M]. 杭州:浙江工商大学出版社,2012:100.

器"(孔子)等等世俗观念,严重禁锢了人们的思想,捆绑了人们的手脚,压制了技术精神。

### 2. 科举制对技术精神的压制性

科举制度是古代封建统治者选拔人才的一种制度,始于隋朝,发展成熟于唐朝,延续于清朝末年,废除于 1905 年。[①] 这一制度对中国社会和中国文化产生了巨大影响。其重大文化价值在于,不论门第由考试产生士大夫阶层的选人用人体制,是"学而优则仕"的制度性安排,是"修身为本"的伦理型文化的制度性渊源,这直接导致全社会大多数知识分子热衷于科举仕途,及第者光宗耀祖、立牌坊炫耀永志,以强大的"官老爷"文化压抑"社会工匠"。这种文化使古代知识分子重视儒家经典和偏爱文学,主张"以文载道",崇尚"立德、立功、立言",对科技知识无所用心、斥之"淫技"。所以,科技精神地位极其低下,科技工作者大多穷困潦倒、结局悲凉。比如蔡伦,因发明造纸术而被西方评价为影响人类历史的百位名人之一,他虽为宦官不恋官位,转研造纸,但仍被宫廷陷害服毒自杀。宋代科学家沈括著就的《梦溪笔谈》科学价值很高,却被儒家学者朱熹贬低为"乱说"。元朝宫廷有座"水晶宫刻漏",内部安置的两个木偶能按时敲击,可谓玲珑精巧,可到了明朝却被开国皇帝朱元璋下令打碎毁掉,其理由是:"费万机之务,而用心于此,所谓作无益而害有益也。使移此心以治天下,岂至亡灭!"(朱元璋《明太祖宝训·卷四》)。封建帝王这样看待科学技术,全社会何谈技术精神!

虽然科举制度被废止,壬寅、癸卯学制颁行,但旧中国重理论轻技术思想仍然根深蒂固,认为科学教育就是科学知识的教育,导致科学思想和科学方法缺失,实验条件和实验手段匮乏,使科学技术落后于世界。而欧美的基督教文化属于神本位文化,教会神职人员地位反而高于世俗官员。在这一文化环境下,欧美知识分子摆脱了仕途吸引,转而把更多的精力投入科学研究事业,其科技成就也往往容易受到社会上层的褒奖。比如,伽利略因为发

---

① 中华孔子学会.儒学与现代化:儒学及其现代意义国际学术研讨会论文集[C].北京:人民教育出版社,1994-12(1).

明望远镜而受到教皇的特别召见,牛顿因发表关于自然科学巨著而被英国皇室晋封为爵士,林耐进行植物学研究得到基督教教会的支持。这与中国伦理型传统文化对技术精神的压抑形成了巨大的反差。

所以,在中国传统文化背景下,中国古代"贱民"创造的"四大发明"不可能得到崇高的历史地位,而中国的"四大发明"被西方用于制造火枪大炮、航海导航,创造了科学技术文明,推动了西方的工业化和国力的强大,拉开了与仍沉迷于儒家传统文化的旧中国发展的巨大差距。所以,旧中国最终被西方坚船利剑轰开大门,沦为半殖民地半封建的国家。

仅从对技术精神的影响,中国传统文化有糟粕、有落后的部分,落后的传统文化强压技术精神必然带来强大的反作用力。新中国成立后,尤其是改革开放以后,我国对科学技术的认识得到空前的提高,"科学技术是第一生产力"的论断实属高明,科技和科技工作者在整个社会中的地位也得到空前提高,科学技术奖的设立、科协的成立、院士制度的恢复等,使得技术精神和技术文化得到极大张扬,从而极大激发了全社会的科技活动、创造活力,带动了我国综合国力的大幅跃升,自然也带动了职业教育文化作用的彰显。这是中华民族的福分!

## 二、社会文化对高职院校育人文化的"深度融合性"

社会文化是由社会意识形态构成的,是一种观念体系和社会经济形态,反映了一定阶级或社会集团的利益和要求,具有阶级性、民族性、区域性等特点。高等职业教育是高等教育和职业教育的重要组成部分,既与国家政治经济形势紧密相连,也与其他教育体系、社会组织紧密相连。因此,社会文化必然对高职院校育人文化产生影响,有的影响甚至是关键性的、决定性的,有的起到促进作用,有的则具有制约作用。在社会文化中,国家教育政策导向、行业企业参与、区域文化融入对高职院校育人文化价值取向及其彰显的影响具有决定性、关键性的意义。

### 1. 国家政策对高职院校文化育人价值取向具有顶层引领性

教育是民生工程,是党和人民的事业,处于优先发展的地位。所以,国家通过出台一系列政策法规对高职教育发展进行战略布局和发展引导，直接决定了高职教育发展的方向和高职院校发展的环境，政策因素在高职院校文化建设中具有关键性作用，这也体现了我国高职教育转型发展的核心价值体系。其关键性作用着重体现在以下几个方面：

一是高职教育的诞生、发展、去留、升级，全部过程都打下了政府主导的深深烙印。高职院校的成立需要政府批准，主要干部的考察需要党和政府组织实施和直接任命，学校章程需要政府核准，教育经费拨付标准需要政府制定，招生计划、招生方式、招生组织、专业设置需要政府审批，教学团队、学术团队、特色专业、精品课程、教学资源库等各类认定和荣誉授予都由政府主导完成。这是在资源配置方面的体现，中国特色资源配置的管理文化是高职院校发展的关键。

二是高职教育办学指针的确定决定了高职教育文化发展的方向。比如，确定"以服务为宗旨，以就业为导向""产教融合、校企合作、工学结合、知行合一"都是政府在权威文件中规定的。高职教育的培养目标在不同时期有不同的表述，但当政府部门在各种文件中给出某种表述后，不论理解或不理解就很快成为各高职院校的"尚方宝剑"和话语主流。高职院校在办学实践中都是依据政府的规定细化操作，并在教育教学实践中给予落实。主导性管理文化、依赖性发展文化决定了高职院校发展的方向、发展的速度和发展的高度。

三是领导讲话、权威专家解读也以不同方式影响着高职文化育人实践的走向。在我国教育管理体制下，为体现领导重视、专家智慧、集体行为，我国成立了各种高职教育组织，召开了不同类型的高职教育会议，这些平台为政府与学校、行业与学校、企业与学校、学校与学校，甚至专业与专业的交流创造了良好条件。在这些会议上，相关领导的讲话、职业教育领域的少数几位"知名专家"对国家教育政策的解读甚至是专家个人研究观点，都对高职院校的办学行为产生巨大影响。这可能是高职教育不同于其他教育类型特别的、凸显的文化现象。

四是具有半官方背景的"全国高职高专校长联席会"具有强力价值导向

性。"全国高职高专校长联席会"是我国高职教育领域存在持续时间最长、高职院校参与规模最大、参与层次最高、活动文化影响力最强的教育智囊组织，是高职教育领域内其他组织无与伦比的。这个组织曾汇聚了马树超、杨应崧、姜大源、李进、赵志群、袁洪志等中国高职教育领域一批学术权威，吸引了几乎所有高职教育政策制定者、重要理论生产者，在教育部有关管理部门的支持下，他们和麦可思研究院、上海教育科学研究院等一些所谓权威的第三方评价机构、研究机构长期紧密合作，每年发布中国高职教育质量年度报告，组织评选综合实力、科技服务、国际影响力、教学资源、实习组织、学生管理、教育满意度等各类别"50强""20强"，吸收各种类型典型案例入编年度报告，成为全国所有高职院校趋之若鹜的文化张点，推动了高职文化与高职政策落实的互动、高职文化与高职教育发展重点走向的互动、高职文化与高职教育育人方式的互动。这在我国教育体系中也是独树一帜的高职特色文化现象。

**2. 行业参与育人活动具有文化互动融合性**

高职教育的就业导向、需求导向以及产教融合、校企合作、工学结合办学理念，决定着行业在高职教育实践中的重要作用。同时，行业参与高职院校教育教学过程，也把企业文化、商业价值观渗入学校育人文化。行业和学校的互通互融给高职文化打下鲜明的职业烙印，行业参与育人过程的融合互动性体现在影响、根植、丰富等方面。

一是行业特色融入育人模式直接影响高职文化。专业对接产业是高职教育的重要特征，专业要赢得行业企业认可，需要高职院校加强与社会和用人单位的紧密结合，听取用人单位对专业建设的意见，甚至行业企业直接参与人才培养方案的研定和实施，促进专业建设与行业需求适应性发展。很多高职院校成立专业建设指导委员会、专业外部咨询委员会并吸收行业专家参加就是一种重要的融入形式。校企联合组建企业学院、订单班实施"双主体"培养人才是行业融入人才培养的组织化的形式。① 这种形式由校企双方拟定人才培养计划,双方选派专兼职教师共同实施人才培养,以校企双方实验实训场所和工厂车间作为实践教学课堂来延展教学空间,实现校企文化"零距离"对接、学生素质和上岗要求"零距离"牵手,培养出具有优秀企业文化素养的技术技能人才。

二是"双师型"教师队伍把优秀职业精神深度植入高职文化。人才培养依赖于师资队伍,培养技术技能人才自然依赖于"双师型"教师队伍。影响学生综合素质的,不仅要靠教师个体水平,更要靠教师群体水平。所以,高职院校在加强师资队伍建设时,常常通过正式引进、柔性引进或直接聘用企业具有教师素质的工程技术人员、能工巧匠、产业教授作为专业教师队伍的补充(蒋廷玉 2018 年 3 月 1 日在《新华日报》刊文《江苏选聘第五批产业教授助教育链产业链创新链无缝对接》报道了江苏省选聘产业教授情况),通过提高现有教师队伍工程实践素质和能力提高"双师素质"。双师结构教师队伍形成后,并不能万事大吉、一劳永逸,因为科学技术是一个不断进步和发展的过程,教师素质也要与时俱进不断更新知识、开阔眼界,需要建立教师挂职锻炼、访问学者、行业兼职、在职创业、校企交流等经常性的教师素质提升制度。近些年,一些高职院校通过校企合作尝试"双导师制",建立校内教师导师和校外兼职教师导师共同研究培养方案、协同实施人才培养、共同考核评价学生的人才培养制度,把职业精神植入高职人才培养过程,使学生接受的是校园文化和企业文化的双重熏陶,形成了独具高职教育特色的育人文化。近些年国家教育行政部门推进的现代学徒制试点,并专门下发《关于做好 2017 年度现代学徒制试点工作的通知》(教职成厅函〔2017〕17 号),实际上就是从制度层面进一步深化"双导师制"。

三是面上的校企合作丰富了高职课程行业文化元素。高职教育对接行业企业,其显著标志就是学校所教授的内容能对接企业生产、行业发展动态

---

① 张登宏,方桐清."双主体"育人模式的实践与思考-以"企业学院"进校园为例[J].中国高教研究,2011(3):75-76.

和行业企业实际需要。通过面上校企合作,高职院校可以了解行业标准,可以通过调整课程内容对接行业标准、技能等级标准,通过"学分银行"实行学分互替,从而培养出掌握行业领先技术标准的技术技能人才。学生职业能力满足了企业需求,自然进一步增强了毕业生的就业竞争力。在国家教育行政部门的推动下,高职院校积极推进项目课程开发和行动研究,倡导"以工作过程为导向"的"做中学""学中考""学分互认"的人才培养模式,直接面向行业岗位开展实践教学,实际上实践的是"教学做合一"的教学思想,是实现教学相长的基本途径。行业参与育人过程实现了高职院校文化育人的本质,厚实了高职院校文化育人的内涵。

### 3. 区域文化坚实了高职教育特色文化的根基

高职教育服务行业、服务区域的服务面向使得高职文化必然受到区域文化的直接影响。高职院校坐落在某个城市、某个乡村、某个园区或者某个重大历史事件发生地,不论管理体制是省属市属县属还是行业属,都必须以其文化优势积极参与、直接服务于地方事业,同时也要积极融入、直接接纳区域特色文化、历史文化、红色文化,形成和谐和睦、共生共长的"邻里关系"。区域发展战略现实性影响学校专业设置和毕业生就业流向,区域地方文化特色现实性影响高职院校文化建设和文化活动。比如《温州职业技术学院学报》专门开设"温州研究"专栏,以学术研究、智力支持服务地方战略;顺德职业技术学院开设家具设计、家具制造专业,直接服务地方家具制造优势行业;江苏建筑职业技术学院组建"徐州市汉文化产业创新工程技术研究中心",主动对接服务徐州作为汉文化的区域特色文化;江苏农林职业技术学院建立"农耕文化馆",集中展示江南农耕文明,积极对接服务江南区域农业文化;等等。高职院校打下区域文化烙印,就如同一棵大树发达了根系,提高了自身的生命力。一所能为弘扬区域文化做出贡献的高职院校,同样也彰显了区域文化,也必然得到地方政府多方面的支持,获得源源不断的地方文化资源。

当然,不同性质的社会文化也会给高职院校带来不同的文化影响。近些年,高考人数的急剧减少给高职院校带来了巨大的生源压力,一些地方政府推进高职院校多方式招生又进一步把高职院校推到了激烈市场竞争的风口浪尖。于是,在生存危机的强力反作用下,高职院校招生宣传也出现了无序的市场化现象,甚至出现了不应有的地方保护主义苗头。政府部门虽然经过了多次专题教育和集中整治,但效果并不尽如人意。在纷繁复杂的、眼花缭乱的不正常社会文化冲击下,高职院校应该增强文化自信,守抱教育的"清高",始终保持清醒的头脑,力做先进文化的坚定守护者。

### 三、外来文化对高职文化的"反思间性"

我国高职教育的发展是沐浴着改革开放的春风从无到有、由少到多、由弱变强的,是伴随经济建设的需要而诞生、伴随经济的转型升级而提档升级的。同时,高职教育也跟随国家改革开放和"一带一路"的步伐逐步走出国门,接触国外职业教育文化,并受到职业教育发达国家的职业教育文化的深度影响。

洋务运动是思想觉醒者发动的学习外来技术文化的自救运动,孙中山在《实业计划》(又名《国际共同发展实业计划》)中提出的"实业兴国"治国思想、"产学结合"办学理念、"实践能力"教育思想[①],就是外来文化通过影响伟人继而影响我国职业教育的生动事实。

在 20 世纪 80 年代末 90 年代初,我国职业教育一度兴起借鉴加拿大 CBE 职业教育理论的浪潮。这一浪潮是由加拿大国际开发署(CIDA)资助设立的"中加高中后职业技术教育项目"(简称 CCCLP),并通过自上而下以行政力推动的,旨在建立中加两国高中后的职业技术学校间的合作,延伸开展盛行北美的 DACUM(Developing a Curriculum 的英文缩写,意思是"开发一个教学计划"),在我国绝大多数中专学校全面介绍并大面积推广,使我国中专(这个时期的中专多数是现在高职院校的前身)教学计划首次把行业、企业因素嵌入教学过程,深刻影响了我国职业教育思想和教学模式。

---

① 蓝炜儿,姚晓波. 孙中山职业教育思想及现实意义初探[J]. 郧阳师范高等专科学校学报,2013(2):94-96.

随着我国高职院校规模的迅速扩大,21世纪初,国家把提高高职教育质量、充实高职院校办学内涵提高到国家政策层面,通过推动示范建设项目、实施国际化发展战略等促进高职教育水平的提升。在国家改革开放深入发展的大环境下,德国的精致制造技术深受国人青睐,由此带来的德国职业教育也引起了我国教育行政官员和一批专家学者的高度关注和极力推广,并通过国家师资队伍培养计划,分批分层次选派高职院校的校长、中层干部、专业教师等到德国接受短期或长期教育学习,把以"双元制"为代表的德国职业教育思想、教育制度、教育模式、教育方法全面引入国内,掀起了学习德国职业教育的热潮,对"双元制"的研究也不断深入,现实地深刻影响了我国高职教育政策走向和育人价值取向。

随着高职教育国际交流的逐渐增多,渐渐地新加坡的"教学工厂"、美国的"社区教育"、日本的"短期大学"、澳大利亚的 TAFE 体系,以及经济较为发达地区的韩国和我国台湾地区的职业技术教育经验,都进入了我国职业教育视野,不少学者还对国际上不同的职业教育模式、管理体制、拨款方式等开展了深入的比较研究。国外致力于发展短、频、快的职业教育培训模式,重视通过建立法律法规推动学校与企业的合作,认可员工工作经验,进行技术伦理观教育等,这些研究成果对我国高职院校整体的教育教学思想或者部分专业的教育方法都产生了较大的影响。

近些年,我国职业教育开始实施走出去战略,参与国际工程教育实践,参加国际性职业技能大赛,推动实施《悉尼协议》进行专业认证,在"一带一路"框架下把我国优质高职院校分校或教育培训中心建到东盟等一些欠发达和有需求的国家,开展了大规模、资助性质的留学生教育。我国高职教育经过四十年的发展,在学习借鉴国际优质教育经验的基础上,已经走出了一条我国高职教育自己的发展道路,并逐渐输出我国高职教育的价值理念。

通过学习研究和借鉴交流,国外一些比较成功的职业教育文化深深影响了我国职业教育的发展,同样我国职业教育快速发展的经验也不断影响着国外职业教育尤其"一带一路"国家人才培养理念,具有鲜明的"间性"特征。通过改革开放可以看出,发达国家职业教育都具有与普通教育相互沟通、相互渗透的发展趋势。这一文化间性的启示是,我国各类教育要建立"立交桥",贯通职业教育与相关类别的普通教育体系,建立职业教育自身科学体系。实践中,我们既不能忽略职业教育自身的特点注重理论学习,也不能过分强调技术技能训练忽视对学生进行科学素养、人文素养的培养,而是要坚持中国特色,洋为中用,批判性学习借鉴国外职业教育文化。要积极参与国际交流与合作,参与国际规则制定,参与国际教育分工,增强我国高职教育话语权,支持国际教育规则,走出一条符合中国文化、具有中国特色的高职教育发展之路,形成具有中国特色的高职院校育人文化,把学生培养成具有高素质的技术技能专门人才,为中国特色社会主义现代化强国建设发挥好技术引领、技术积累、技术创新和人才支撑的作用。

## 第三节　高职院校文化育人
## 价值取向的主要问题

高等学校职能经过了长期的嬗变过程,仅人才培养、科学研究、社会服务作为高等学校的三大职能在全世界就持续了一百多年,直到时任中共中央总书记、国家主席胡锦涛 2011 年在庆祝清华大学百年校庆的讲话中把"文化传承创新"列为高等学校的第四个职能,[①]我国高等学校职能才得以拓展。这是我国对高等教育理论的重大创新和发展,具有重要的理论意义和现实指导意义。为贯彻党的十九大精神,落实《关于加强和改进新形势下高校思想政治教育工作的意见》(中发〔2016〕31 号),教育部党组制定了《高校思想政治工作质量提升工程实施纲要》(教党〔2017〕62 号),明确构建课程、科研、实践、文化、网络、心理、管理、服务、资助、组织等十大育人体系。[②]

---

①　新华社. 胡锦涛在庆祝清华大学建校 100 周年大会上的讲话[EB/OL]. http://www. gov. cn/ldhd/2011 - 04/24/ content_1851436. htm.

②　中共教育部党组. 高校思想政治工作质量提升工程实施纲要[EB/OL]. http://www. moe. edu. cn/srcsite/A12/s7060/201712/t20171206_320698. html.

其中"文化育人"的理念反映了对大学使命的认识更加全面、深刻。高职院校作为职业高校,应该落实高校十大育人体系,在新时代把文化育人扛在肩上、落实在行动中,并且需要重视创新发展,推进特色发展,主动积极发展。但在现实中,从张扬"复姓高职"特色、建设中国特色高职教育的高度看,以下主要问题弱化了高职院校文化育人价值取向,制约了其彰显的深度、广度和效度。

## 一、融入工业文化因素比较泛化

教育的过程实际就是建构人与文化之间的互动过程,先进的、优秀的文化可以启迪人的心智、教化人的心灵、提高人的能力,从而推动人的全面发展。高职院校担当文化传承创新使命、实施文化育人,需要建设和繁荣具有高职教育特点的校园文化。高职院校培养的是符合社会需要、企业需求的技术技能人才,所以,高职院校校园文化不能孤立于社会、关起门来建设,必须紧密对接经济社会发展,融入工业文化因素。

工业文化是人类社会在实现工业化进程中所创造和积累的物质财富和精神财富的总和,是各个行业优秀企业文化的概括和结晶。工业文化内涵十分丰富,不少研究者从不同的视角对其进行了研究和释义。余祖光是我国著名的高职文化研究学者,他着眼于人的行为和企业的管理制度对工业文化进行了系统研究。他认为,工业文化包括合格公民的意识与行为规范、合格劳动者的意识与行为规范、多元文化理解与行为规范等。[①] 张心昊等学者则着眼于人的精神对工业文化进行了深入研究。他认为,工业文化的内涵是敢为人先的开拓精神、重视科技的创新精神、脚踏实地的务实精神、为国分忧的兼济精神、勇往直前的奋进精神。[②] 这些研究都是从工业体系总体而言的。实际上,工业体系是产业、行业、企业的集合体,所以,工业文

---

① 余祖光.先进工业文化进入职业院校校园的研[J].职业技术教育,2010(22):5 - 10.

② 张心昊,王振良,王士立.唐山工业文化初论[J].唐山学报,2005(06):3 - 7.

化也应该分成产业、行业、企业三个文化层级,它是一个国家综合实力的构成要素和工业竞争力的重要标志。工业文化对生产力、工业生产、工业发展具有强劲的推动力,其作用集中体现在:为工业经济发展提供精神动力、行为规范、优化环境、方式变革、品质增值,工业文化本身也成为经济增长的要素。① 所以,在工业发展中注入工业文化内涵,就是有利于工业发展实现质的提升,契合国家"五位一体"总体布局,使工业发展走上人性化、低耗能、少污染、高品质、符合生态文明建设的、可持续发展的良性发展轨道。

我国已经制定了"中国制造2025"发展战略,制定了从制造大国迈向制造强国的发展目标,其重要内涵之一就是创造现代工业文明。实施这一重大战略,需要一大批具有现代工业文化内涵和素养的建设者。高职院校培养的技术技能人才是新型工业化建设的生力军,是制造强国建设的重要支撑力量。由于高职毕业生活跃在工业生产第一线,所以从一定意义上说,高职学生的工业文化素养对工业化的发展水平和发展高度具有决定性意义。因此,高职院校在文化育人中不仅要针对就业重视培养技术技能,而且要重视培育学生工业文化素养,使学生找到本行业的文化本源,主动融入工业文化并与之共同成长,担当起工业文化传承与创新的文化使命。

而从高职院校文化建设现状、文化育人实践看,存在融入工业文化因素比较泛化现象。

**1. 承载工业文化精华泛化**

传承工业文化需要挖掘文化资源,承载文化精华。工业文化博大精深,不同行业的工业文化也有个性要求。作为工业文化一支重要的建设力量,高职院校传承工业文化首先需要结合本校服务面向,深挖所服务的主导行业的工业文化资源。文化资源一般分为三类:一类是工业文化遗产,包括有形和无形两种。有形的是指具有历史、艺术和科学价值的工业文物,无形的是指技术思想、技术实践、技术形式、技术技巧、技术器物、技术场所等。一

---

① 赵学通.高职院校文化使命:工业文化的传承与创新[J].中国高教研究,2013(09):103-106.

类是工业文化精神。就是代表一个时代工业精神的先进典型,一般由各行各业推选、各级政府或工会表彰的能手、工匠、劳模。一类是工业价值观。比如在市场环境下的遵守规则、讲求诚信、注重效率、竞争合作、民族情怀,在尊重科学、尊重创造、尊重权益环境下的尊重劳动、热爱劳动、尊重人才,在重视生态环境下的爱护环境、支持公益等。文化资源是高职院校实施文化育人的财富。而多数高职院校不重视或几乎没有对其所服务的主导专业的工业文化进行收集与整理,也没有充分诠释与传播,更少有集中、物化和推广,比如江苏省 15 所国家示范(骨干)高职院校仅 2 所建设了相关专题博物馆。

### 2. 文化传承创新泛化

创新工业文化需要找寻文化差距,研究培育和主动塑造。对文化的传承不能代替现代的创新,不论什么样的企业都在自觉或不自觉地创造现代工业文化,只不过优秀的、知名的企业起着工业文化引领作用而已。但也存在这样的现实,一些中小企业工业文化建设不少还处在非自觉阶段,甚至只唯利是图而做出有悖于现代工业文明的事情,其中蕴含着有悖道德、理性、真善美的文化因子。对此,不少高职院校在校企合作过程中文化传承创新的意识较弱,不注意梳理工业文化中不适应现代工业发展的因素,盲目设定深度合作内容和合作方式。工业本身不具有政治性、阶级性,但工业文化则具有鲜明的阶级属性。中国特色社会主义的一个鲜明特征是改革开放,[①]高职院校在传承我国优秀传统工业文化的同时,理解、吸收、借鉴国外优秀工业文化还十分欠缺。在改革开放的大门开得越来越大的政治环境下,只要我们坚持文化自信,也许我们就会对国外工业文化会了解得越多,就可能对我国工业传统文化的优秀品质理解得更深,也就会对我国优秀工业文化更加珍惜,就会在与西方打交道的过程中鉴别力、免疫力更强,就会在学习借鉴过程中更加理性和科学。

---

① 习近平.决战全面建成小康社会 夺取新时代中国特色社会主义伟大胜利[M].北京:人民出版社,2017:34-35.

### 3. 践行担当传承文化泛化

高职院校担当传承创新工业文化,应该明白自身教育的使命,按照高职教育规律的要求引入工业文化、培育校园文化。但一些高职院校在担当传承中比较盲目,不注意把优秀工业文化的核心价值融进育人过程,不注意通过校园文化承载先进的工业文化,使学生真切感悟现代工业文明、传承优秀工业文化。工业文化的形成需要实践过程、提炼过程和实践检验过程,所以工业文化是一个发展的文化。一些高职院校既不重视研究工业文化形成和发展的特点,也不注意在形成习性、运作方法和价值取向等多个层面进行总结、改良和创新,不能依据学校办学定位与特色主动把工业发展过程中所形成的、具有代表性的管理制度、生产方式、经营理念融进办学目标和教育理念,尤其是忽视把任人唯贤的选人用人机制、效益效率为先的管理制度引入学校管理,让优秀工业文化积极影响师生员工的思想意识、价值观念。有的则不研究和筛选优秀工业文化,跟风式简单叠加建设"校中厂""厂中校",尚不能真正形成高职文化与工业文化共生共荣的良好文化生态。

## 二、注入企业文化要素比较主观

高职院校传承创新工业文化的主旨是彰显高职教育的"职业性"文化特色,其传承创新的方式就是把工业中的行业、企业要素注入学校教育教学过程。但现实情况是,一些高职院校教学组织注入行业企业要求比较主观,仅凭管理者经验、领导者偏好、现有资源的随性堆砌。

### 1. 把握校企文化价值取向的差异比较主观

学校和企业具有不同的利益诉求,学校的一切活动从本质上都是为培养合格人才服务的,企业的一切活动从目的性上都是为了追求利润最大化。表现在文化上,校园文化是在党的教育方针指引下,立足于培养社会主义建设者和接班人,遵循教育规律,营造育人环境,使学生在积极向上、崇善尚美的文化环境熏陶下健康、快乐成长,使学生成为能以己之长安身立命、以切实贡献服务社会的人。企业文化则是围绕提高产品质量、提高生产效率,以调动从业者积极性、主观能动性，营造团结协作、家园归属氛围，来达到所期望的实际效益。可见，校园文化和企业文化各有其独特的功能，不可能相互取代。一些高职院校为了迎合"校企合作"要求和堆砌校企合作政绩，简单地把企业文化引进校园，浅层次地组织校企合作活动，校企文化凭主观叠加，并不太关心或关注这些活动是否有利于学生思想道德、职业精神的成长，叠加的过程和方式不是建立在科学规律的基础上。

**2. 不同专业文化对接不同专业学生比较主观**

在生源危机、层次不高、社会认可度不高、自我认知也不高的现实情况下，高职院校办学为了什么确实是个并未完全解决的一个大问题。实践中，一些高职院校办学举步维艰，而一些高职院校虽然同为专科层次，但是高考录取线却远超三本甚至达到二本。舒文学者 2017 年 8 月 12 日在《长沙晚报》撰文《部分高职投档线超三本这些院校最受青睐》揭示的现实，这显然不是高职教育本身的问题，而是高职院校教育质量和特色的表现，当然与区域文化和经济发展水平也有一定的关系。一般的高职院校都开设了数十个专业，多数都是服务于某一主导行业，其他专业虽然不直接为主导行业服务，但是多数情况下，由于接受了主导专业文化的影响，非主导专业学生身上也必然打下主导专业的文化烙印，学生到了就业岗位后，不仅能干，而且会干，其个人价值在劳动中就容易得到实现，企业也会在学生爱岗敬业、诚实奉献中直接受益，自然这些学生就会受到主导行业企业的欢迎。而一些高职院校在面对不同专业学生时，到底是用本专业的文化还是用主导专业的文化教育学生，缺乏职业性、专业性的价值取向和教育主线，存在选择主观、实施主观、效果评价主观等现象。

**3. 实施"双主体"文化育人中选择合作企业比较主观**

大小企业都可能创造优秀文化，但知名大型企业的文化价值取向相对稳定。所以，从人才培养和文化传承创新的角度看，高职院校在校企合作中，应该倾向于与优秀企业、大型企业的合作，把这些企业的先进文化融入教育教学各个环节，再通过接受了优秀企业文化熏陶的毕业生走进社会来传播和弘扬优秀企业文化。一些高职院校在校企合作过程中，对企业的选取主要建立在是否有熟人、有校友上，而不是关注所选企业的文化是否先进性上。在人员互动、文化介入、资源共享、联合攻关等校企合作时往往就事论事不进行文化优选和加工，在通过实物、影像、书籍等方式传播专业文化时仅停留在实物堆积上而忽视对实物进行文化诠释、文化提升，在聘请企业专家时满足于身份而不关注其是否符合政治性、教育性要求，在选取企业管理理念、工程案例进教材、进课堂时止步于有而轻视其思想性和时代性教育意义，在社会服务中只关注做过的痕迹而不关注其是否具有社会效益，等等。

### 三、培养优秀企业精神重视不够

企业精神是企业员工具有的共同内心态度、思想境界和理想追求，表现为坚定的目标追求、强烈的群体意识、正确的竞争原则、鲜明的社会责任、高尚的价值观念和有效的经营方法，企业精神一旦形成，就会产生巨大的有形力量，提高企业核心竞争力。企业在市场中都面临着激烈的竞争，为了追逐最大化的利润，企业都要千方百计实施市场开拓计划，计划推进手段对其他企业、对社会整体来说，可能是有益的，也可能是有害的。高职教育服务于生产、建设、管理、服务第一线，高职毕业生就业于企业的生产车间、施工现场，直接面对产品和活生生的社会人，确保产品质量、有效推进工作、取得切实效益都要求从业者必须牢固树立优秀企业精神。所以从教育意义上看，高职院校应选择积极向上的企业精神培养学生，尤其要有效利用实践教学环节培育学生优秀企业精神。但不少高职院校对此重视不够或能力不及。

#### 1. 仿真技术过滤了优秀企业精神

实践教学是高职院校培养学生专业实践能力的重要环节。实践教学包括校内、校外两个教育空间，需要完成理论验证、项目体验、企业认知、岗位感知、工作实践等教学任务。不同的空间领域有不同的实践管理要求，多元的、循序渐进的实践教学任务都是为了培养学生企业意识、提高其职业技能。所以，学校教育培养学生优秀企业精神不能游离于企业之外，需要通过校企合作实施"双资源"利用、"双主体"育人,通过由浅入深、由简及繁、由单项到综合的职业训练,持续不断、循序渐进地教育影响学生,使其在实践锻炼中感悟优秀企业文化、领悟优秀企业精神。从一般意义上说,高职教育的主旨是教会学生懂得原理、掌握方法、切身感悟,所以,多数高职院校都重视利用现代信息技术,用虚拟的职业技术展现和技术实操实施教育。但是从培养优秀企业精神出发,虚拟的、感性的毕竟是人工的、浅层次的,不亲身体验、亲自动手、反复历练是难以真正把握优秀企业精神的真谛。有不少高职院校从实训条件建设、教学手段上都把仿真中心、仿真技术应用作为重要方面进行建设和考核,并没有真正与"真刀真枪"职业训练紧密结合起来,没有使学生得到真实的项目、真实的操作、真实的考核、真实的奖惩,不能让学生真实地感受到成功的快乐、失败的代价、制度的刚性,使学习任务成虚拟的,学习过程可以马虎的,学习结果不一定是真实有用的,过滤的优秀企业精神教育过程致使一些职业训练成为绣花拳、作秀状,难以增强一丝不苟、严谨细致的工作作风。

**2. 实训过程变异了企业文化**

职业训练的过程本质上是体验学生未来职业的过程。在学校文化育人中,不可能把所有的职业训练都放到企业完成,但要让学生感受"真实"的职业训练又离不开真实的职业环境。为此,高职院校文化育人必须遵循教育规律,设置真实的职业场景给予补充。但一些高职院校实训文化环境建设仅停留在简单移植企业文化上,不够重视对其进行教育性加工,难以使学生职业训练得到"准企业"文化环境的熏陶。在制度设计上,有的把企业管理制度规定贴在墙上,但并没有严格从职业要求、职业规程、职业惩戒等方面组织实践教学、严格要求学生。有的则在一岗双责、责任追究宏观管理文化大背景下,为规避安全风险、推脱安全责任、避免矛盾近身而在实践教学过程中放松对学生管理要求,放弃了教育德行,从而丢失了"职业人"应有的敢于担当的奋进者文化,使广大学子难以养成勤奋敬业、诚实守信、乐于奉献的优秀文化品质。在职业训练的考核上,学校教育中产生的产品虽不像企业产品那样需要经受市场和用户的检验,但如果在这一教学环节的考核没有可量化的标准,不像企业产品验收一样严格程序、严格标准、严格奖惩,那学生参与这一实践过程就达不到真实性职业要求。所以,限于法律、政策和教育弹性,高职院校就难以像企业规定的那样真正奖优罚劣、奖惩兑现,学生同样难以真实体验企业管理文化的刚性。

### 四、关注文化间性存在盲目性碎片化

党的十九大指出,"只有改革开放才能发展中国、发展社会主义、发展马克思主义。"①高职教育作为社会的一部分,要建成中国特色、世界一流,服务于企业转型升级和国家"一带一路",必须按照《国家中长期教育改革与发展纲要》(2010—2020)和《国家职业教育改革实施方案》的要求,坚持改革开放战略,加强国际交流与合作,必须坚持"国际视野,中国道路"②,提高我国教育国际化水平。国际交流与合作必然带来不同文化的相互交流、相互碰撞、相互影响,在改革开放中推进我国高职教育科学发展,必须关注文化间性,形成系统化实施举措。

"间性"概念来自生物学,指某些雌雄异体生物兼有两性特征的现象。引用到人文社科领域,主要指主体之间一般意义上的关系或关联,是指你中有我、我中有你。引申到文化领域就是"文化间性",体现了不同文化主体之间的对话关系,③表现了相互交流、互识互鉴、意义生成的间性特征。④ 在国际化发展战略中,限于视野、能力、机制、经验,高职院校关注文化间性尚存在盲目性、碎片化问题。

---

① 习近平.决胜全面建成小康社会　夺取新时代中国特色社会主义伟大胜利[M].北京:人民出版社,2017:21.
② 周元清.提高我国教育国际化水平[J].中国高教研究,2010(05):1.
③ 邱国红.文化间性的例证:中国诗歌审美范式对美国诗歌创作的影响[J].云梦学刊,2005(01):96.
④ 张海波,张军儒,杨晓帆.现代远程教育的"间性"理论研究[J].教育理论与实践,2013(03):21-23.

### 1. 开放理念并未真正深入高职人心

经济全球化是新时代国际化的鲜明特征,教育国际化也是新时代教育发展的鲜明特征。高职教育国际化就是推进高职教育走出国门参与国际高职教育活动,就是打开大门吸纳国际优质高职教育资源,丰富、完善和壮大我国高职教育,本质上就是坚持中国特色的同时高职教育要积极借鉴国际标准、国际规则,培养国际化高职人才。但一些高职院校安于服务区域、服务行业,不想"折腾"满足于过安稳的日子,办学视野较低,对国际化不太感兴趣。具体表现在:一些学校的发展规划和高素质技术技能育人目标没有确定为"世界眼光和国际思维",自然就不把国际标准引入专业建设、课程建设,对外交流也很少。管理干部和教师队伍中也少有懂得国际规则、具有国际交往能力的优秀人才。近些年,虽然在"一带一路"和国际影响力 50 强评选的推动下,高职院校对外交流活动有了较快的发展,但多数仍停留在招收"一带一路"沿线非发达国家的留学生的水平上,尤其是对如何培养留学生、以什么样文化实施教育活动,并没有形成成熟的体系,甚至出现了少数学校牺牲国内学生利益而"过于优待"留学生的不正常文化现象。

### 2. 中国高职文化自信还不强

中国以较少的投入办成了全球最大的教育,我国各类教育取得的巨大成就有目共睹。虽然我国高等教育质量仍然存在尚待解决的不少难题,与国际领先水平的高等教育相比还有较大的差距,但是我国高职教育在不长的办学历史中就形成了迅猛的发展态势,取得了许多显性成就,已经令世界刮目相看。2018 年我国就业蓝皮书就宣示:高职高专毕业生走俏就业率超本科,除此之外,高职院校育人的"增值效应"也已经受到一些学者的高度关注。① 多数人的现实共识是,虽然进入高职的学生大都是高考的"失败者",

① 王晶. 高职院校学生增值性评价实施方案研究[J]. 职业技术教育,2013(17):55 - 58.

但是他们经过高职院校三年培养后，综合素质和职业技术技能在其原有基础上提升的幅度则大于高考"成功者"进入优质教育资源的不少本科院校。所以曾有人断言，中国高职教育办成世界一流较之一般高校更有条件和可能。近几年，中国职业院校选手在国际大赛上的杰出表现、我国各类职业技能大赛所展现的高职教育的发展潜力、高职对经济和社会发展的实际贡献度，已经令全社会高度关注并获得不少赞誉，在职业技能大赛中获奖者的身价更是一路飙升。虽然我国高职教育发展水平从总体而言还需进一步提高，社会贡献度、社会地位还不是很高，面临的很多难题尚待破解，但高职院校应以长远眼光看待我国高职教育发展广阔的前景，增强我国高职教育发展的文化自信，这也是我国文化自信的重要内容。但在国际化实践中，一些高职院校不敢与国外相关学校交流，而有的则无底线地"高看"发达国家的职业院校，盲目赞赏外国职业教育文化，这都是对自己学校和中国高职的教育理念、办学模式、教育方法自信心不强的表现，阻碍了我国高职教育国际化的步伐，影响了对外文化交流的效果。

**3. 尊重世界高职文化多样性不够**

文化多样性是人类社会的基本特征，坚持文化多样性是人类文明进步的持续动力。随着信息化的快速发展，地球村越变越小，各国的利益关系相互交织、相互影响、难以分割，人类是一个大家庭，各国是命运共同体。所以，在国际文化交往中，需要相互学习、相互促进、相互包容。职业教育是社会文化的重要组成部分，在高职教育国际化进程中同样需要相互学习、相互尊重、取长补短。中国高职文化、他国职业教育文化的形成和发展都有各自传统文化渊源，都有各自生存和适应的土壤和环境，都是人类创造、积淀和共有的文化产品，各有所长也各有所短，在国际化大环境下，在相互交流碰撞中必定存在相互影响、相互渗透、相互独立的"间性"特点。但在我国高职院校走出去的实践中，可能由于自身发展历史较短，文化积淀不深，对外经验不足，一方面存在盲目推崇发达国家高职教育模式的现象，并以此妄自菲薄我国高职教育成就，甚至非议我国高职教育文化，对我国高职教育产生了不利影响；另一方面对相对落后国家高职教育办学条件、教育思想、教育方法、精神状态颇有微词，并以此居高临下地与之合作和交流，或者在条件不好的地方看不到值得我们学习的好的教育理念、办学精神。这都不是中华优秀传统文化赋予我们应有的科学态度，也制约了我国高职教育的健康发展。作为中国共产党领导的社会主义国家，我们应该尊重世界文化多样性，增强人类命运共同体理念。

# 第五章　高职院校文化育人价值取向的问题归因

高职院校文化育人存在的现实短板和主要问题不是一朝一夕形成的，也不是单一因素造成的结果。理清高职院校文化育人价值取向的问题归因，是高职院校文化育人价值取向有效彰显的基础和前提。作为以就业和社会需求为导向的我国高职教育，高职院校的文化育人活动是开放的，不是封闭的，影响高职院校文化育人价值取向是多维因素复合的结果。因而，找寻文化育人价值取向彰显障碍的原因，自然需要从高职院校文化育人的价值理念、本质内涵、实现途径和宏观环境等多维度进行深入分析。

## 第一节　文化育人自觉性不强

在社会需求、国家政策推动下，我国高职教育在短短的四十年的时间里就得到了突飞猛进的发展，支撑了我国高等教育的"半壁江山"，这在人类教育发展史上是罕见的。评判一种教育类型的优劣不仅要看其体量的大小，更要审视其内在的"质"的厚度。质是事物内在的规定性，决定着事物未来的走向。在改革发展进程中，我国高职教育新的办学理念不断涌现，适应不同专业类型高职的办学模式不断创新，高职院校整体办学内涵逐渐充实、特色也不断彰显，为推动经济社会发展起到了应有的积极作用。但是，我国高职教育不仅起步较晚、起点较低，而且一经面世就兼有"高等""职业"双重属性。从文化育人特点来看，高职教育是学校教育，同时又被称为"岗位"教育，既要重视知识传授又必须强化技术技能训练，可以说在教育文化层面上,虽然高职院校"级别"不高,但是对高职院校提出的标准和要求却是很高的。所以,高职院校既要重视一般意义上的大学文化建设,更要重视对接主导专业的工业文化,更要重视融合与行业、职业、岗位相适应的企业文化。从高职教育发展现状审视,我国高职教育取得了长足发展,但在不少方面与职业教育较为发达的国家相比,在教育理念、法制环境、企业动力、还存在不小的差距,社会吸引力还不强,其发展定位与发展现状差距仍然较大。造成这一短板的首要原因是文化育人自觉性不强,直接导致文化育人价值取向漂移、泛化,文化育人实践主线不一贯、不连贯。

## 一、文化育人认识自觉不够

认识是实践的前提,认识自觉是实践动力的助推器。高职院校在办学实践中,由于办学基础、办学压力、竞争环境等多种因素影响,文化育人价值取向尚存在模糊现象,从而导致其实现效度不甚明显。

### 1. 价值认识偏颇导致价值取向游离

在高职教育发展过程中,尚存在过于强调职业和就业而弱化人的全面发展现象,受传统文化的长期影响,一定程度上造成了高职院校对高职教育价值的认识偏颇。一个时期以来,高职教育几乎成了高等技术教育、热门岗位教育、提前就业教育、各种技能培训的代名词,[①]在教学模式、培养计划、课程建设、教学方法等诸多方面至上工具理性,凸显了职业性,却淡化了价值理性,学生的全面发展有所忽视。认识的偏颇必然带来实践的走样,不少高职院校尤其一些办学基础较弱的高职院校,办学资源主要投向招生,满足于正常的教学秩序和一般教学任务的完成,而忽略或不重视文化育人的宏观设计、实践推动,对高职文化的研究、以文化视角对校企合作的研究、学校职业性文化建设更是不够,这就导致文化育人价值取向游离,文化育人实践难以步入正确、正常的轨道。

---

① 罗忆. 探析我国高等职业教育文化[J]. 乌鲁木齐职业大学学报,2010(02):58-60.

**2. 认识高度不够导致价值取向层次较低**

在中国特色社会主义进入新的时代,在全国教育大会召开以后,应以习近平新时代中国特色社会主义思想为指导进行高职教育回头看、再反思,保持高职教育旺盛发展势头的同时坚持科学理性,把文化育人提到应有高度,尤其要增强高职文化自信,自觉走具有中国特色高职教育发展之路。我国著名社会学家费孝通曾对文化自觉问题进行过深刻阐述,他说,"文化自觉是一个艰巨的过程,只有在认识自己的文化,理解并接触到多种文化的基础上,才有条件在这个正在形成的多元文化的世界里确立自己的位置,然后经过自主的适应,和其他文化一起,取长补短,共同建立一个有共同认可的基本秩序和一套多种文化都能和平共处、各抒所长、联手发展的共处原则。"[①]从费孝通先生这一论述中就可以清楚地看出,文化自觉就是指对自己生活文化的来龙去脉有深入了解,既要了解其文化来自哪里,又要了解其不平凡的形成过程,更要把握其有别于其他文化的自身特色和发展趋向。我国高职教育经过了四十年的发展实践,学习借鉴了发达国家的职教经验,面临着建设高水平高职教育、建立现代职教体系和实现教育现代化的历史重任,但现实是高职社会地位并不高,服务经济转型升级的能力还不强,高职理论研究也还比较薄弱,在高职院校内部尚存在发展不平衡等现实问题,高职院校文化育人体系并没有完全成熟起来。因此,高职院校要实现健康发展、顺利建成中国特色,就必须增强文化自觉,认真反思和正确评估高职院校文化育人价值取向的现状,对发展困境有准确认识和科学把握,尤其是要从"以人民为中心""人民对美好生活的向往"的高度对较强的工具理性、弱化的价值理性、淡化的人文教育的现象要保持足够的清醒和充分的警醒。不解决文化育人价值取向的认识问题就不可能提升文化育人实践的水平。

**3. 根本任务认识不深导致价值取向偏离中心**

在各级教育行政部门和社会组织不断地进行招生、就业、综合实力排名

---

① 费孝通.费孝通论文化与文化自觉[M].北京:群言出版社,2007:190.

等竞争性文化环境中,办高职院校已经成为一个"经营性"教育实践活动,深受市场法则的规矩和影响。面对我国高等职业教育的巨大成就和面临的实际问题,在考生和家长都追求高学历、高职短期地位还不高的当下文化氛围下,高职院校首先要克服文化不自信,充分认识到我国高职教育的发展适应了我国经济和社会发展的需要,提供了有力的技术技能人才支撑,形成了具有中国特色的高职教育体系,经营高职院校是有价值、有前途的教育实践活动。其次要充分认识到,我国高职教育的本质和目的是培养拥有一技之长的专门人才,需要深刻把握四个不能颠倒次序的核心词语:人、人才、专门人才、一技之长人才。这四个词语综合起来就是:高职教育要着眼于"人"的发展,要使人成为"人"、成为具有一技之长、健全人格的"人",离开了人的发展高职教育就失去了根本。高职教育需要培养技术技能人才,需要强化专业实践能力,同时必须毫不动摇地坚持高职院校教育教学活动的永恒主题——"促进人的全面发展",文化传承创新根本上也是"促进人的全面发展"。但在高职院校中,尚存在对文化育人根本任务认识不清、认识不高的现象,自然在人才培育目标的确定、人才培养计划的设计、人才培养活动的实践等都存在文化育人价值取向偏离"人本身"这个根本任务、中心任务的不正常现象。

## 二、文化育人实践自觉不够

高职院校文化育人活动具有两个重要环节:一是充分认清新时代文化育人价值取向,二是实现文化育人价值取向的实践活动。认识是实践的前提,实践是认识的目的和实现认识的过程。虽然近些年高职院校对文化育人价值取向有了比较统一的认识,但在实践上尚存在自觉性不够,其直接的后果是实现文化育人价值取向行动走样。

### 1. 盲目"嫁接"企业文化导致教育性不显

高职教育的核心价值在于培养技术技能人才,其显性标志是培养的学生接受了职业文化的熏陶,融入了企业文化的因子,因而对接了企业岗位需求、满足了企业胃口。要实践这个过程和实现这个目的,需要学校育人文化有效嫁接企业文化形成具有育人价值的职业性特色校园文化。学校是文化机构，高职院校自 20 世纪诞生之日起，就被称为"职业大学"，赋予并形成了"市场性"运行机制。其优势是给予高职院校放飞自我的空间，同时也带来了现实尴尬的问题：作为诞生于计划经济土壤的文化机构，一下子被推向"市场"使职业大学建设和管理者们有相当长的时间有无所适从之感，既明白要与企业紧密联系，又不知如何进行联系，既要按教育规律办事，又要与企业打交道懂得企业的运作规律，于是一度出现了找"企业婆家"管理、找企业伙伴赞助、找企业共育人才的热潮。由于没有文化育人理论指导，也没有合作育人实践经验，职业大学包括现在一些高职院校在实践中就出现了为了合作而合作，产生了盲目聘用企业工程技术人员担任兼职教师、盲目把企业价值理念引进实验实训场所、盲目把企业的管理制度用于学校管理、盲目把企业淘汰的设备拉到学校实验室，而并没有以育人为出发点进行文化加工和价值提炼，使引入的人、财、物、制度、管理方式等具有教育性。在高职初期，一些高职院校具有这种校企文化合作育人的理念是有价值的、难能可贵的，但在文化育人价值取向尚不明朗、价值体系尚不健全的起步时期，一度也使职业大学和一些高职院校的育人活动出现了盲目性、混乱性局面，在实践中对接了企业、迎合了市场，却偏离了学校育人的教育本性。

**2. 盲目"移植"西方职教理念导致消化不良**

在高职教育发展相当长一个时期，由于德国等西方国家精密制造有口皆碑，一度造成盲目追捧和移植其职业教育理念和模式，导致我国高职教育"消化不良"现象。在高职教育发展初期，一些高职院校对西方发达国家职业教育模式采取简单"拿来主义"，没有结合中国国情认真消化吸收，出现了一些不洋不中的教育环境、教育手段、教学方法，造成了我国高职教育的模式、发展样态的"四不像"。从历史渊源看，高职教育的产生发展是西方工业文明的产物，教育发展理念留有一定的西方文化痕迹，教育发展模式也刻有西方思维的印记。从高职教育的诞生延续至今，我国高职院校坚持开放办学，不断通过走访交流了解学习西方职业教育经验，尤其对职业教育模式比较成熟和具有特色的德国、新加坡等国，采取大规模走出去、请进来的办法，将发达国家职业教育的"真经"深入研究,甚至直接移植或嫁接到我国,在一定程度上对推动我国高职教育的特色发展、借智发展、高位发展,确实起到了一定的积极作用,当然也产生了一些"水土不服"的问题。我国是社会主义国家,具有博大精深的中华优秀传统文化,如果简单地将中国高等教育职业化和将西方职业教育中国化,都容易使我国高职教育误入歧途。"高等教育的模式取决于国家的文化内涵",美国耶鲁大学校长莱文曾这一观点可谓一语道破了高等教育的文化实质。所以,我国高职教育的发展虽已成就斐然、广受关注,但是尚存争议、难题待破,文化育人实践自觉性还不够。所以,对他种职业教育文化的态度直接关系到我国高职教育国际化战略和借力发展水平的高低,关系到高职院校文化育人价值取向是否符合我国政治性、价值性要求等大是大非的问题。

# 第二节　职业文化理解得不深

职业文化本应是高职院校文化育人的鲜明亮色,但是在实践中,虽然多数高职院校都能自觉主动地引入或融入企业文化,并以此表达"职业性"价值取向,但现实情况却并不如尽人意,职业文化显示度并不高,从而影响了文化育人价值取向的彰显。

## 一、重技术技能轻以文化人现象尚存

随着我国高职教育跨越"理性"进入"特性"阶段,从江苏省 15 所国家示范(骨干)高职院校专业人才培养方案来看,都设计了公共基础课程、个性化课程以及其他第二、第三课堂教育环节,并分别大体占到总学时的 24％、10％、1.5％。各校都组织了 50～100 个学生兴趣社团,开展了假期社会实践活动,有的学校还结合本校专业特色和历史传承组织了其他科技文化活动,参加了江苏省理工科大学生人文知识竞赛,组织化推进了以人化人工作,成效是肯定的。但在高职教育实践中,由于三方面"偏狭理解"导致重技术技能轻视以文化人现象现实性存在，导致文化育人水平不高，价值取向泛化。

### 1. 偏狭"能力本位"导致综合素质提升被轻视

表现在教学计划安排上弱化基础课内容和专业基础课教学，关注其"然"和忽略其"所以然"；在实践教学环节关注其"被动会"而忽视其"主动会"；在能力训练中关注"职业能力"而轻视"职业精神"。这一偏狭理念和做法培养的是工具型的人而不是有血有肉有情感的人，直接导致学生可持续发展力和创新素质不高。历年《中国高等职业教育质量年度报告》和麦克思研究院每年对全国高职院校毕业生三年后就业情况、薪酬情况的监测结果表明，高职毕业生起薪大都在每月 3 500 元左右，三年后每月薪酬在 5 000 元左右，但五年以后则出现了较大的分化，在高职院校得到过较多社会实践锻炼的学生，不论在职业岗位技术含量方面还是在薪酬水平方面都明显高于没有社会实践经历的学生。所以，以综合素质提升为重要表征的文化育人价值取向是高职毕业生成长成材的关键一招。

### 2. 偏狭"双导向"导致学生需求被轻视

就业和社会需求"双导向"本是国家确定的高职院校作为"类型"教育的办学指针，并非指高职院校作为教育机构的教育属性和教育文化的价值定位。偏狭理解这一导向后，有不少高职院校随意变动人才培养计划，缩水课程、缩水课时、缩水教学环节，盲目满足企业利己的利益需求。表现在因企业需求简单改变人才培养计划，成建制把学生派往企业，以所谓顶岗实习代替学校教育，设定的人才培养计划成为一纸空文；有的则简单添加新材料、新技术，缩减了基础课或专业基础课，紧跟了形势则丢失了根基；有的则假借"就业"之名不顾实际盲目跟风调整专业，前瞻性眼光不足，造成专业建设水平低；等等。这是建立在功利性思想之上的教育管理文化和实践活动，直接导致学生系统性教育缺陷，学生自身发展的渴望和需求得不到充分关注，从根本上偏离了以人为本的重要教育理念。

### 3. 偏狭"三对接"导致技术技能成长的发展性被轻视

教学过程与生产过程、课程内容与职业标准、毕业证书与职业资格证书

"三对接"是高职院校文化育人职业性价值取向的实现过程、实施结果的重要显示。但一些高职院校在实践中的偏狭理解导致技术技能成长功利性、静态性的凸显而忽视了技术技能成长动态性、发展性体现。实际上，特殊的生产过程不能以一般的生产过程所代替，职业标准也不是一门或几门课程的内容就能全部涵盖的，职业资格证书反映的是专业水平和实践积淀，而毕业证书反映的却是学习的经历和研学后的水准，如果简单地把教学内容、教学过程、教学环节对接行业要求、企业标准，凸显了学生能力提升的机械性而轻视了学生能力提升过程的人文性，自然就忽略了学生能力素质全面性成长，实质性导致文化育人价值取向的偏颇。

## 二、职业文化内涵把握不准

职业文化的形成需要长期职业实践的积淀和社会实践的互动，以文化形式存在、行为方式表现，高职院校文化育人的重要使命就是通过一定的方式和手段传递主导行业或主导专业的职业文化。职业文化的内涵十分丰富，承载方式具有很强的科学性、专业性、价值性，在高职院校的传递更具有实践性、艺术性。而在实践中，由于一些高职院校对职业文化内涵把握得不够准确而导致职业文化的传递过程存在偏向、折扣、失真现象，呈现碎片化特征。

### 1. 简单移植企业文化异化实验实训文化

企业文化体现在企业价值观念、经营理念、企业符号、管理仪式、处事方式等各个方面，一些优秀企业也会把企业文化通过管理流程、团队精神、价值口号等以一定方式恰当地在生产车间进行展示，以不断提醒、熏陶企业员工生产高质量产品、确保生产安全、为企业创造更高的效益。企业的这种文化虽然具有教育性，但是其核心价值主要体现在效益的目的性上。从现实来看，几乎所有高职院校在实验实训场所都以一定方式建设了职业文化，但不少却是不加消化地简单把企业生产车间、生产工地的职业要求直接移植到学校实验实训场所，企业管理的要求、追求效益的价值理念与实践教学要求有关联，但在价值取向和教育目的上却存在着显著的差异。从展示形式和表面上看似乎突出了职业性,但深入分析却发现,这样表达的形式和内容并没有把职业精神、人的成长、育人本质突显出来,甚至可能还会造成追求功利、强制执行等与教育性价值偏离的现象。

**2. 简单引入业绩介绍营销化职业文化**

从对江苏省 15 所国家示范(骨干)高职院校校园文化建设情况现场调研情况看,多数学校都有介绍并展示深度合作企业的文化墙或专门文化场所,在一定程度上也显示了高职教育开放性、职业性、合作性的特性。企业业绩和实力是过去企业成就,是未来取得成就的基础,并不代表未来发展的趋势、可持续发展的可能,更不能反映其文化的先进性,所以这种形式的介绍,只能反映校企合作的行政效果,具有宣传效应,甚至歧义为企业营销方式,而不能把优秀企业之所以优秀的文化内核凸显出来。这样的简单复制、介绍性呈现的企业文化展示,具有形式化的轰动效应,而不能深刻表达职业文化的本质属性。因此,职业文化过于浅显的内容呈现方式,难以实现职业文化传播的根本目的和高职院校文化育人价值取向。

**3. 直白企业 LOGO 表层化职业文化**

企业的 LOGO 是企业文化的浓缩符号,是经过专业设计的企业形象,集中反映了企业的价值追求,蕴含着深刻的文化内涵,只有通过深入解释才能把握其核心价值。江苏 15 所国家示范(骨干)高职院校大都开辟了展示合作企业 LOGO 的文化墙,显示了各校校企合作的广度,如果知名企业较多也可以显示该校校企合作的实力和水平。但这种表层化职业文化墙同样也只具有学校实力的象征、校企合作的宣传意义,而没有职业文化教育的意义。实际上,LOGO 是专业化、专门化的企业文化设计成果,其内涵十分丰富并一般都经过严谨的程序审核通过的,其文化价值是不菲的。只有通过 LOGO 展示、恰当释义和与企业辉煌成就结合起来,才具有真正意义上的职业文化传播价值,起到鲜明文化育人价值取向和文化育人作用。

## 三、职业文化建设尚未受到普遍重视

文化需要积淀和打造,高职院校建设职业文化需要从育人需要出发收集、整理和筛选。这是一个专业性很强的工作，也是培养技术技能人才基本的文化建设。但是在高职院校文化育人实践中，职业文化建设并未受到普遍的应有的重视，导致文化育人价值取向不够鲜明，甚至效度低化。

**1. 重视不够使职业性价值取向缺乏顶层引领**

从江苏省 15 所国家示范（骨干）高职院校五年事业发展规划、三年行动计划、年度工作计划来看，大都列有文化建设的条目，文化建设的内容主要聚焦政治文化的教育、办学精神的凝练、校园文化的打造、文化活动的设计等方面，尚有 13 所高职院校并没有结合各校的主导行业、主干专业、文化积淀和区域文化进行专门的文化设计。通过考察发现，15 所学校校园建设都比较美，都进行了环境文化、标识文化、专业文化的建设，但进一步交流才发现，多数学校一些显性文化建设成就，多数都是建立在这些高职院校主要领导人的注意力、关注点甚至随性的基础上，并不是建立在顶层引领、专业设计基础上，这就导致一些高职院校职业文化建设水平并不高。

**2. 缺少专项互动使职业性价值取向立意不高**

多数高职院校的校企合作主要停留在合作培养适岗的专业人才、少量的技术研发等教育教学、顶岗实习、教师实践、学生就业、技术服务等层面，并没有专项的文化合作，少量的校企文化活动只是停留在轰轰烈烈的形式层面。通过搜寻江苏省 15 所国家示范（骨干）高职院校近三年网站新闻可以看出，各校每年都有不少场次的校企合作互动，但企业专家进校园专门进行文化传播的新闻却很少，有限次数的相关活动多数还是介绍自己企业的实力、发展愿景和企业专家对学生的建议和希望。而通过教学层面实施的师生走进企业交流活动，多数也是听取企业介绍或者参观典型生产工艺，多是停留在专业技术层面，较少有专门的职业精神、专业情怀、社会责任等方面的介绍和校企互动。可见，不少高职院校在实践中并未高度重视职业文化建设，文化育人价值取向立意还不高。

**3. 空缺专门管理使职业性价值取向专业性不强**

通过官网查询江苏省 15 所国家示范（骨干）高职院校部门设置可以看

出,各校基本都成立了校企合作处或与科研管理部门、教务管理部门或大学科技园管理部门合署办公的校企合作职能部门。但从部门职责划分来看,这些职能部门都是立足于合作制度建立、合作市场开拓、合作企业维护、合作项目管理、合作平台建设等行政性层面,并没有赋予其职业文化研究、职业文化建设、职业文化传播等职能。各校日常性校园文化活动,多数都是由学校群团组织或学生社团来负责,活动内容主要在政治性、科技性、娱乐性文化活动等方面。而校企合作等行政性工作在实践中较少有与群团部门有交叉,很难形成校企文化合作、文化育人活动相互协调、相互促进局面。体制机制的缺失直接导致高职院校职业文化建设无人管或管理水平较低的现状,文化育人价值取向及其彰显缺乏专业性。

# 第三节　校企文化交融性不足

校企文化交融是高职院校文化育人价值取向及其彰显的必经路径。校企文化有效交融需要三个前提条件:一是校企双方有共同的利益交汇点,二是校企双方有合作的强烈愿望,三是有前期良好的合作基础做铺垫。从江苏省15所国家示范(骨干)高职院校实践来看,校企文化交融性还不够,导致文化育人水平不高,文化育人价值取向实现路径不畅。

## 一、校企交融热度不匹配

姜大源先生是我国职业教育领域一位知名的学者,他一针见血指出的职业教育产教融合存在的"三热三不热"现象深刻反映了上下、官民、校企的价值期待、利益期待、条件期待的不对等,继而带来校企文化交融的热度不匹配、文化育人价值取向彰显效度受影响。

### 1. 政策导向与百姓愿望不够匹配

近些年国家关于职业教育发展的政策导向鲜明且力度大,但深受传统文化影响的中国百姓都有强烈的望子成龙的愿望,"学而优则仕"文化在老百姓中仍有较深的根基。显然,这一传统文化与国家政策价值导向不匹配。国家对职业教育的重视是基于经济社会发展对技术技能人才的需求,以及产业升级对技术技能人才能力素质的期待而进行的制度设计和政策安排,而百姓则是基于对子女未来美好生活的期待、发展平台的考量、自身面子的光鲜和虚荣心理的平衡来确定自己的期待目标,都把望子成龙寄托在子女的高学历、求学学校的大名气上。愿望的不匹配直接导致接受高职教育不是高期待的家长和优秀生源的优先选择,也不是高层次优秀人才就业的优先选择,企业高精尖的技术需求自然也不会优先考虑高职院校。因此,校企文化深度交融就缺失了坚实的基础。

**2. 上下关注点位不够匹配**

中央着眼国家发展大局谋划职业教育产教融合,在我国政治体制下,地方理应认真全面贯彻中央精神,但现实情况是,不少地方在文件中不折不扣地贯彻中央精神、重视职业教育,但在行政精力分配上则主要关注高考升学率。这还不是问题的关键,关键问题是这个升学率只统计或只通报或只关注本科以上通过率,视这个指标为政府的教育政绩、地方的教育水平、百姓的文化诱饵,教育宣传多数情况下也主要是围绕这个数据大做文章,无视进入高职上学的考生数量。从全国较有影响的媒体版面分配就可见一斑。比如《中国教育报》《中国青年报》职教版一周一版,《光明日报》过去的每周一版的职教版还在 2019 年取消了,而且几乎所有报纸的职业教育版面都常常被"重要信息"、广告所占据,等等。所以,中央的"产教融合"好政策真正落实到基层还有不少中间环节和深层次问题需要破解,职业文化深入人心实在是太难了。

**3. 校企合作愿望不够匹配**

从江苏省 15 所国家示范(骨干)高职院校教育实践看,所有高职院校推动校企合作的愿望都十分强烈,积极性都十分高涨,目的虽然各不相同,但是总体上都是为了通过校企合作突出高职教育的职业性。从校企合作情况看,多数企业并未把参与、支持职业教育视为法律规定行为和社会责任本分，它们与学校合作参与人才培养过程只是为了招聘能在第一线待得住、投入成本较低的技术技能人才，或者通过合作痕迹、高职身份来托举企业社会价值，功利性鲜明地体现在校企合作过程和结果之中，现实性存在"剃头挑子一头热"的高职院校合作囧相。愿望的不够匹配直接影响校企合作的动机、动力和行为，自然也直接影响职业文化传递的量度和效度，导致校企文化对接的短期性、难以持续性，生命力极其脆弱。

## 二、校企文化对接存在盲目性

校企合作的本质是校企文化对接，对接的根本目的是文化育人而不是其他，这就决定了校企文化对接必须有利于人才培养，而不能停留在交流了、合作了等行政性层面。从校企合作实践来看，校企文化对接尚存在盲目性，因而影响校企文化深度交融，高职院校文化育人价值取向的彰显缺乏厚度。

### 1. 合作重实力轻文化使文化育人价值取向彰显前提缺失

企业的实力与企业的文化具有一定的相关性，但不一定正相关。现实中，多数高职院校都重视与大企业的合作，关注的是企业的规模、产值的大小等硬实力。这本是无可厚非的。问题在于，规模、产值代表的是"大"，不一定代表了"强"，也不代表引领科技发展的方向，更不代表其经营的理念、追求的价值、承担的社会责任等文化层面的先进性。比如，有的大企业强迫员工加班加点不遵守《劳动法》，有的钻政策的空子发家致富，有的在竞争中不择手段打压对手，诸如此类不遵守国家法律法规、社会主义道德的做法，就是不利于培养社会主义建设者和接班人的负面文化，是不利于人的成长的文化因子。对此，不少高职院校在选择合作企业时对企业文化关注不够，存在引入不良企业文化育人的风险，使文化育人价值取向及其彰显缺失政治性、价值性前提。

### 2. 合作内容重虚轻实使文化育人价值取向彰显难有依托

江苏省 15 所国家示范（骨干）高职院校校企合作管理和实施情况具有

典型性。从调查访谈情况看,15所学校全部成立了校企合作职能部门或把校企合作职能挂靠在其他部门,而大量实质性的校企合作却都落实在二级院系。这就造成相互矛盾的现实尴尬:有的学校职能部门为追求"业绩"不断与企业签订合作协议,明确了很多原则性、条目式协议内容,但大都难以操作,更落实不到基层。而二级院系与企业的合作大都只有一两项具体合作内容,其他也都停留在合作愿望、合作期待和合作方向上,合作立足点不高。职能部门和二级院系与企业的合作内容没有长远规划,更是较少涉及文化合作的内容,都存在重务虚轻务实的现象,这就导致校企合作在彰显文化育人价值取向上难以有实质性依托和可持续合作基础。

### 3. 合作方式重形式轻实质使文化育人价值取向彰显空心化

校企合作是校企双向性行为,具有互利性、互动性特点,合作的形式和内容必须有利于学生成长、教育教学水平提高、企业科技水平提升、企业经济效益提高,等等。而很多高职院校在推进校企合作过程中,比较重视合作协议签订仪式、合作项目启动仪式、合作成果表达仪式,追求宣传效应、轰动效果,形式主义较浓,求真务实成分不足,而对合作成果的应用性、合作过程的教育性、合作的可持续性重视不够,尤其对合作内容的全面落实、合作过程的具体跟进、合作效果的实际成果、合作文化的教育意义等更是缺乏评价制度,合作文化停留在表面而轻视了实质,使文化育人价值取向的彰显存在空心化。

## 三、校企文化交融存在短期性

产教融合、校企合作追求校企文化的深度交流交融。深度不仅反映了合作的有效性,也反映了合作的长期性和可持续性。如果深度不够或停留在"一锤子买卖",不仅增加了合作的成本,更重要的是难以通过实践深挖合作文化、提升合作文化层次。在校企文化交融中现实性存在大量短期性行为,影响校企文化的深度交融,使高职院校文化育人价值取向的彰显比较被动。

**1. 单向度索取造成校企交融难以持续**

任何主体间的合作都有回报性的特点，没有回报或者回报达不到预期，则会失去或削弱合作的动力，继续合作、深化合作就难以实现，因此校企合作必须建立的互利双赢的基础之上。在实践中，一些高职院校与企业合作的动机是希望企业捐赠设备、投入合作资金、设立奖学金，如果师生到企业挂职锻炼、顶岗实习就要求给予生活补助，甚至存在学生实习进入企业之前就进行生活补助数额的对比并以补助额挑选实习企业的现象，而并没有把学校、师生自己能为企业做贡献、创造效益作为优先选项。从情理上存在这一现象似乎是合理的，但是从合作的主旨上就是校方明显的"索取"行为，利益流动也具有明显的单向度特点。实际上，校企合作的校方，其目的应该是引入企业因素培养技术技能人才，而企业的合作目的则主要是前置企业文化，吸引更多的符合企业期待的技术技能人才，或者把高职院校优质智力和技术资源为己所用，以创造更多更高的利润。所以，单向度资源流向的合作是合作的短期行为，必然使企业失去进一步合作的兴趣和动力，校企文化交流交融当然难以持续。

**2. 低层次交流难以形成利益共同体**

利益共同体是产教深度融合、校企文化顺利交流的追求目标和重要标志，成为利益共同体的前提是你中有我、我中有你难以离开彼此。低层次的合作容易出现替代者，极易转换新的合作伙伴，因而合作双方就缺少坚实的基础，自然就不能成为利益共同体。一些高职院校以合作了多少项目、是否有学生进入企业实习、吸引了多少企业资产、安排了多少毕业生等指标来评价当年校企合作成效，一些企业仅从当前的企业生产需要接受毕业生、成立订单班等短期合作行为，一旦企业生产项目发生变化，或者有其他渠道能更好地满足企业需求，就可能很快转变合作方向和合作伙伴。校企之间这种浅层次的合作交流，没有把彼此的利益链条链接起来、交织在一起，没有形成深度合作的良性机制，就只能自己利益至上而不顾及合作方利益，校企文化深度交融就成了一句空话。

### 3. 目标偏差脆弱校企文化对接基础

同类市场主体存在现实的竞争,不同类市场主体存在合作的可能。合作是利益的交融、文化的对接,其前提是通过合作使得各合作主体都能获得利益回报。高职院校与企业的合作是要引入企业文化以培养具有职业素质的技术技能人才,企业与高职院校的合作是要提前介入以引进符合自己期待的人才或利用高职院校资源给予企业以科技支撑。校企之间存在着较大的价值目标偏差。价值偏差导致行为偏差,行为偏差决定了校企文化在对接过程中,有利于自身价值目标的实现就有合作交流的兴趣、愿望和动力,不利于自身价值目标的实现就没有合作交流的兴趣、愿望和动力,甚至在愿望难以实现的情况下就会退出原有合作另寻其他合作主体,合作基础不牢固导致合作脆弱、不可持续。所以,维系校企文化持久对接,必须寻求校企双方最大利益公约数,这是有意向开展校企文化交流的工作着力点。

# 第四节 文化传播机制不完善

文化传播是实现文化价值的必经途径和实现手段,维持文化传播必须有成熟有效的机制助其实现。企业文化中有益于人才健康成长的因子,高职院校育人文化需要积极利用,而其中不利于人才道德、理性和真善美形成的因子,高职院校育人文化就要有效规避。就高职院校文化育人价值取向的实现来看,如何有效传播企业文化,完善和优化我国高职文化,尚存在机制不够完善导致价值取向彰显深度不够的问题。

## 一、企业文化进校园尚未建立导向把关机制

企业文化具有激励、鞭策、规范、约束企业员工的教育作用,目的是调动全员积极性、发挥全员作用为企业经营目标服务。企业文化的教育性对高职院校来说具有借鉴、利用价值,但其追求自身价值的排他性、利己性也存在负面效应,因而高职院校在校企文化合作实现文化育人价值取向中需要

积极而理性。在实践中尚存在导向机制不完善的现实情况，制约了企业文化正确融入学校育人文化和实施文化育人价值取向的有效性。

**1. 企业文化政治性审查制度缺失**

意识形态工作是我们党一项极其重要的工作。为加强意识形态工作，2015 年 10 月 3 日，中共中央办公厅印发了《党委（党组）意识形态工作责任制实施办法》（中办发〔2015〕52 号），并为此各高校都建立了相关责任制实施细则和审查机制。在校企合作中，企业文化不是学校文化，企业文化的思想教育因子和价值取向是否符合党的教育方针对育人工作的政治要求，需要筛选、择优，做到既要符合职业性要求也要符合先进性要求，既要靠校企合作主体的自觉，也需要建立恰当的政治性审查制度，否则就可能存在不利于人的成长的文化因子渗入学校育人文化，存在意识形态风险。从江苏省 15 所国家示范（骨干）高职院校的实践来看，几乎都没有建立或完善相关审查机制，这可能会导致两个偏差：一方面使学校文化育人屈从于企业用人、借智的趋利性需求，另一方面可能使别有用心的人钻空子把有害思想（比如宗教思想、腐朽思想、利己主义等）信息伴随企业文化渗透到学校文化育人过程之中，尤其是随着高职教育对外开放步伐的不断加大，以及企业走出去战略的实施，必须全方位防止敌对势力有害文化渗透的无孔不入。高职院校需要对此补缺补差，建立对企业文化进校园过程和附加条件等的审查机制，把文化育人价值取向的风险解决在机制上，阻隔在融入伊始和过程之中。

**2. 企业文化思想性尚未建立导向机制**

课堂是育人的主要场所，必须用马克思主义来占领，因此，进入课堂的所有文化都应该是正确的、积极向上的、符合党的教育方针所要求的，是有利于德智体美劳全面发展培养社会主义建设者和接班人的。校企合作的重要内容之一是企业文化进课堂、进校园，企业文化中既有追求卓越、崇尚品质、社会责任、以人为本等积极向上的精神文化，也可能存在为追求利润最大化而相伴而生的极端利己、不讲诚信、短期行为等消极文化。问题在于，现实企业文化进课堂不是选择性进入，而是通过企业人或其他载体将有益因子和有害因子捆绑式进入。如何积极利用有益因子、阻断有害因子进入课堂，从高职院校推动校企合作的实践来看，在 15 所国家示范（骨干）高职院校中尚未发现有专门的思想性导向的审查制度、评价制度和纠偏机制，这可能导致高职院校文化育人价值取向彰显的虚化、把关的缺位。这在高职院校意识形态管理上是一个不容忽视的漏洞。

### 3. 企业文化进教材思想性评价制度缺位

教材是育人的主要载体，因此教材的编写是一个专业性、政治性都很强的集体性编纂行为。但近些年来，受到市场强大推动力的影响，不少出版系统对于教材的渴求近乎饥不择食，教师编写教材不少近乎急功近利。而高职院校专业教材的编写确立了工作过程和工作任务导向，强调企业案例、企业主体、企业文化的进入。但在实践中，企业文化的进入主要依赖于企业人的提供，而不是由教师进入企业后的优选。这就带来两个问题：一个是工作过程和工作任务不一定是最典型的，另一个是工作过程和工作任务可能就停留在技术层面而忽略了其教育性。实际上，工作过程和工作任务蕴含着大量从业者的精神因素、教育因素，只有把技术的、精神的因素有机融合起来，从篇章布局、素材选取、内容编写综合考虑并编写进教材才是真正意义上的好教材。在实践中，高职院校目前并没有专门建立教育性、思想性评价制度，已有的审核人员多数只是凭个人教学经验和专业水平实施审核，并不是建立在科学的评价标准之上。党的十九大后，出版系统隶属关系调整为党的宣传部门，书号开始严格控制，这对企业文化进教材的教育性、思想性评价带来了曙光，课程思政项目的大力推进也助推和强化了教材中企业文化教育性因素的增加，同时明确教材申报必须经过基层党委审查，把教材的政治性、思想性、教育性提到了议事日程。这只是教材思想性评价制度的起步，仍需要在实践中进一步完善制度、理顺机制。

## 二、学生感悟企业文化尚未完善校企联动机制

高职教育职业性属性和技术技能人才定位决定了高职院校学生必须有

超过半年的企业实践经历,这在"职教 20 条"中有明确的规定。学生走进企业有两个重要目的:一是接受企业导师的指导进行岗位认知和提高专业实践能力,二是零距离感悟企业生产、经营、管理等文化增强职业文化素质。校企两个教育主体都是为人才培养服务的,但这个阶段的"人才"尚未踏入社会,仍然是在校学生,不同的教育目的和不同的教育环境,需要建立良好机制以形成育人合力,但现实并未完善这一机制,影响了文化育人价值取向的实现效果。

**1. 管理缺位——尚未建立企业导师的条件和育人价值取向的权责**

高职院校学生走进企业感悟企业文化,从组织化渠道共有三种形式:识岗、跟岗(随岗)、顶岗。识岗是在刚接触专业教学中组织学生集体到企业感受生产场景和企业文化氛围,接受现场讲解,但几乎所有高职院校都没有与企业一起建立制度,规定讲解员的条件、讲解的内容,具有实施存在较大的随意性。跟岗或随岗是在专业知识积累到一定程度的时候,以个人或小组到企业跟着师傅从事专业技术工作,高职院校也没有与企业一起明确企业师傅的资格条件,虽然现场工程技术人员多数接受过专业教育,但是不一定符合实习指导教师的条件和素质要求。顶岗则是在毕业前到企业独当一面从事专业技术工作,一般也会得到由企业安排的专业技术人员一对一的指导,事实上,高职院校也没有明确规定企业兼职指导的教师的资格标准。企业中的兼职教师肩负教师责任,既存在较大的流动性,又不归学校管理,这在管理上存在两个问题:一是缺标准,二是有标准也难以真正落实。这对有效传播优秀企业文化确保育人的价值取向是无法保证甚至是不利的。

**2. 制度缺位——尚未建立实践育人价值取向的考核办法**

学生走进企业感悟企业文化,虽然可以通过现代传媒手段实现学校指导教师与学生的直接联络和交流,但是对于脱离学校管理视线的实习学生的日常指导、管理和考核,主要还是依赖于企业的指导教师。但企业指导教师对学生的考核评价并没有可以参考的具体办法或具体标准,造成学生感悟企业文化的实际成效只能听企业指导教师的"一面之词",结果可能随意、放宽、过严或失真，更可能带来学生感悟企业"刚性"管理或"放水"管理的文化后出现价值取向走偏的现象，这对尚未涉世的青年学生健康成长会造成不利的影响。

### 3. 机制缺位——尚未建立不良文化纠偏和优秀文化巩固的机制

高职学生在校期间安排多次走进企业，初衷是使学生了解企业管理文化，感受企业运作氛围，提高专业实践能力，同时增加职业认知、职业情感，从而增强职业道德、职业意识，以积极向上的职业精神投入未来职业生涯。在这一过程中，客观上存在正向的文化，也同时存在一些社会负面的文化。学生在这一文化氛围中如何分清和吸收正确的、排斥负面的，这既要靠学生辨别是非、善恶、美丑的能力，更要靠学校教师、企业导师的正确引导。尤其是，当发现学生接触、接受了不良文化，诸如请客送礼、偷工减料、以不正确的方式搜集信息等陋习甚至违法犯罪做法时，如何进行正确引导，当下实践还是仅凭学校教师或企业指导教师的个人鉴别力和引导力，并没有建立科学有效的纠偏机制。与此同时，在庞杂的企业文化中，企业的先进经营理念、管理方式、价值观念、社会责任、进取精神等优秀文化，如何引导学生深刻认知并积极践行，也没有建立强化和巩固的机制。把教育性、思想性贯穿学生感悟企业文化的全过程是一个尚未破解的大问题，使得高职院校文化育人价值取向的彰显尚未走上科学化道路。

## 三、高职文化在服务"一带一路"中尚未找准位置

"一带一路"是中国的伟大创造，已经惠及数十个国家，并继续得到越来越多国家的高度认同。高职文化服务"一带一路"是我国"一带一路"的重要组成部分，并得到积极实践。从实践情况来看，高职文化服务"一带一路"虽具有较大的潜力，但尚未走向成熟，导致高职院校文化育人价值取向的彰显存在现实的难度。

### 1. 高职院校提供对外文化服务存在盲目性

高职教育国际化的历史并不长，相对而言，引进、消化、吸收较多而走出

去服务较少,也存在经验积累、服务能力等现实性问题。基于高职教育系统内的各种评选评优通报制度以及国际化硬指标的设计,近些年不少优质高职院校搭乘"一带一路"顺风车,主动走出国门联系合作学校,存在饥不择食、迎合服务、止步出国的现象,表现在不问国别、不问学校、不问专业、不问需求上,不知道是服务他国发展还是服务在外中资企业,也不知道是为了提高中华文化影响力还是学习外国职业教育经验,满足于走出去了、参观考察了,较少设计走出去的硬性指标、硬性任务,至于走出去取回的经验是否有益、是否有所借鉴、是否有利于教师开阔国际化视野,似乎高职院校包括主管部门并不太关心。这种盲目性一方面不能有效输出"中国方案",带来资源的极大浪费,难以赢得我国职业教育的话语权,另一方面也可能给我国职业教育带来负面的文化影响,文化育人价值取向的彰显比较困难。

**2. 高职院校对外实施文化服务层次还不高**

从服务内涵分析,实施服务需要三个前提条件:服务需要、服务能力、服务对接。从"一带一路"沿线国家尤其东盟等国家的需求看,由于不少国家技术基础还比较薄弱,他们对技术技能人才十分渴求,也有很多外国学生具有强烈的到中国留学的愿望,但我国高职院校多数存在服务能力不足或不适合服务国的技术标准、需求规格,这样的差距就会造成提供服务和接受服务的对接偏差,实施服务只能停留在几个人、几件事上,服务层次较低,服务不具可持续性。2018 年暑期,作者对老挝、柬埔寨职业教育进行了专题考察,访问了 4 个不同层级教育行政部门、3 家中资企业、7 所高职和本科院校,外方教育行政部门的领导和学校领导一致的反映是,我国高职院校与他们联系交流的很多,但真正实施合作项目的并不多,大致只有十分之一的合作成功率。这反映出,我国目前高职教育文化服务的低层次与"一带一路"大战略的要求存在较大偏差,文化育人价值取向的彰显在国际化进程中的基础十分薄弱,难度较大。

**3. 我国高职文化与外国职业文化存在兼容困难**

我国高职教育具有自己的文化特色和优势,"一带一路"国家文化差异更是十分巨大,有的是发达国家,有的是经济基础还十分薄弱的国家;有的信仰伊斯兰教,有的信奉佛教;有的实行资本主义体制,有的实行社会主义体制;有的职业教育发展比较充分,有的职业教育尚处初级阶段;有的对中国十分友好,有的由于历史原因,对与中国合作持质疑观望态度,等等。文化的巨大差异必然在教育上有或多或少的反映,有的渴望中国文化输入惠及自身,有的却担心中国文化冲击同化自身。所以,以我国高职文化走进他国职业教育文化,有的要对接他国本科教育,有的要对接和我国不同特点、不同属性的职业教育,尤其国外一些私立职业学校和高等学校,愿意接受我国高职文化的目的是能输出其生源,主旨是活化其办学机制以获得更高的利润。所以,不同的高职文化在实践上存在较大的兼容困难,这对我国文化育人价值取向的彰显具有较大的制约作用,也是我国高职教育国际化进程中需要认真对待的客观现实问题。

# 第五节　法律法规机制不健全

规范不同社会主体的社会责任依赖于完善的法律法规,如果法律法规不健全、不配套甚至相互矛盾,必然使社会主体在履行法定义务时走样、打折扣或无所适从。高职院校文化育人价值取向的彰显,现实性障碍于相关法律法规不健全、不配套、不刚性、传播不顺畅。

## 一、倡导性法律规定难以落地

梳理有关高职教育方面的法律法规就可以发现,与高等教育、义务教育等方面的法律法规相比较,我国高职教育政策法规的制定相对滞后,不同程度地制约了高职教育的健康发展和文化育人价值取向的彰显。其一是缺少相对独立性,法律体系还不完整。表现在:在高职教育方面的政策规定多数是以决定、意见、通知、办法等文体和形式出现,以法规形式出现的只有我国《高等教育法》《职业教育法》,而这两部法律与职业教育相关的主要还是针对普通高校和初中等职业教育,关于高职教育方面的只是点到为止或在条文中只出现倡导性文字,其中对企业参与职业教育只是倡导性义务和责任性描述,没有刚性的约束规定,这样的法律条文只能起到法律形式的"道德约束力"。比如,1996 年颁布的《职业教育法》明确规定,"省、自治区、直辖市人民政府应当制定本地区职业学校学生人数平均经费标准。职业学校举办者应当按照学生人数平均经费标准足额拨付职业教育经费。"① 2014 年 10 月 30 日,财政部、教育部出台了 352 号文《关于建立完善以改革和绩效为导向的生均拨款制度加快发展现代高等职业教育的意见》,这个意见虽然对推动高职院校生均拨款制度的落实起到了积极作用,各省市都出台了相关文件规定,但是由于各地认识不同、财力不同、手段不同,这项有关高职教育发展的重大举措并未得到全面落实,有些高职院校还在因经费不足而影响正常办学。② 所以,倡导性法律法规变成社会主体的自觉行为还有很长的路要走。2019 年底职业教育法修订草案正在全国征求意见,③虽然意见尚未统一,修订的职业教育法何时出台也尚未确定,但向全社会传递出了明晰法律条款、以法治保障职业教育科学发展的积极信号。

近些年来,可能由于一些机构或组织自身发展的需要或者经济利益驱动,对高职院校综合竞争力、科技能力、毕业生就业、国际影响力、服务贡献、教学条件、实习条件、学生管理、文化育人等各类评价排名如雨后春笋般涌现,虽然最权威的排名出自全国高职高专校长联席会,其他均由教育科学研究部门或者全国性、地方性媒体发布,但是其公开传播所造成的现实影响不可小觑。问题在于这些众多排名的目的和动机是不是为了更好地培养人才

---

① 卢滏明,李俊宏.德国职业教育法律制度对我国的启示[J].广东行政学院学报,2016(2):70-75.

② 任占营,童卫军.高等职业教育生均拨款制度实施困境与对策探析[J].中国高教研究,2017(8):101-105.

③ 高靓.职业教育法修订草案公开征求意见[N].中国教育报,2019-12-06(01).

是值得怀疑的。对此汪治学者十分担忧地于 2018 年 5 月 14 日在《中国青年报》上刊文追问：《为高职院校排名的意义何在?》。这些深度搅动高职文化的社会行为并没有完善的法律法规给予规范，严重冲击着高职院校文化育人价值取向及其彰显的教育行为。这一现象是令人忧虑的。

## 二、相关法规条文尚未形成配套

我国高职教育经过四十年的发展，通过校企合作培养技术技能人才基本已成共识，而高职院校在推进校企合作过程中尚存在学校"一头热"、企业动力不足的现象，严重制约高职院校的发展。其根源在于，我国实施或支持高职教育虽然也是企业的法定义务，但是由于相关政策不配套，好的法律规定之水"流不到尽头"。比如，1996 年颁发的《职业教育法》第二十条规定，"企业应当根据本单位的实际，有计划地对本单位的职工和准备录用的人员实施职业教育。企业可以单独举办或者联合举办职业学校、职业培训机构，也可以委托学校、职业培训机构对本单位的职工和准备录用的人员实施职业教育。从事技术工种的职工，上岗前必须经过培训；从事特种作业的职工必须经过培训，并取得特种作业资格。"①教育部、国家发展和改革委员会、工业和信息化部、财政部、人力资源和社会保障部、国家税务总局等六部门联合印发的《职业学校校企合作促进办法》(教职成〔2018〕1 号)第二十一条规定，"企业因接收学生实习所实际发生的与取得收入有关的合理支出，以及企业发生的职工教育经费支出，依法在计算应纳税所得额时扣除。"这两部法律和部门规章看似政策已经对接，但实际上并未列入《中华人民共和国企业所得税法》相关条款，只是出台了一些"通知"，而"通知"还并没有通知到所有相关主体。所以，在实践中校企合作相关优惠政策实施起来出现"肠梗阻"现象，实际上并未完全配套落实，客观上使校企文化对接缺少有效抓手，对校企文化对接没有起到应有的作用，从而直接影响了高职院校文化育

---

① 卢淦明，李俊宏. 德国职业教育法律制度对我国的启示[J]. 广东行政学院学报，2016(2)：70-75.

人价值取向的实现。

### 三、相关政府职能尚未形成协同机制

近些年来，为加强顶层设计，提高政策实施效率，冲破各种利益关系，国家先后成立了多个由国家领导人担任组长或主任的国家层面的领导小组或委员会。党的十九大后，落实"以人民为中心"的思想，以及对政府职能转变和适应新时代的要求，我国政府机构又进行了大幅度的整合和拆并。这些都是对国家治理体系和治理效能所做的有益努力。在职业教育领域，就政府职能划分来看，目前最为突出的问题是：教育部门除了要管教育外，还要管大学生就业创业；人社部门除了要管社会保障外，也还要管人力资源开发和就业创业。

为了大学生就业创业，教育部门每年都在高职教育领域组织开展全国性的职业技能大赛，为了突出国际性，每届都邀请几个国家不同肤色的大学生参加比赛，实质仍然是我国高职教育圈子在"自娱自乐"，一些教育设备类、软件仿真类企业渗入甚至牵头"绑架"职业技能大赛的现象，彰显了市场的巨大力量，对学校育人活动也有一定促进作用，但其价值取向是否符合职业教育性是值得商榷的。高羽、麻欣学者2012年6月26日在《今晚报》撰文《五千高手过招外国选手挑战》对此就进行了特别关注。

为了提高职业人才的技能水平，人社部门除了要组织职业技能鉴定行使技能管理行政职能外，每年也要组织全国性技能大赛，每两年要组织参加世界技能大赛。世界技能大赛是国际性赛事，反映了国家技能水平。全国职业院校技能大赛是全国职业院校间的职业技能大赛，反映了职业教育尤其高职教育的水平。其实，从职能划分看，人社部组织的技能大赛应该包括全国职业院校技能大赛，全国职业院校技能大赛只是高职教育领域的大赛。而现实情况是，两者似乎互不服气、互相排斥，在高职教育领域内部，把全国职业院校技能大赛称为"国赛"，国赛成绩被列为高职院校评价育人水平的重点指标。在就业创业方面，人社部是国家就业创业的真正职能部门，但在高等教育领域，就业创业也成为教育部门、社会机构评价所有高校（包括高

职院校)的核心指标,拓展了高职院校的职能,争"抢"了人社部门"饭碗"。职能划分的交叉、行政行为的交叉给高职院校文化育人价值取向的实现有无所适从之感,不少企业对此也不理解,人社部门、教育部门自身也常感困惑。《国家职业教育改革实施方案》对此认识清楚、有所明确,从"1＋X"制度推行情况看,在实施中相关主体能否做到相互谦让和积极配合,还有待进一步观察。

# 第六章 高职院校文化育人
# 价值取向的彰显策略

文化育人是一个庞大的系统工程,渗透在高职院校精神文化、物质文化、制度文化、行为文化等各个方面。彰显高职院校文化育人价值取向,就需要针对现实问题并在深度剖析现实问题成因的基础上,把握重点环节,从文化育人价值取向的职业精神、文化载体、实施路径、传播策略、环境优化等方面提出系统化、立体式推进策略。

## 第一节 凝练职业精神标签彰显
## 文化育人价值取向核心精神

职业精神是与人们从事的职业活动紧密联系的精神和操守,反映了一个人的职业素质。在内容上,职业精神表达了为职业奋斗的利益愿望,反映了对从业者的职业责任、职业行为的精神要求,表现为职业所特有的精神传统,同时也反映了从业者特定的心理素质;在表达形式上,既有原则性要求,更具有具体、灵活、多样的特点;在调整范围上,主要调整同一职业内部关系,同时也调整其内部成员与关系对象之间的关系。所以职业精神可以使社会的精神原则"职业化"、个人的精神"社会化",是高职院校文化育人价值取向的集中体现。

校训是一所学校校风、教风、学风的集中表现,是学校精神文化的核心和标签。所以,高职院校校训就是高职文化核心精神的表达。在此即以校训作为职业教育特色精神文化进行深度分析。通过调阅文献、实地走访对江苏省 15 所国家示范(骨干)高职院校职业精神的研究发现,在实践中各高职院校都形成和凝练出了校训,对校训也都进行了专门的释义,并通过多种形式进行了广泛的传播,形成各自独具特色的学校精神文化。15 所学校校训所蕴含的文化育人价值取向充分体现在树立理想信念、扎根服务一线、崇尚勤奋敬业、重视正向态度、认同传承文脉、提升职业境界等职业精神多个方面。

表 6-1　所院校校训一览

| 所在地区 | 学校名称 | 学校性质 | 校训 |
|---|---|---|---|
| 苏南 | 南京工业职业技术学院<br>(现南京工业职业技术大学) | 示范公办 | 敬业乐群 |
| | 无锡职业技术学院 | 示范公办 | 严谨治学　崇尚实践 |
| | 江苏农林职业技术学院 | 示范公办 | 导创业于教学<br>成论文于大地 |
| | 常州信息职业技术学院 | 示范公办 | 厚德勤业 |
| | 苏州工业园区职业技术学院 | 示范民办 | 好学　敬业　德高　强技 |
| | 常州机电职业技术学院 | 骨干公办 | 知行并进 |
| | 南京化工职业技术学院 | 骨干公办 | 仁爱　求真　笃行　拓新 |
| | 苏州工艺美术职业技术学院 | 骨干公办 | 充实光辉 |
| | 江苏经贸职业技术学院 | 骨干公办 | 修德敏行　博学多才 |
| | 南京信息职业技术学院 | 骨干公办 | 厚德重能　规范创新 |
| 苏中 | 南通纺织职业技术学院 | 示范公办 | 忠实不欺　力求精进 |
| | 南通航运职业技术学院 | 骨干公办 | 自勉自奋　祈通中西 |
| | 江苏畜牧兽医职业技术学院 | 骨干公办 | 修德弘毅　励学尚能 |
| 苏北 | 江苏建筑职业技术学院 | 示范公办 | 厚生尚能 |
| | 江苏食品药品职业技术学院 | 骨干公办 | 行知并举　德艺双馨 |

### 一、树立正确的理想信念

　　教育方针是国家或政党在一定历史阶段提出的有关教育工作总的方向和总的指针，是教育基本政策的总概括。党的十九大报告指出，"要全面贯彻党的教育方针，落实立德树人根本任务，发展素质教育，推进教育公平，培养德智体美全面发展的社会主义建设者和接班人。"[①]这是新时代党中央确立的我国教育方针。"党是领导一切的"，所以，我们党所确立的教育方针是全国所有学校必须遵循的工作指针，其核心价值目标是合格"建设者"和可靠"接班人"。要成为"可靠"接班人，必须做到德智体美劳全面发展（2020年3月中央关于全面加强新时代大中小学劳动教育的意见出台后，劳育也正式成为发展目标），必须坚定共产主义远大理想和中国特色社会主义共同理想。

　　中华民族具有五千多年的悠久历史，积淀了优秀的灿烂文化，形成了生命力极为强大的具有中国特色的文化传统和文化体系，这就决定了我国必须走中国特色的发展道路，办中国特色的社会主义高校。[②] 文化育人必须坚持以服务人民、服务中国共产党治国理政、服务巩固和发展中国特色社会主义制度、服务改革开放和社会主义现代化建设为价值导向。高职院校是我国教育体系中的一个环节和类型，必须不折不扣地全面贯彻党的教育方针，坚持正确的政治方向，自觉肩负起"培养德智体美全面发展的社会主义建设者和接班人"的重大任务。从江苏省15所国家示范（骨干）高职院校校训的释义来看，各高职院校基本上都在释义伊始就强调：坚持以马克思主义为指导，全面贯彻党的教育方针，培养有理想、有道德、有文化、有纪律的社会主义新人。可能由于各校对校训的释义比较早，关于国家对高职教育的最新要求、高职教育最新发展动态并没有语列其中。从主旨上看，上述三句

---

　　① 习近平.决胜全面建成小康社会　夺取新时代中国特色社会主义伟大胜利[M].北京：人民出版社，2017：45.

　　② 袁自煌.建设教育强国的根本遵循[J].中国高等教育，2017（20）：16－22.

话集中指向了"可靠接班人"的政治目标。校训的理想信念这一政治要求需要通过科学的组织体系、制度体系、文化教育活动推进实施。15 所学校都建立了以学校党委书记、校长或党委副书记为主任的学生工作委员会,建立了独立建制的党委学生工作部(大都与学生工作处合署办公)和思想政治教育教学研究部(近些年,在党和国家的强力推动下,①有超过一半高职院校已将思想政治教育教学研究部改为"马克思主义学院"),配备了政治信念坚定、思想素质过硬、理论水平较高的、以共产党员为主体的政治工作管理队伍和思想政治理论教育专职队伍。这些高职院校都建立了学校、二级学院两级党校教育体系,坚持常年对高职学生开展党的基本知识、基本理论、基本路线、方针政策和理想信念教育,有的还把学生中的预备党员组织起来进行专门培训。这些高职院校都重视发挥团学组织独特作用,利用寒暑假定期开展形式多样、生动活泼的社会实践活动。大多数高职院校还把一批进步青年组织起来,成立青年马克思主义小组、习近平新时代中国特色社会主义思想研学小组、党章学习小组、学雷锋活动小组、爱心社等进步社团,并配备专兼职指导教师,常年组织集体学习研讨活动,坚持不懈传播马克思主义科学理论,尤其是中国化的马克思主义,学习时代楷模和各种优秀人物事迹。经过持续不断、系统科学的教育,绝大多数高职学生都能正确认识世界和中国发展大势,懂得人类社会发展的历史必然性,坚信中国特色社会主义的历史必然性。一些学生树立起共产主义远大理想,还锻造成了共产主义战士,光荣地加入了中国共产党。

## 二、锤炼工匠精神的职业品质

习近平总书记在 2016 年 12 月召开的全国高校思想政治工作会议上指出,要教育引导学生正确认识世界和中国发展大势,从我们党探索中国特色社会主义历史发展和伟大实践中,认识和把握人类社会发展的历史必然性,

---

① 晋浩天. 教育部:马克思主义学院要成为高校的重点学院[N]. 光明日报,2017
- 10 - 01(02).

认识和把握中国特色社会主义的历史必然性,不断树立为共产主义远大理想和中国特色社会主义共同理想而奋斗的信念和信心;正确认识中国特色和国际比较,全面客观认识当代中国、看待外部世界;正确认识时代责任和历史使命。① 帮助当代大学生贯彻落实总书记的要求,这是社会主义高职院校的政治责任。在实现"中国梦"的伟大实践中,面对社会主义市场经济激烈竞争的环境,高职院校思想政治教育重要任务之一就是要用中国梦激扬青春梦,激励学生自觉把个人理想追求融入国家和民族的事业中,把远大抱负落实到实际行动中。

服务一线是高职院校培养技术技能人才的价值取向,因此,扎根一线就是对高职学生的职业品质要求。按照党的教育方针,扎根一线的技术技能人才要成为"合格建设者",就必须把社会主义觉悟和爱党爱国情怀彰显在精益求精、注重细节、严谨专注、精致专一的职业素质上,要有历练"工匠精神"的职业干劲。工匠精神就是执着专注、精益求精、一丝不苟、追求卓越的精神,是职业道德、职业能力、职业品质的综合体现,也是从业者职业价值取向和行为的集中表现,有人形象地表述为"一辈子只干一件事,把一件事干到极致。"历练工匠精神,作为一线人员不仅要懂得习得工匠精神的价值和意义,更重要的是"必须与生产劳动相结合",走实践成才之路,在实践中反复磨炼和体悟。作为职业精神集中体现的校训,各高职院校都重视把历练工匠精神、强调实践育人体现在校训表述或释义中,导向"一线"的职业品质。在 15 所高职院校中就有 9 所学校在校训中或通过释义鲜明凸显崇尚工匠精神、强调实践成才。比如,江苏建筑职业技术学院的校训"厚生尚能",强调要崇尚、重视培养高职学生的工匠能力;苏州工业园区职业技术学院的校训"好学、敬业、德高、强技"强调,要培养和提高高职学生的技术技能;无锡职业技术学院的"严谨治学、崇尚实践"鲜明地强调,高职学生要走实践成长之路。为实现校训崇尚"工匠精神"的思想,15 所学校都在教育教

---

① 蒙象飞.高校思想政治理论课教育教学的着力点与优化路径[J].黑龙江高教研究,2018(6):137-140.

学环节中安排了多项由浅入深、环环紧扣的实践项目,并通过必修、必选修的实践教学课程和实践教学管理制度确保项目落实在具体育人环节之中。在人才培养方案中,15所学校课程设置中都安排了课程项目训练、阶段性识岗实习、跟岗实习和毕业顶岗实习,学时数大都在总学时数的一半左右。在教学计划中,每个学校还进一步明确了第二课堂活动的要求,对暑期社会实践活动等素质教育项目和环节做出了具体规定。一些学校还把扎根一线的素质教育活动系统地设计成"文明修身"的工程。比如,为系统规划实施实践育人,江苏建筑职业技术学院制定了《大学生文明修身工程》,秉承该校军事院校、煤炭学校、建筑院校历史传统,凝练出军校文化、煤炭文化、建筑文化,针对毕业学生将要服务一线、服务艰苦行业的实际,系统实施"三个文化"教育,高度重视培养学生吃苦耐劳、无私奉献、注重质量的工匠素质,从政治活动、思想品德、行为举止、习惯养成等方面分为34个观测点进行素质考核,每学年2个学分,学生获得6个学分方可毕业,达到优良等级才能有资格参加校内各类评优评先。这种制度性安排,保证了"社会主义合格建设者"的培养目标在实践中的落实和顺利实现。

### 三、确立正确的职业价值观

社会主义核心价值观是社会主义意识形态的本质体现,是我们国家最持久、最深层的力量,承载着中华民族的精神追求,体现着社会评判是非曲直的价值标准。我国社会主义市场经济经过近三十年的建立和发展,已经形成了比较成熟的制度体系和观念环境。在这一环境下,任何市场主体都要直面市场大潮的强劲搏击。高职学生就业要进入人才市场,承揽工程要经过公开招投标市场,能否赢得市场竞争优势需要经过市场检验。市场遵循自然法则,只有诚信才能赢得市场的人心,只有敬业才能赢得驾驭市场主体的信任。在社会主义核心价值观引领下,高职学生必须讲爱国、讲诚信、讲敬业、讲奉献,这也是其在市场经济环境下安身立命、赢得口碑、事业发展所必备的政治素质、道德素养、精神品质和职业价值观。政治素质的提高、良好道德的形成、正确职业价值观的确立,需要靠科学知识的武装,更要靠优秀文化的不断熏陶和持之以恒的行为养成。校训是标志性学校文化,是师生应该遵循的道德要求和行为规范。通过校训实施文化熏陶是隐性思想政治教育方式,较之直白说教、强制活动等往往更容易实现教育目标。15所高职院校中就有11所在校训中以崇尚诚信、敬业为切入点,并进一步通过释义把弘扬和践行社会主义核心价值观体现在校训表述中。比如,江苏工程职业技术学院的校训"忠实不欺、力求精进",常州信息职业技术学院的校训"厚德勤业",江苏食品药品职业技术学院的校训"行知并举,德技双馨",江苏经贸职业技术学院的校训"修德敏行、博学多才",南京科技职业学院的校训"仁爱、求真、笃行、拓新",江苏农牧科技职业学院的校训"修德弘毅、励学尚能"等,都结合了各校所服务的主导行业的要求以及本校历史传统,从不同方面推崇中华民族崇尚"仁义、诚实、友善"的传统美德和"敬业奉献"的职业道德,体现了"诚信为本""以德为先"的职业院校思想政治教育的基本要求和培养"社会主义可靠接班人"的政治要求。比如,"以人民为中心"是党的十九大精神的核心和主线,确保食品安全是人民的期待、党的宗旨体现。近些年,江苏食品药品职业技术学院为培养学生服务人民意识和诚实守信品质,在思想政治教育工作中凝练出以良心、诚信、包容、创新为核心内容的食品、药品特色文化,通过开设食品文化、餐饮文化、茶文化等专业拓展课或素质拓展课,通过举办食品安全事件图片展、食品安全知识竞赛,培养学生恻隐、恭敬和是非之心,不断增强学生的良心意识、诚信意识和法制意识,增强了食品药品专业学生的职业价值观,提高了食品药品行业从业人员的思想政治素质和职业道德水平。

### 四、形成奋斗的职业姿态

习近平 2018 年五四前夕在北京大学师生座谈会上告诫青年人,"广大青年要培养奋斗精神,做到理想坚定,信念执着,不怕困难,勇于开拓,顽强拼搏,永不气馁。幸福都是奋斗出来的,奋斗本身就是一种幸福。"①遵照总书记的谆谆教诲,高职学生既要"仰望天空"成为有远大理想、有宏伟抱负的人,也要"脚踏实地"成为有责任担当、有切实作为的人。很多研究也表明,在现代社会,一个从业者要得到用人单位认可、个人得到良好发展,一个很重要的因素就是其对用人单位的忠诚度和对所从事工作的态度。态度是一个人思想素质外化于行动的介质,在企业主与从业者是"雇佣关系"或"合伙关系"的时代,态度的指向、态度的强度也体现了一个人的思想品质、就业价值取向、团结合作精神,决定了一个人对工作投入的热情、精力、毅力,决定了一个人办事的效率、高度和深度。正是由于从业者的态度对用人单位工作、对个人事业发展都至关重要,所以就有人把态度提高到"决定成败""决定一切"的高度。习近平提出的"幸福都是奋斗出来的,奋斗本身就是一种幸福"就是告诉青年人,要把"奋斗"作为人生的价值坐标,忠诚于就业单位,认真地对待工作,靠勤劳奉献打拼人生天地。对于高职学生来说强调态度更具有现实针对性。他们今后大都奋战在经济建设主战场的第一线,他们的态度直接关系到物质产品的质量,也关系到其人生的幸福感受。所以,以校训文化引导高职学生形成积极向上的学习工作态度,对于培养具有良好社会责任感、对事认真负责、对人诚实守信、作风踏实肯干的高职大学生,自然成为高职院校育人职业价值观的必然选择。15所学校中有12所学校校训都鲜明地体现了"正向态度"要求。比如,常州机电职业技术学院的校训"知行并进",南京信息职业技术学院的校训"厚德重能、规范创新",南通航运职业技术学院的校训"自勉自奋、祈通中西",苏州工艺美术职业技术学院的校训"充实光辉"等,都要求在品德修养、获取知识、技能提升、规范遵守、人生自律等方面积极向上、不能懈怠。从各校校训释义中也可以看出,各校都要求学生对学习和工作不仅要知道怎么做,还要亲自实践真正去做,克服眼高手低;在社会生活和与人相处中,要讲法律、讲规矩,该做的事要做好,

---

① 新华社. 习近平在北京大学考察时强调 抓住培养社会主义建设者和接班人根本任务 努力建设中国特色世界一流大学[N]. 中国教育报,2018 - 05 - 03(1).

不该做的事坚决不做；对待学习和职业，必须自加压力、拓宽视野、与时俱进、不甘落后、敢于创新。可见，这些学校校训所倡导的态度取向，都是从不同视角和方面对工作、对学习、对学术、对社会、对他人提出的正向的态度要求，引导和激发高职大学生选择积极向上的工作生活态度、健康有益的工作生活方式、高雅和美的工作生活情趣，以正向能量促进高职学子政治素质得到全面提升，身心素质得到全面发展。

### 五、认同传承传统的特色文化

不忘历史才能开辟未来，善于继承才能善于创新。这是颠扑不破的历史经验，既适用于人类社会，当然也适用于我国高职教育。我国高职院校已超过 1400 所，分布在全国各个省、市、自治区，每所学校所处的区域文化环境、主导服务面向、历史文化传统、行业专业特点等都不尽相同，但每所学校所服务的行业文化、所处的区域文化以及学校自身的历史文化，都是学校的文化积淀、文化资源和宝贵财富。一方面开放的环境使得学校的发展离不开与行业文化、区域文化的良性互动，另一方面学校的发展总是在继承学校历史文化的基础上不断创新实现的。我国高职院校多数是通过"三改一补"起家的，都继承了原有学校的软硬件条件，而原有学校原本就是职业性质的教育，有的还是水平较高、特色鲜明的职业大学、中专学校或成人教育高等学校，高职院校都与原有学校文化有着割不断的文化命脉。学校改制成高职院校后，都学习本科院校经验但都没有也不可能全盘吸收普通高校的大学文化。所以，认同、传承并不断创新学校自身传统是高职院校特色文化的重要体现。高职院校校训的凝练，都有集思广益的过程，一方面要提升各自的文化优势和特点，另一方面则要反映广大师生期待的愿景和追求。一所学校的历史文化是每一所学校引以为自豪的文化瑰宝，融进了学校历史文化的校训必将成为深刻影响每一位学子把根留住、不忘初心的精神基因。15 所国家示范（骨干）高职院校多数都十分重视自身的历史积淀和行业的特殊规定，通过校训的词语表达、意义诠释，形成各自独特的精神风格和文化意蕴。

　　比如,南京工业职业技术学院的前身是我国近现代著名民主革命家、社会活动家、教育家黄炎培先生于 1918 年在上海创办的中华职业学校,这是我国教育史上第一所专门从事职业教育并以"职业学校"冠名的学校。这一历史渊源是该校宝贵的精神财富。① 为弘扬黄炎培先生一贯倡导的"敬业乐群"的职业道德思想,南京工业职业技术学院即以"敬业乐群"作为校训。常州信息职业技术学院建校之初名为"常州市勤业机电学校","勤业"即为该校数十年办学的优良传统,也是学校历届党委所倡导的、全校师生应当具有的做人、做事的文化精神,所以,该校把"厚德勤业"确定为校训。颜文梁先生是我国著名的油画家、美术教育家,1922 年颜先生与他人一起创办苏州美术专科学校,并多年主持该校教学工作,奠定了该校厚重的历史印记,成为苏州工艺美术职业技术学院的骄傲。1981 年颜老先生为该校题词"充实光辉",遂被学校党委确定为该校校训,教育影响了一代又一代莘莘学子。江苏农林职业技术学院以农林为主要特色,该校校训则突出"成论文于大地"的农林扎根大地的特色,教育学生既要"顶天",更要"立地"。南通航运职业技术学院以航运为主要特色,该校校训则突出"祈通中西"的航运特色,教育学生要眼界宽、心胸宽,成为有担当、能干大事、能成大事的职业人。

　　这些知名高职院校的校训特色鲜明,蕴含着学校的期待和担当,体现了育人的鲜明价值取向。独具特色的校训文化,教育引导了一代又一代莘莘学子认同历史命脉、秉承精神基因、学会感恩报答,在各自专业领域脚踏实地、不断进取、追求卓越、奋发有为。

## 六、与时俱进赋予职业精神新内涵

　　高职院校的校训是职业精神的高度凝练,应该涵盖党的教育方针的全部要求,反映社会主义核心价值观的全面内容。纵观 15 所高职院校校训的格式、内容和价值取向,更多的是基于高职院校的培养目标、本校情况、文化

---

　　① 南京工业职业技术学院. 传承黄炎培职教思想　走特色职业教育发展之路[N]. 中国青年报,2018 - 05 - 15(07).

要求,规定师生应该遵循的为学、为事、为人的标准,充分反映了高等职业教育理念、中国特色道德要求,也体现了区域特点、本校特色和时代特征。校训文字简约、高度凝练,仅从精练的语言就把职业精神全部涵盖是困难的、不现实的。没有个性的校训就没有较高的文化价值和强大的生命力,经常变化的校训更是不能形成持久性的文化影响力。为此,需要通过科学的、动态的释义予以补充。

**1. 提升职业精神境界**

高职学生是"社会主义建设者和接班人",必须坚定理想信念,拥有济世天下情怀,做到爱国爱党爱岗,树立起"以天下为己任"的宏大抱负,牢固确立社会主义、集体主义思想,符合报效祖国、服务人民、大公无私的共产主义道德要求和以马克思主义为指导的政治性要求。这就有赖于科学地凝练校训,并把党的要求、社会对高职学生的期待体现在释义内容中。同时,要把校训的词源、词性阐述清晰,给全校师生以厚重的文化底蕴、精深的思想内涵、高尚的道德要求之感,使校训的政治性、文化性和价值导向得以充分体现。

**2. 动态释义校训内涵**

政治具有阶级性、时代性,文化具有历史性、价值性。校训作为职业精神的集中体现,要发挥好其文化育人的导向作用,就必须随着形势的发展变化,按照党中央的最新精神和职业教育目标的发展变化,赋予文字不变的校训以与时俱进的新的文化内涵。比如,以习近平同志为核心的党中央高度重视反腐倡廉工作,而高职学生工作未来在第一线,大都直接与工程、项目打交道,与各利益相关主体交往密切,客观上存在廉政风险。这是高职院校思想政治教育的重要内容,应该在校训中及时体现。为此,在释义高职院校的校训时,就要有意识地把廉政文化通过具体表述体现出来。再比如,在改革开放的大环境下,西方意识形态无时不在通过渗透影响我们的青年学生,在释义高职校训时,就要有意识地引导学生增强中国特色社会主义道路自信、理论自信、制度自信、文化自信。还比如,高职院校本身也在不断发展的过程中,在校训释义中也要根据不断发展的高职教育培养目标、培养途径、培养方法、发展预期,及时准确地对其进行新的释义。从过往实践经验来看,多数高职院校对校训动态释义重视还不够、做得也不够。

### 3. 有效传播校训文化

15所国家示范(骨干)高职院校都把校训镌刻在校园正门或其他醒目的位置,但是较少积极传播校训的内涵,仅从字面难以达到价值导向的效果。因此,有效传播校训是实现校训文化育人价值取向不可或缺的重要环节。传播校训需要贯穿整个高职教育过程,不仅要在每年新生入校或者其他重要庆典活动时宣讲校训发展性内涵,而且要充分利用新媒体新手段,以高职学生喜爱的语言、乐见的方式,把校训所要传达的思想和理念及时有效地传播出去,使学生在潜移默化、持续不断的影响中接受教育。这种发展性释义、鲜活性内容、创新性方式,可以弥补形式固化的校训的缺失或过时的内涵,体现思想政治教育与时俱进的政治品质,发挥思想政治教育的强大功能。同时要克服我国高职院校校训形式上的单调呆板、思维上的崇古守旧、格式上的高度雷同等现实不足,积极吸收古今中外优秀文化,借鉴一些知名院校校训的表达方法或解释方法,可以用写意的形式赋予校训的语言以韵律、形式以美感,让学生在欣赏、思考和体味中接受校训所蕴含的思想政治教育内容和价值导向,发挥校训文化潜移默化的教育影响作用。

## 第二节　打造职业文化载体
## 增强文化育人价值取向显示度

从狭义上理解,文化是理念、观念、艺术、文学等精神财富的总和。文化以精神的形式存在,但精神必须依赖于一定载体的记录、保持和传承,离开载体的承载,精神就难以持久地拥有生命力和产生持续影响力。职业文化是文化的组成部分,在高职院校,承载职业文化的载体有专业、课程、教材、实验实训场所、校园文化阵地等,这些载体承载职业文化具有单向性、局部性、零散性和暂时性特点。专题博物馆(图书馆具有文化保存和传播的通用性,不具有职业文化承载的特性,故不列为专题博物馆范畴)则是高度浓缩的职业文化载体,是高水平高职院校有目的、有计划、有步骤精心打造的具有文化育人价值的教育条件、教育因素,是高职院校育人文化的集中呈现。为此以专题博物馆为例分析职业文化载体建设策略问题。

## 一、职业文化载体建设的核心理念

职业文化代表性的载体——专题博物馆建设的核心理念似乎是不需要讨论的问题。但在我国高职院校管理体制和运转机制下,从江苏建筑职业技术学院、江苏农林职业技术学院两所高职院校建设实践来看,深入探讨并鲜明提出专题博物馆建设的核心理念还是十分必要的。现实情况表明,虽然我国高职院校设计了看似科学的决策机制,但是现行的管理结构体系使学校主要管理者具有事实上的文化强势地位。高职院校专题博物馆建设是一项十分专业的工作,需要强调建设的专业性。因为,以某一主题建设的"馆",不是散落材料的堆砌,更不是杂乱无章的实物和照片文字存放的仓库,其谋划、建设及管理的过程必须体现文化育人价值取向,是一项专业性很强的工作,所以,馆的建设必须强调育人功能、专业标准,就是要经过专业设计、专业基础上的决策、专业化施工、专家组验收、专业人员管理。这对于建好高职院校专题博物馆是十分重要的。

### 1. 与学校主导专业文化相联系

高职院校培养的是专门人才,所以大都以服务某一行业为主,形成自身特色的主导专业体系,彰显"行业特色"。这个行业特色不仅体现在主导专业体系是服务于某一行业的,而且体现在为专业服务的实验实训条件都烙下了行业文化的深深印记。所以,集行业文化于大成的专题博物馆的建设,实际上就是提升专业文化层次的重要方式,是实施专业文化、行业文化、职业文化育人的重要手段。强调专题博物馆的建设与主导专业文化相联系,主要体现在建设的理念要体现主导专业文化的核心要素。江苏建筑职业技术学院是以"建筑"为主要特色,故该校建设的"建筑技术馆"就将为建筑行业服务的数十个专业的建筑文化、施工技术、建筑企业文化集成到馆内,形成冲击力很强的专业文化博物馆。江苏农林职业技术学院是以"农林"为主要特色,故该校"农耕文化馆"就将农耕文化和江南风土人情集中展示,形成了富有江南农林特色的专业文化博物馆。

**2. 专业人员全程参与建设**

实践中高职院校内部文化建设多数是由宣传部门来负责完成的,关注的是信息传播和形象宣传效应,体现的主要是"领导意志"和"领导喜好"。外行指挥专业文化建设现象在现实生活中常常存在也是难以避免的。但专题博物馆如果不突出专业性,那建成的馆只是为"阶段性"宣传目标服务,自然很快就会落后,职业文化育人就只能是喧嚣一时成为一句口号。所以,必须在建设伊始就要把专业人员全程参与专题博物馆建设作为重要的问题提出来,包括建设理念提出、理念设计、理念实现都要体现专业性、文化性和教育性,并通过专业人员的专业智慧进行把关和过程控制。专题博物馆内涵丰富,涉及的专业领域十分宽广,所以这里所指的专业人员不仅指具有专业知识的个体,还指掌握了主导专业知识的专业团队、思想政治教育专家和以专业支持的制度体系。这是高职院校专题博物馆建设达到专业水准、彰显文化育人价值取向的组织保证。

**3. 求专、特而不求"全"**

专题博物馆建设的专业性很强,包容量很大,就一所高职院校而言,想把某一专业的职业文化都全部囊入,不论在财力上还是在人力上都是难以做到的。所以,具体一所高职院校建设专题博物馆,必须从实际出发、因校制宜,科学谋划专题博物馆的体量和文化包容量,通过某一关键点、关键环节或某一方面的展示来反映主导专业的职业文化。比如,"建筑技术馆"就是通过中外经典建筑文化的展示、关键建筑施工技术的显露、主导专业实训项目的组合来集成建筑职业文化的。"农耕文化馆"则是通过历史脉络、农具汇集、地方风情等设计来展示农耕文化。据实地调查走访了解,江苏 15 所国家示范(高职)院校只有江苏建筑职业技术学院、江苏农林职业技术学院(南京工业职业技术学院建设的是"黄炎培职业教育思想展馆",不是真正专业性的专题博物馆,故未计入)这两所学校建设了专题博物馆。所以,这两个"馆"虽然都不是很大,内涵也并不包罗万象,但对凸显各校特色、提升学校层次、彰显文化育人职业性价值取向的作用都是十分明显的。

## 二、职业文化载体建设的根本属性

专题博物馆是"馆"的一种,所以,专题博物馆需要体现"馆"的功能,发挥保存、研究、展览等方面的作用。但高职院校专题博物馆是职业文化典型载体,要在体现"馆"通用功能的同时,一定要与学校本身的最主要功能紧密联系,突出教育性。学校的一切因素都必须是教育性的,教育性是高职院校专题博物馆的根本属性之一。专题博物馆需要从内容的系统性、主旨的关照性、方式的干预性等方面综合体现教育性。

### 1. 内容的系统性

内容是专题博物馆的分量,所以,专题博物馆的内容安排必须围绕馆的主题,系统设计展出内容。系统性实质上是科学性,科学性就是要正确体现建馆主题的历史脉络,准确把握历史节点,做到"三个充分体现":充分体现知识的纵向体系与横向展面,充分体现主题的发展进步性和历史局限性,充分体现技术的水平现实性和发展趋势性。不考虑内容的全面性就没有科学性,不突出关键点和内容重点就缺乏艺术性同样也缺乏科学性。所以,作为职业文化的展馆,内容选取和信息量度要详略得当,展示方式要具有韵律和美感。"建筑技术馆"和"农耕文化馆"的大门入口处都不约而同地安放了代表建筑和农林文化的鲁班、神龙氏的塑像,并按照建筑和农林科技发展的自身规律选材和布点,较好地体现了建筑文化与农林文化的系统性和人的认知规律性。

### 2. 主旨的关照性

专题博物馆要在体现主题系统的同时,还要关照专业发展和人文情怀,体现职业文化载体的思想政治教育功能。对教育对象的人文关怀是由学校教育属性所决定的。专题博物馆内容的展现,要使受教育者清晰地认识和感受到专业发展过程的复杂与艰辛,专业的继续发展必须依赖于一代又一代科技工作者的严谨细致、艰苦奋斗、不屈不挠,甚至挫折、失败和牺牲。还要让学生懂得科技的发展具有自然辩证性,要让学生在学习感悟中了解中国对科学技术和文化发展的贡献,了解专业技术发展尚未攻克的难题,同时看到我国与发达国家尚存在的现实差距,从而增强爱国情怀和从业的光荣感、使命感,增强专业学习的兴趣和动力。江苏建筑职业技术学院就是把为建筑服务的 20 多个专业实训室都集中到建筑技术馆内,使建筑类各专业学生都能找到自己所修专业在建筑中的位置和价值,为今后专业学习、专业实践、献身职业奠定了较好的思想基础。

### 3. 方式的干预性

专题博物馆具有教育功能,教育的重要手段是干预,文化育人的本质在于熏陶,熏陶是"温柔"的思想干预方式。专题博物馆建设要体现思想干预和干预的策略。专题博物馆建设要在尊重专题博物馆自身规律的同时,要积极遵循思想政治教育规律展现主题内容,使思想性隐含在展示内容本身和展示方式、展示规律上。虽然人人每天都离不开食物,但是很多人并不能真正了解食物是怎么来的,更不能真实感受食物得来之不易。正是由于"农耕文化馆"体现了思想干预性,因此,参观过"农耕文化馆"的人都有一种共同的感受,就是理解了"民以食为天"的深刻含义,农林是人类赖以生存和发展的基石,农林科技的发展从根本上标示着人类在自然中的地位,从而在文化层面帮助学生提升了对专业的认知。以这种方式干预人们的思想比通过说教生硬灌输的形式进行思想政治教育更具有隐含性、深刻性。

## 三、职业文化载体建设的本质要求

职业文化载体承载的是职业文化信息,起到"馆"的作用;传播的是职业文化信息,起到教育的作用。所以,坐落在学校的专题博物馆,不仅要满足"馆"本身的功能,而且要突出校园文化的功能,使之成为教育学生的工具,成为"育人课堂"。① 显然，职业文化载体在本质上是文化的工具、教育的手段，文化的工具、教育的手段是职业文化载体建设的本质要求。实现文化的工具和教育的手段，就需要从主题设计、建设主旨、教育取向等方面重点把握。

**1. 馆的主题能为专业发展服务**

专题博物馆是高职院校一项重大的文化建设项目，必须与学校主导专业相联系，以鲜明的职业文化强化学校专业特色，这是高职院校专题博物馆建设的文化使命。因此，专题博物馆的建设，要以高职院校自身的主导专业的核心科技或综合技术为主题进行建设，能够做到"三个支持"：为教师教研科研提供史料支持，为学生专业思想教育提供文化支持，为行业企业发展提供技术智力支持。

**2. 馆藏内容的价值取向能激发正能量**

一般而言，专题博物馆展示的内容是围绕某一专题所汇聚的有价值的实物、资料和影像，这些载体承载着人类共同创造的物质文明和精神文明的信息，因此首先必须是真实的、历史的，同时必须是有价值的、有教育意义的。但不论是国外的信息还是国内的信息，不论是正面的信息还是负面的信息，馆藏内容的主旨必须坚持"以正面教育为主、以负面激发为补充"的方针，用辉煌成就增强学生的自豪感，激发学生爱中华民族、爱自己国家，以及爱学校、爱学科、爱专业的情怀；用问题、缺憾甚至是耻辱激发和增强学生发愤图强、奋发有为的紧迫感。汇聚正能量才能真正体现建设专题博物馆的文化意义、教育意义。

**3. 馆的教育作用能增强归属感**

多数高职院校体量还比较小，层次也不很"高"。现实中，当一所高职院校还在为生计奔波的时候，对于要不要建设专题博物馆，全校上下认识并不

---

① 李晓东，危兆盖，鲁磊. 高校博物馆成重要的育人课堂[N]. 光明日报，2013 - 09 - 16(06).

统一。江苏 15 所国家示范(骨干)高职院校只有 2 所建有真正意义上的专题博物馆反映的就是这一现实,这还并没有分析专题博物馆建设的质量和层次。"博物馆(记忆+创新)=社会变革",①这是实践中产生的真知,可以说高职院校建馆与否对提升学校文化层次、正面影响学生成长进步、彰显文化育人价值取向是大不一样的。"建筑技术馆"建成以后,其建设理念得到了社会各界和教育行政部门的高度认可,并作为典型案例向全国推广,②2015、2016 年先后被批准为"江苏省科普教育基地""中国建筑学会科普教育基地"(中国建筑学会网站新闻报道:苏豫地区中国建筑学会部分科普教育基地授牌仪式举行)。周边没有建设建筑类专题博物馆的高校、企业甚至中小学,都经常组织学生、职工到"建筑技术馆"参观或开展课题研究。专业性、唯一性、视角冲击性的"建筑技术馆",使在校生对学校、对专业的归属感油然而生,使社会对学校育人质量的可信度大为提高。

## 四、职业文化载体建设的价值体现

建设在校园内的文化场所为谁所用的问题,则是近些年来媒体经常关注并争论不休的问题。比如北大、清华设立开放日,武汉大学樱花开花期进行预约开放等,都是学校应对社会关注学校特色文化的具体举措。从性质上讲,学校是公共资源,各种设施设备都应该向全社会免费开放。这既是管理理念的问题,也是学校社会责任感的问题,并不是学校管理本身的问题。但现实中,如果学校文化景点实行无序开放也确实严重冲击学校正常的管理秩序。从目前情况来看,高职院校专题博物馆大都处在"养在深闺人未识"的状态,其文化传承功能并没有充分挖掘和有效发挥。所以,高职院校职业文化载体建设的价值体现,需要更加开阔的视野,放大教育性、工具性,实行管理的开放性。在安全、有序的前提下,管理开放性体现在面向全体师

---

① 潘守永.博物馆(记忆+创新)=社会变革[N].光明日报,2013-05-18(12).
② 上海教育科学研究院,麦可思研究院.2012 中国高等职业教育人才培养年度报告[M].北京:外语教学与研究出版社,2012:20.

生、实现全民共享、功能实现互动三个方面。

### 1. 面向"全体"师生

一些高职院校把职业文化载体的建设定位在"宣传"上，自然就只会向宣传对象（现实中重点宣传对象是上级领导）开放。展览功能是"馆"的基本功能，所以专题博物馆必须通过开放实现展览功能，不仅要向研究者和专业学生开放，而且要向全体教师和学生开放。只有面向一届又一届的全体师生开放，才能充分发挥其文化传承创新和文化育人的作用，培养出具有专业文化、职业文化特质的师生。

### 2. 使"全民"共享成果

作为一种公共文化资源，高职院校的专题博物馆，不能"归己所有"，不仅要向校内全体师生开放，还要有步骤、有引导地向社区开放、向整个社会开放，使专题博物馆建设的成果让"全民"共享。高职院校以服务发展为宗旨，以专题博物馆为纽带加大与社会进行充分的文化互动是重要的有效手段。对此，高职院校不能有狭隘的思想，不能以"安全"为借口用围墙阻隔学校和社会的文化联系，也不能以学校"所有"为借口把文化资源"圈在校内"。高职院校是"大学"，应有大胸怀、大思维、大文化，要有主动为社会文化服务的强烈社会政治责任感，不能把优质的文化资源浪费在大学内。

### 3. 体现"全能"特征——发展和互动兼备

随着科学技术的迅猛发展，尤其是随着信息技术的指数级发展，高职院校专题博物馆需要及时紧跟技术发展步伐，补充和更新展馆内容，体现"全能"特征。一方面专题博物馆的空间设计、内容布展都要留有适当的发展空间，不能停留在仅"为节庆服务"的水平上。另一方面，作为知识承载、技术保存的文化载体，高职院校专题博物馆本身也要不断紧盯科技前沿，在技术上保持专题博物馆自身的先进性。作为高职院校，还要在专题博物馆建设上实现专业实践性，有意识地设计一些项目，实现展示知识互动、展示形式互动，充分利用现代信息技术手段，不仅使参观和使用者在人机互动中感受到身心快乐，而且真正能体验新技术，感受现代文明。

# 第三节　促进校企文化有效交流
# 打通文化育人价值取向彰显路径

高职院校要利用企业文化培养"职业性"人才,必须有效实现校企文化的交流与对接。校企文化有效交流对接,既有理念问题,也有方法、路径问题。

## 一、正确营造校园内的企业文化

从育人的宏观层面来分析,高职院校育人文化对接企业文化主要体现在两个方面:一方面是企业文化进校园,表现出校园中企业文化的呈现方式;二是企业参与学校育人活动,表现出企业对接教育教学的活动方式。企业文化在高职院校校园中的呈现,既要反映企业文化的本来面目,又要反映学校文化的教育性。这既体现高职院校文化育人的价值取向,又表现高职院校文化育人价值取向的彰显方式方法,既要把企业文化呈现在教育教学的重点领域,又要把企业文化落实在文化育人的重点环节。企业文化不是高职院校育人文化,高职院校育人文化又必须融入企业文化。所以,企业文化在校园中呈现方式就应该做到"四个准":实训场所准工厂化、实训教学要求准企业化、实训资源与生产过程准对接、教材教学与生产过程准对接。"准"不是真实的,但要做到真实化,这是校园的企业文化建设的核心。

校内实习实训基地是高职院校培养技术技能人才的重要场所,是高职院校对接企业文化的技术技能训练基地,所以,实训场所建设理念和建设水平对于培养合格的技术技能人才十分重要。校内实训场所是育人场所,因此,其建设必须遵循教育教学规律。实训场所要培养高职学生专业实践能力,满足企业对技术技能人才的需求,因此,其建设必须具有企业文化属性,做到"准工厂化"。"准工厂"化有两个关键词:工厂化、准工厂。工厂化就是要按照真实工厂的要求进行建设,准工厂就是既可以真实生产产品,又必须同时满足育人要求,也就是实训场所既要是上课的"教室",又要是生产的"车间",同时是优秀企业文化育人的"空间"。实现这样三项功能,校内实训基地建设就必须突出真实性、解剖性、虚拟性、共享性等"四性"。

**1. 育人环境真实工厂化**

学校实训场所所拥有的设备有不少都是"过去"购买的,往往比较老旧,做不到学校教育与企业需要对接的"零距离",因此,要保持校内实训基地设备的先进性、工艺流程的生产性,既要按照真实工厂生产工艺进行设计安装,也要学生通过实践真的能生产出产品。在文化环境设计和布置上要具有企业性,把企业精神文化、企业经营理念、企业生产要求、企业管理制度等公开展示出来,使高职学生置身其中就如同进入了真正的企业,接受企业化的入职准备教育。其次是生产工艺的解剖性。实训场所的本质属性是满足教学需要,生产性校内实训场所和准企业文化环境在做到真实工厂化的同时必须体现教育性,把实训场所的生产环境、设备机理、工艺流程等尽量直观地展示出来,使学生看得见、看得懂、体会得到,不仅知其然而且知其所以然,既要有工艺整体观,又要抓住关键环节或关键点进行重点解剖,使学生能把握技术重点,做到解剖与还原相结合,做到巩固理论知识、增加实践经历、进行激励或挫折教育。同时,让学生查找问题、分析问题,并能创新提出解决问题的办法,提升创新素质。再次是"互联网+"技术的运用。就要利用互联网技术、成像虚拟手段,通过电子成像或压缩技术弥补不足,把真实的生产工艺流程以立体动画形式或者具体模型模拟生产过程、设备结构和运行原理,把交叉交错的技术问题直观化,把复杂繁杂的结构问题简单化,把众多学校、众多人的研究成果得以集成共享,使学生在有限的空间和时间内掌握更多的技术原理、实践知识和职业感受,使知识传授的速度和强度大大提高。[1] 真实是技术教育的本质,但限于客观因素不能囊括所有;虚拟是为了补缺补差、拓展功能,但永远代替不了真实。第四是资源的共享。高职

---

① 孙兵.基于虚实一体化的高职校内实训基地建设[J].中国轻工教育,2010(1):75－76＋80.

院校要充分利用校内资源、合理利用社会资源,建设"共享型"实训基地。共享是双向的,学校可以共享社会、企业的资源用于教学,社会、企业也可以共享学校的资源用于科普或研发,实现优势互补、资源共享,提高资金和资源的利用效益。共享可以共建共享,以股份形式或者协议形式进行合作,以企业化管理、市场化运作,把教育体现在生产过程、成本核算、风险共担中。

**2. 教学要求准企业化**

环境具有熏陶作用,是文化教育的内容,实训教学则是在校内进行企业文化教育的本质要求。校园的企业文化要求实训教学要做到"准企业化"管理。"准企业化"就要做到"两个针对":针对工作任务让学生自主训练技术技能、针对岗位标准由教师实施评价考核。实训的目的主要是加深理解专业知识、训练专业技术技能、培养综合职业能力、增强创新发展意识、实施职业劳动教育。这就需要学校根据专业需要的工作岗位设置工作任务,以"任务驱动、项目导向"引导学生自主或团队协作完成实训任务、达到实训要求。评价考核机制是实施教学工作和激发学生学习动力的指挥棒,要确保培养技术技能人才有效适岗,就需要用真实企业的岗位工作标准来要求学生,并真正在实践中使用这个标准考核评价学生,使学生增强制度执行意识,养成良好的规范习惯,以更好地适应社会化的生产活动,掌握将来工作中真正"能用"和"顶用"的东西。建立严格执行制度的文化环境和奖罚措施,适当加大"挫折教育"减少"赏识教育",以训练学生树立强烈的制度意识、规则意识、底线思维,同时要把"绿色"理念贯穿考核始终,把实训态度诸如勤奋敬业、遵守规程、劳动意识等实际表现纳入生产过程考核范畴。要建立起以企业或学校为主、校企共同参与的学生成绩考核评价机制,使学生尽早感悟并接受真实性企业文化。

**3. 教学与生产对接真实化**

在社会主义市场经济环境下,高职办学具有市场性,高职院校也遵循着优胜劣汰的市场规则。但是,高职院校是育人机构,必须以教学为中心,高职院校不能"市场化"。办学是人才和智力的投入,是国家战略的长远性投资,其投资回报具有隐含性、长期性特点,纯消耗是难以避免的,也是必然的。正因为如此,高职院校要为实验实训投入大量的资金,实验实训仪器总值成了高职院校的核心指标。但客观现实是,高职院校大量设施、先进设备并未饱和使用,不少处于闲置状态,造成了极大的浪费。如果仅为消耗性的教学服务,在管理上就会处在实验室的水平,如果舍不得消耗就可能使学生得不到充分实践,为此就要探讨教学与生产过程真对接,实现校园的企业文化真实化。教学真实对接生产过程,本质上是使学生实训作品变成真正的商品,并能经受住市场检验。① 要做到“三个对接”:实训教学与校内生产任务对接、实训教学与企业产品生产任务对接、自主研发的品牌产品与市场供求对接。但学校以教学为中心,实训教学与生产过程对接本应也要以教学为中心,但可持续的对接过程必然伴随效益、利益因素的冲击,效益也是一项重要工作。实训教育真实对接生产过程的模式和机制是真实性存在的校园内的企业文化,这是在高职院校存在的一种特殊的育人文化现象,需要进一步解放思想积极探索和实践,同时对现实存在的理念冲突、价值冲突、目的冲突、责任冲突等要有足够的思想准备和应对准备。在实训教学与生产过程的对接上,高职院校不能因为指导思想正确、不是个人财产而为所欲为,也不能因为可能存在的经营风险、追责风险而明哲保身、止步不前。这是校企文化真对接的文化前提。

## 二、有效利用企业的教育文化

教育文化是人类教育活动物质成果和精神成果的总和,与教育活动共始终。企业参与教育活动,自然也产生和积淀企业的教育文化。企业参与教育活动具有不同的目的和形式。从目的上看,有体现企业的社会责任而参与支持教育事业活动的,比如投资办学、捐资办学、设立教育基金或奖励基金、资助贫困学生等;有培养符合自己企业发展所需要的有用之才而参与

---

① 师超红,杨明霞.“实训教学对接生产过程,学生作品变成社会商品”的探索[J].工业与信息化教育,2015(4):43-46.

或直接从事教育活动的,比如办企业大学、设立人力资源培训中心、与学校共建企业学院等。从形式上看,有独立办学的教育企业,比如著名的新东方教育科技有限公司;有企业成立教育机构专门负责岗位技术技能或管理能力培训的,比如海尔集团的海尔大学、海澜集团的海澜商学院等;有与学校联合成立教育组织共同开展教育活动的,比如青岛职业技术学院的海尔学院、多数高职院校举办的企业订单班、企业学院等;还有把招聘的人才组织到高职院校集中进行短期或专项培训的。不同目的和不同形式的企业教育文化具有不同的文化形态,但从本质上看,企业教育文化都是为企业生产经营服务的,即使是企业无任何附加条件的捐资办学,本质上也是为了展示实力、扩大影响、提高知名度、提升美誉度,最终还是为企业营造良好的发展环境。从高职院校文化育人价值取向的实现角度,这里只就企业参与高职院校教育活动和高职院校支持企业教育活动做一分析。

从世界范围来看,企业选用人才大都不需花钱"购买",企业选人过程基本也是投入很少甚至"零投入"。这样一种选人机制,使得我国不少企业不论什么岗位在一个相当长的时期都追求985、211等名校毕业生和高学历毕业生,造成了人才资源的极大浪费。更为重要的是,一些"高层次"毕业生不适应"低层次"的工作岗位,做不到人尽其才,使得他们的价值难以在岗位实现,一些毕业生因此不安于现状,"跳槽"形成一种社会现象,不少企业对此深受困扰。实际上,合理的人才结构才是一个组织发挥最大效能的重要保证。实践表明,人力资源效能最大化需要搭建一个合理的"金字塔"型人才结构,既要有出思想、出思路、出智慧的高层次科技人才和管理人才,也需要有大量的能在第一线摸爬滚打的"留得住、用得上、能吃苦"的高素质技术技能专门人才。但是,每一个企业都有不同的拳头产品和发展方向,对人才的知识、能力、个性特征都有个性化的要求,所以,通用的人才模式培养出的学生,到了企业还需要较长时间的适应、培养和锻炼的成长成熟的过程,这不仅造成了企业较大的人力成本负担,而且,毕业生一旦"出道",又可能被其他企业高薪挖走,对企业的生产经营活动造成了很大的被动。近些年来,很多知名企业都逐渐认识到人才市场变化的规律,主动提前投入资金,前移和直接参与育人的过程,把本企业的文化及早融入未来企业人才培养,变被动为主动促进企业良性发展。企业的需求、市场的推动,催生了一大批企业走进校园,主动与高职院校开展人才培养的合作,共同开办企业学院、订单班等,使学校、企业、学生三方都收益。

**1. 企业教育文化形成的条件**

企业从自身利益出发参与教育活动,本身跨界就较大,要形成企业的教育文化,界域跨度则更大,需要一定的形成条件。从企业参与教育活动的目的、利益回报、经营理念的实践来看,企业教育文化的形成需要三个条件:

一是良好的前期合作是深化合作的基础。从公共关系角度分析,两个主体之间能否相互吸引和深度信任,首先必须在需要、机缘上实现过直接接触,彼此有一定程度的了解;其次必须通过接触双方都留下深刻印象并有相当的好感和信任;第三必须具有进一步深入交流的需求愿望,并形成深入合作的驱动力。校企之间能否实现深度融入,关键在于学校能否满足企业的实际需求,给企业带来预期可见的实际利益。这是企业信赖学校的基础,也是学校成为企业伙伴的前提。

二是对高素质技术技能人才的渴求是企业寻求合作的动力。随着产业的转型升级,企业对技术技能人才素质的要求越来越高,企业从高职院校招收的毕业生进入企业后,大多数企业都要花费专门的人力、物力和财力再组织专门的技术技能和企业文化的培训。有战略眼光的企业家在实践中都认识到,前移和直接参与人才培养过程,就能把企业用于培训员工的经费用在刀刃上,从长远看放大了投资回报,更能及早把企业文化融入未来人才培养中,先入为主、得到认可的企业文化就可能熏陶出"贴心"的优秀人才。

三是企业先进的经营理念是实现校企深度合作的文化条件。合作的过程是一个必须实现双赢的过程,否则,单向的利益流动往往带有个人情感、存在廉政风险,因而难以持续。企业参与教育活动需要大量投入,企业参与教育活动必须得到相应的"回报"。同时一所万人以上的高职院校要花费大量时间和精力为某一个企业举办具体的"企业学院",虽然学校不以经济效益为目的,但是也必须在乎学校管理的成本、得到应分的"收益"。要实现企业学院的顺利、持久运转,必须有先进的理念来支撑"回报"和"收益"。先进的经营理念包括大的社会担当、自觉履行社会义务,这是优秀企业家的情怀。学校选择优秀企业合作就是把优秀企业文化引进校园,传承发展优秀企业文化。校企双方都有了先进的、高尚的文化理念,必然极易拉近彼此之间的距离,企业走进学校共同培养优秀人才自然顺理成章。

**2. 企业文化因素渗入人才培养计划**

企业的本质是生产市场需要的产品并通过交换赚取利润,其参与教育活动是参与、协助、融入学校教育活动,不是代替学校开展教育活动。企业参与教育活动需要与学校共同研讨契合学校教育需求,必须符合党的教育方针、遵循教育规律,在学校的统筹下有计划、有重点、恰当地参与人才培养活动过程。企业参与制定高职人才培养计划则是在高职人才培养过程中融入企业文化的基本制度设计环节。经过校企合作,把通用性、企业个性两个方面的要求有机体现在计划之中,形成通用要求与特殊要求有效叠加的教学计划。从江苏省 15 所国家示范(骨干)高职院校校企合作实践来看,这个叠加的教学计划主要体现在 4 个方面:第一,主干专业课中要根据企业的要求增加企业的典型工程实践案例,并根据案例设计教学组织形式;第二,离开学校的实践教学在企业进行,学生直接接受企业工程技术人员或管理人员的教育、管理和考核;第三,在课余时间,主要安排企业技术讲座、企业文化沙龙或企业提出的特殊职业素质要求的课程;第四,教师由校企双方共同选派,各有分工和侧重。

**3. 学校配合企业展示选人文化**

企业参与教育活动主要是为企业培养"未来员工",企业学院或订单班是为企业培养未来员工的教育集体,进入教育集体的成员实质上就是企业的"准员工"。所谓"准员工"就是接受了企业文化并得到企业初步认可、准备进入企业的员工,或者企业重点关注、准备吸纳的员工。"准员工"可能成为企业的正式员工,正式员工是企业团队的一员,其思想素质、政治素质、业务素质、能力素质、开拓创新精神等都对企业的发展产生影响。所以,对准员工的选拔是企业十分关注的问题，一般应由企业来组织实施。但是，企业对在校学生调动不具有行政组织权限，不熟悉学校组织环境，学生对企业也不了解不熟悉，选拔过程需要学校给予资讯支持和有力配合。

学校配合企业选拔"准员工"不能包办代替，主要做好四个方面的工作：一是成立必要的协调组织。为加强工作协调和对确定的教育集体的组织管理，一般都要经过双方商量建立起由校级领导牵头的学校工作组织，以便于协调组织学校各方面力量为教育集体服务。二是根据企业需要确定教育集体组织形式。一般而言，一个企业从建立人力资源科学结构出发，同一个专业不一定都从一所学校选用，需求的专业也不一定只有几个，为此，学校就要根据企业需求，组建具有共同物理空间的教育集体（企业学院）或者非物理形态的"班级"。企业学院集中进行教育活动，非物理形态的"班级"日常教学仍然在原学校组建的班级学习，企业教学时或者进行其他特殊内容教育时才集中在学校或企业进行。三是协助选拔学员。选拔就是择优确定的过程，择优就需要进行比较，比较的方式大都采取笔试、面试。一般面试或笔试由企业独立组织，学校不对企业或学生进行直接干涉，学校的任务主要是帮助企业开展活动宣传、组织学生自愿报名，经企业、学生本人和学校三方确认后签署具有一定法律约束力（主要为道德约束力）的协议。四是根据经双方商定的教育计划组织教学活动。

### 4. 校企文化协同实施育人活动

经由校企双方商定的企业学院人才培养计划，是实施对企业学院教育管理的重要依据，是确保企业学院学生接受校企"双主体文化"的施工蓝图。把蓝图变成物质产品，就需要校企双方协同资源、科学施工。

从众多高职院校实践来看，理论教学以学校为主，企业根据学校的教学安排进度和企业的教学计划，定期指派管理人员或工程技术人员把企业的优秀文化、企业的特殊技术要求，以及企业的新技术、新工艺、已建和在建的标志性生产车间或施工现场，利用规定的时间或学校正常教学之外的时间，通过到校上课或进行专家讲座或通过视频互动给企业学院的学生授课。而实训教学除常规性实验实训在校内以外主要以企业为主，企业根据教学计划安排学生到各生产车间或项目部实习,由企业选派工程技术人员进行小组或一对一指导,主要由企业根据学生实训表现、实训成果按照企业的标准进行考核确定成绩等级。

从资源共享角度出发,有效利用校企共同的现代化信息手段和技术资源也是教学计划实施过程中的重要内容。学校可以在实训场馆内开辟专门空间,建设"施工现场直播教室"和"企业文化展示室"。直播教室通过现代信息技术手段,将企业生产或施工工地情况实时转播到学校,通过固定摄像头了解生产车间或施工现场整体情况,利用流动摄像头深入了解教学需要的某一个具体生产或施工环节,使学生坐在教室就能进行企业文化认识实习、关键技术节点现场实践教学,还可以与企业工程技术人员直接通过视频进行教学交流。近些年来,企业文化展示室也逐渐在高职院校出现。这个展示室实质上是企业的形象宣传室,可使学生在校内就能了解和感悟优秀企业的文化。直播教室和文化展示室两个空间的建立,学校投入场地、人力和承担日常运行成本,企业投入设备和企业一般都不对外公开的生产"内部资源"。这种合作有效利用了校内外两个资源,通过现代网络技术把真实的生产和建设实景引进学校,实现了企业生产或工程技术资源和学校教育教学资源的"零距离"对接,通过校企资源共享和实时信息互动,有效拓展了高职院校人才培养的时空,解决了教学周期与产品生产或工程施工周期难以衔接、企业工程技术人员作为兼职教师难以离岗的现实难题。

**5. 企业激励促进职业人才积极向上**

恰当、适度的奖励是思想政治教育的重要方法之一,物质奖励具有激发精神动力、增强教育客体获得感的重要功能,精神奖励具有标志教育客体价值实现、调动内在激情和潜能的重要功能。企业学院经由校企双方共同组建,发挥企业优秀文化在育人过程中的作用,除了校企双方要协同实施企业个性化人才培养计划外,企业建立"企业奖学金"激励"准员工"在职业人才成长道路上尽快健康成长,是企业深度融入教育文化的重要方式和有效手段,具有以下四个方面的作用:一是企业通过设立奖学金,可以使在校学生感受到企业培养人才的"真诚",彰显企业的"实力",可以增强学生报名进入企业学院的吸引力。二是企业通过设立贫困学生基金,可以使广大学子深切感受到企业的社会情怀和社会责任感,可以增强广大学子的向企力。三是通过配套设立奖学金发放制度,可以增强学生积极向上、追求卓越的正向动力,培养适应市场的竞争品质。四是通过建立企业学院教育证书发放制度,可以使学生拥有接受了优秀企业文化熏陶的经历证明。虽然企业颁发的教育证书不是具有法定性质的学历证明,但是却鲜明地标明,学生参与了优秀企业规定的学习计划和学习过程,了解了优秀企业文化,掌握了优秀企业标准,达到了优秀企业要求。这是企业选拔毕业生的重要依据,也是其他企业优先录用毕业生的重要参考,增加了学生就业的现实砝码,契合了面临就业市场竞争的高职学生的现实需求。

**6. 开放管理促进校企文化相融**

建立非物理形态的企业学院,是企业参与教育活动的创新形式。非物理空间就是松散的物理空间。"松散"的空间能否通过文化把企业和学校、学生连接起来,通过管理把学生有效组织起来,通过管理活动把学生的心聚拢起来,这是非物理形态企业学院教育管理面临的现实课题。管理方式的选择对于学院的顺利运转、持久运转十分重要。既然是非物理形态,只能选择"开放式"管理。但"形开放"必须"神聚合"。开放式管理体现在 3 个方面:一是建成开放式的班级组织,即非物理形态的班级。不同专业的学生通过学校、企业和学生三方协议确认企业学院学生。他们平时分散在各专业学习,只有到学习企业学院规定的统一教育任务或企业文化教育项目时才"暂时"集中参加集体活动。二是形成开放式的评价机制。学生的日常表现放在学校和企业两个方面进行综合评价。分散在各专业教学活动参加所在班级评价,在企业实践活动由企业进行评价,参加企业学院集中教学实践活动由校企双方共同进行评价,把这几个方面的评价结果集中起来就成为每一个学员的评价结果。三是以开放的心态对待企业学院的学生。取得学校毕业证书和企业学院教育证书"两个证书"的学生,可以直接到参与教学活动的企业去就业,也可以由学生自己决定不到该企业就业。这样,不仅活化了办学机制,消除了学生预期顾虑,更是放开了学生手脚,体现了校企双方的大气和自信,体现的更是优秀企业和优质院校的文化层次。

## 三、科学实现校企文化的深度交融

根据合作形式、合作内容以及合作内容的广度、深度和合作的可持续性,校企合作有深浅之分。校企文化交融是校企合作的较高层次,是高职院校文化育人价值取向的实现机制和实现方式。机制是要素之间的结构关系与运作方式,校企文化交融就是指工业文化融入高职院校育人文化、高职院校育人文化对接工业文化,以及校企文化通过一定组织形式或利益链条实现共生共长。

### 1. 工业文化进校园实现校企文化硬融合

从文化育人的本质出发,高职院校人才培养需要通过校企合作实施"双主体"育人,这就需要有目的、有重点地把工业文化引进校园,实现校企文化的"硬"融合。

工业文化脱胎于悠久的农耕文化,是社会文化的子文化,又是行业文化、企业文化的上位文化,集当代先进企业文化之大成。由于高职院校必须走校企合作培养人才之路,所以,高职院校也是工业文化传承创新的重要主体之一。要把工业文化引进校园实现校企文化硬融合,必须厘清以下几个问题:

一是现时代的工业文化载体。文化主要属于精神层面,但精神层面的文化不能"空对空"地漂浮存在,必须依托于一定的载体。承载工业文化的载体是指各种物化的和精神的形式,承载、传播工业文化的媒介和传播工具是工业文化得以形成和扩散的重要途径和手段。从工业生产和工业产品的特点看,正如前已所述,工业文化的物质载体有工具、设备、产品、建筑物、产业园区、工业遗址、工业遗物等,工业文化的非物质载体有工业博览、工业书籍、相关文艺作品、文化展演以及典型的工业制度和法律法规等。① 认识、

---

① 余祖光.职业教育校企合作中工业文化对接的新动向[J].职业技术教育,2011 (25):5-10.

需要和优选工业文化的载体是实现校企文化硬融合的基础和前提。

二是实现校企文化硬对接的原则。高职院校把工业文化引进校园不仅在于传承创新工业文化，而且在于通过引进工业文化（包括国外优秀的工业文化），构筑高职院校育人文化特色，培养具有优秀企业文化特质的技术技能人才。保持对外来文化的清醒认识是高职院校做好教育性校园文化建设的认识基础。外来文化不同于自身教育文化，存在成员认识的差异、传播规律的差异、熏陶目的的差异、难易程度的差异。为此，在工业文化对接学校文化的过程中，要采取先易后难、重点突破、协同作战的策略予以推进，必须遵循对接三原则：首先是先进性原则。文化有先进和陈腐之分，有促进和制约双功效。高职文化是育人文化，所以，作为培养中国特色社会主义建设者和接班人的文化，必须是先进的文化。其次是避不融求融合原则。工业文化与学校文化分属不同的文化分类，自然存在各种不融，高职院校和行业企业都要充分认识和理解校企合作中的文化不融，本着融合互赢的理念积极主动实现文化对接。再次是互惠互利不背离底线原则。校企顺利、有效的合作必须建立在互惠互利的基础上，不能损害企业方商业核心利益，更不能背离育人的政治、道德和价值底线，在精神文化上保持各自独立，做到相互尊重、相互理解、相互包容、用其所长，共同进步。

三是科学把握工业文化进校园的实践途径。工业文化进校园的实践必须以人才培养为主线设计路径。在高职学生还不能完全自主确定所学专业、把握未来去向的招生、就业大环境下，通过校企合作指导学生做好职业生涯规划是工业文化进校园的起点。专业并无好坏之分，学生进校后，在入学教育的安排上就要把职业生涯指导作为职业教育的第一课给予安排，使学生了解职业、了解自身、认识专业、建立兴趣、规划未来。其次要高度重视工业价值观教育。工业价值观既是个体对自身工作的价值判断，也是群体对工作的共同认识和行为规范。工业文化是企业文化的灵魂，提升学生工业文化素养必须对学生开展工业价值观教育。通过知晓而理解、情感而行动的循序渐进的教学方法，帮助学生牢固树立正确的工业价值观。再次要在专业、课程、教学中渗透工业文化。文化意识培育需要循序渐进，文化育人要靠润物无声的渗透。在高职院校教育教学过程中,需要把工业文化渗透到人才培养的各个环节,邀请企业参与专业培养目标的确定、课程内容的更新、教材编写的研讨和教学案例的选取、考核方式的改革等,全方位融入工业文化。最后要在顶岗实习阶段全面接受真正工业文化教育。毕业实习、顶岗实践是高职学生全面综合应用零散专业知识的过程,是成为"企业人"的预演,不能让学生身在学校搞实习、做设计,必须真正让学生进入企业,直接接受企业管理制度、感受"企业版"工业文化,甚至顶岗实习的岗位都需要通过竞争得到,让学生真正感受到工业文化来不得半点马虎。

四是全方位营造工业文化环境。影响学生成长成才的环境因素都具有教育性,要让工业文化进校园,就要精心营造好校园的工业文化环境。首先要建设"双师型"教师队伍,其关键是要培养锻炼师资队伍的工业文化素养,要让教师在校企合作中扮演主要角色,而要防止校企合作成为校企领导人的"俱乐部"。其次要在学校管理中积极借鉴先进工业文化的企业管理制度,要有严格的管理,要有奖有罚,但也不能生搬硬套、照搬照抄企业制度,更不能违背教育规律。再次要树立客户意识做好管理育人服务育人工作。一方面学校管理和服务要热情周到,让学生感受到学校的关爱和温暖,在心里种下优质服务的种子;另一方面通过开展各种公益活动并让学生参与其中,以提高学生自身的服务意识和服务能力。最后要营造具有工业文化氛围的校园文化。要总结学校历史传承,弘扬和放大学校已有工业文化资源。要把深度合作的企业文化在校园橱窗、灯箱、楼宇、道路中尽量体现,把杰出校友文化资源利用好,把地域中的工业文化资源引入校园并进行深入诠释。

## 2. 校园落户工业园区直接对接区域文化

工业园区是一个国家或区域的政府根据自身经济发展的内在要求,通过行政强制力划出一块区域,通过制定优惠政策聚集各种生产要素,通过科学整合优化功能布局,在一定空间范围内提高工业化的集约强度、突出产业特色,使之成为适应市场竞争和产业升级的现代化产业分工协作的生产集中区。我国工业园区包括各种类型的开发区,比如国家级经济技术开发区、高新技术产业开发、保税区、出口加工区以及省级各类工业园区等。① 为推动工业园区发展，国家或地方政府都会制定较为特殊的优惠政策吸引企业入驻，也会制定一些特殊的自治措施引导园区创新管理模式和管理方式。进驻工业园区的企业性质可以多种多样，有中外合资经营、合作经营和外商独资经营的生产性企业、科学研究机构，也有我国公司进入开办的股份制公司。不论是高新技术研发机构还是生产性制造企业，人才几乎成为所有进驻企业最为关心的问题之一。在这一强大的市场推动力影响下，政府就会做出两种选择：一是把高新区直接建在高校集聚区，比如大连高新技术产业开发区就建在汇集了 11 所高等院校和 40 所科研机构的区域；北京亦庄经济开发区专门开发了 14 平方公里的职教园区，汇聚了北京电子科技职业技术学院等近 10 所中高职职业院校，还建设了 IBM 等 66 家世界 500 强为主的近 4 000 亩国际企业文化园，搭建了校企融通平台；二是在工业园区组建或引进学校或科研院所。苏州工业园区是中国与新加坡政府间的重要合作项目，合作区域 80 平方公里，建成科技载体 600 万平方米，公共技术服务平台 30 多个，研发机构 500 多家，进驻世界和中国知名高等院校 29 所，其中，苏州工业园区服务外包职业技术学院、苏州工业园区职业技术学院都是在苏州工业园区建立以后，园区政府为适应园区企业发展对技术技能人才的实际需要专门组建的，它们面向全国招生，而培养的技术技能人才主要为园区一千多家企业服务。还可以进一步解放思想，把二级学院建立在专业服务对口园区，院长、董事长互兼，系主任、工程师互兼，车间、实训室互用，等等，实现校企真正深度融合。

梳理这些工业园区与高职院校的关系就可以清楚地看出，不论是学校先建还是工业园区先建，都是为了使教育资源更好地服务工业园区经济。尤其是当工业园区建好后，或者学校建好后，学校与园区企业之间都建立了密切的合作关系。这不仅是空间距离的因素，更重要的是彼此之间形成了

---

① 乔琦.综合类生态工业园区建设绩效评估[J].环境工程技术学报,2011(1):82 - 86.

一种相互依存的深度融合的关系。这种关系体现在两个方面：①一是市场供求关系。园区企业与高职院校相互为客户和资源,体现为企业人才需求规格与高职院校人才培养规格之间的对应协调关系、企业人力资源需求与高职院校教育培训服务项目之间的对应协调关系;二是共享资源关系。通过产教融合、校企合作,高职院校为企业培养适岗的技术技能人才,提高具有职业教育特质的教育教学和管理实践水平。企业在发展中遇到的技术难题也为高职院校的技术研究、科技转化、师资工程实践能力培养、学生顶岗实习、学生就业提供了便利和可持续的平台。

通过调查走访多家工业园区得知,校园落户工业园区也需要解决好相互调试、相互适应的现实问题。一方面,政府要通过搭建平台、建立机制,为学校和企业对接做好服务,包括资源配置、专业审批、经费调拨和其他政策性问题,提升管理文化。另一方面,学校和企业都要建立专门的外联机构,长年、专职做好相互对接的服务,提升关系文化。同时,还可以积极探索推进集团化办学、理事会制度,让企业成为办学的主体之一,形成更加紧密型的校企合作关系。尤其是高职院校,要深化内部管理体制改革,大力推进弹性学制、现代学徒制,改进教学管理方式,建立学分银行,以适应企业生产的周期,通过机制创新更好地实现校企资源共享,把学校、企业、学生利益有机统一起来。

### 3. 集团化办学形成校企文化共荣体

企业参与教育活动的深度体现在企业与相关教育主体形成共生共荣的联合体,其表现形式就是组建职教集团。所谓职教集团就是由多个不同类型的独立法人(高职院校、中职学校、企业、行业组织、政府部门等),以股份或协议或自愿参与等形式联系起来的、以职教集团章程为共同遵循的、以开展职业技术交流、职业教育活动为主要内容的非营利性合作组织,其目标是实现优势互补、资源共享、合作发展。在我国,自 1992 年 10 月第一家成立

---

① 胡蓉,周金业.利益相关者视野下的高职院校与工业园区对接研究[J].继续教育研究,2012(12):48-49.

的北京市西城区旅游职业教育集团以来,职教集团如雨后春笋般迅速发展,涵盖了近一半职业院校,由职业院校牵头的职教集团占职教集团牵头单位的 91.68%(其中高职院校占 40.0%)。① 可见,近 30 年来,集团化办学在我国职业教育中占有较大的分量,不仅创新了职业教育合作办学的组织形式,而且推动了多元主体参与职业教育格局的形成,成为高职院校多主体文化育人的特有现象。虽然《国家中长期教育改革和发展规划纲要(2010—2020)》《国务院关于加快发展现代职业教育的决定》(国发〔2014〕19 号)《教育部关于深入推进职业教育集团化办学的意见》(教职成〔2015〕4 号)都明确了鼓励、支持集团化办学,但是不容否认,我国职教集团仍处于探索发展阶段,存在着职教集团独立地位尚不明确、组织架构尚不健全、管理水平尚待提高等现实问题,这对形成校企文化共生共荣体是不利的。

"集团"顾名思义是一个组织起来的组织,作为组织必须为了实现一定的目标,通过协作结合而组成一个集体或团体。职教集团就是为了职业教育,通过章程明确成员各自权利和义务,把自愿加入的成员组织起来的一个团体。这个团体既可以是紧密型的,也可以是非紧密型的,其成员既可以是从事职业教育的组织,也可以是不是从事职业教育的组织,但都必须为职业教育发展服务,并从服务职业教育中得到职业教育发展带来的实际利益。

从市场主体的利益追求和过往职教集团运转实践来看,不同利益诉求的教育主体和非教育主体通过职教集团形成共生共荣的利益群体,需要着重解决好以下三个关键问题:

一是明确职教集团的科学定位。高职教育是直接服务于产业发展和企业发展的,其服务的组织形式就是搭建平台。所以,职教集团大的定位一定是"教育链与产业链的融合平台"。在此之下,职教集团就要成为集团成员共建共享的合作交流平台,而且在这个平台上的交流不是校企间的一对一、一对多的单向、双边合作,以单个学校为核心呈放射状结构,而是要达成职

---

① 沈铭钟,沈建根,刘晓宁.我国职业教育集团发展的现状、问题与对策[J].中国职业技术教育,2014(36):39-42.

教集团成员单位的校校、校企、企企之间的多向、多边的合作,合作呈现网状结构,产生合作效益。① 同时,通过职教集团可以针对高职教育、企业发展、校企合作中的问题和校企诉求发出集体的声音,实施有目的的行为,形成抱团、合作的力量,更好地赢得政府或社会的重视和支持,吸引更多的、单个成员做不到的发展资源。

二是优化职教集团的发展机制。我国现有职教集团基本上是由原来发起者担任终身制理事长,这种治理结构在建立之初是有组织力和生命力的,但不具有持久力和发展活力。要实现职教集团在校企文化上的共生共荣,必须改变这种僵化的治理组织体系,可以建立起理事长有限任期制,或者由优质高职院校和知名企业轮流担任理事长制,或者建立以优势资产、资本为纽带的理事长负责制。这样就可以在职教集团内部形成竞争性机制,形成由利益驱动的工作责任制,把成员"松散"的职教集团凝聚成核心引领、骨干带动的较为紧密的组织,改变完全依靠没有法律约束力的章程或契约带来的凝聚力不足的现实难题。同时,职教集团还要重视研究和借鉴国际经验,关注家长、学生和社区的诉求,以赢得民众口碑和全社会的广泛支持。

三是紧跟时代发展,链接成员需求,增强集团向心力。从现有职教集团发展情况来看,之所以一些职教集团活动组织不起来、成员积极性不高、集团影响力不大,究其根源还是集团没有跟上时代步伐,没有创新举措,集团活动给成员带来的是"麻烦"而不是实实在在的利益。有的为了追求轰动效应,在职教集团前冠以"全国",但如果没有向心力、凝聚力仍然难有活力。为此,袁靖宇学者提出的建议是有建设性的:职教集团要"研究把握政府关注点、经济社会发展重点、职教发展难点和集团成员兴奋点,寻求集团发展的突破。"比如,作为经济界与教育界跨界合作、共育人才的现代学徒制,是近些年来我国教育行政部门在高职教育领域大力推进的经典范式,职教集团恰恰就是承载着跨界合作的得天独厚的平台,就可以充分发挥自身优势,

① 袁靖宇.江苏职教集团发展的基本经验、主要挑战与关键问题[J]. 中国大学教育,2015(4):65-69.

把零散的企业需求、院校优势通过研讨活动、洽谈交流现实对接起来，从而疏通政策梗阻、协调资源配置、做好质量控制、整合相关者利益，给企业和学校带来切实效益。对接了政府关注点、社会发展重点、企业需求点、高职兴奋点，自然就增强了集团的向心力、凝聚力和可持续发展力。

### 4. 资源共建形成校企文化共享体

借智借力发展、重视资源共享是现代社会的社会主体生存和发展比较先进的理念。这不仅在于一个社会组织不可能囊括所有的资源和优势，更为重要的是借他人之优势资源发展壮大自己，可以便捷、快捷、延展自己的实力和优势。高职院校和企业都是社会主体，在校企合作过程中彼此互通有无、互借互帮、互促互进，共建共享对方强势资源，就可以实现共同优质发展，形成校企利益共同体，在较高层次体现校企文化交融，形成校企文化融合的力量。

一是共建技术资源形成智力共享共同体。有专家研究指出，任何一所高职院校都不可能独立完成职业教育的任务。这当然是一家之言，但其中蕴涵的意义就在于，高职院校完成职业教育的任务仅靠高职院校自有的资源是不够的。一方面，高职院校要完成专业知识教育的任务，这靠院校本身是可以基本完成的。另一方面，高职院校还要完成职业化的教育任务，这既要靠院校本身的资源完成部分教育任务，更要通过校企合作利用企业资源完成真实职业化的教育任务。教育依赖于教师，完成高等职业教育的任务依赖于"双师型"教学团队。企业发展的核心竞争力依赖于具有自主知识产权的科技成果，完成和积累科技成果依赖于具有研发能力和研发精力的科技团队。企业管理者和专业技术人员是"现成"的工程型教师队伍，高职院校具有高学历、高职称的教师是"现成"的科技研发团队。校企双方通过契约共建技术资源，共享技术成果，实行优势互补，形成智力共同体，这对于校企双方都是低投入、高产出、高收益的利好机制，是企业生产经营人才、学校教育教学人才等优质技术"人才文化"的相互交融和共用共享。

二是共建设备资源形成硬件共享共同体。教学设备是教学必不可少的硬件，生产设备是企业生产经营活动必不可少的条件，这不论对于高职院校还是企业,都是投资比较大的基本建设。如果校企双方建立了紧密的合作关系,就可以通过双方共同规划,把企业研发中心、技术检验场所等建在高职院校,学校投入教学场所或空间,做到生产经营与教学双用。企业还可以把过时设备捐赠给学校用于教学展示,把研发的最新设备捐赠给学校,教育影响未来专业技术人员的职业选择意向,战略拓展需求市场。学校也可以与企业合作,改造企业生产车间或工程项目,使之具有教育性。学校的专业教师直接参与企业生产经营活动,学校的学生长年持续不断地参与企业生产,形成学校与企业设备资源的互补互用。双向的设备资源互投入、互使用,形成校企文化双融入、硬件双共享的共同体。

三是共建培训资源形成教育共享共同体。培训是高职院校的天职和强项,是企业新进人才适应岗位要求、已有人才知识更新升级的必经环节。同样,作为高职院校的教师,要完成职业技术教育使命,必须紧跟科技前沿、了解掌握企业技术发展动态,也需要走进企业大课堂,直接接触感悟新技术革命成就。所以,校企之间都存在人力资源培训,都需要通过深度合作、贡献培训资源,①企业把人力资源培训中心建在高职院校,高职院校通过与企业协作把培训实操场地建在企业车间,或者在企业建立教师工作站,同时建立学校教师和企业专业技术人员定期、轮流互兼制度,形成相互学习、共同提高的互动机制。培训资源的共建共享,就是学校教育培训成为准教育企业,企业人力资源培训成为企业教育,形成教育共享共同体。这是校企文化相容互通在教育培训方面的深度体现。

---

① 周治.高等职业院校校企合作中的资源共享研究[J].中国成人教育,2013(3):92 - 93.

# 第四节 建立职业文化高效传播机制
## 推进文化育人价值取向深化

文化属精神范畴,蕴含于一定的载体;文化育人是实践活动,需要通过一定的传播机制和方式诠释文化精神内涵,从而彰显文化育人价值。一般而言,文化具有多种形态的存在,职业文化是随社会活动过程细分后才出现的。而职业是一个抽象的概念,因而职业文化不以物质形态出现,而以精神的、制度的、行为的等文化形态出现。所以,职业文化的核心内容是对职业使命、职业荣誉感、职业心理、职业规范、职业礼仪的自觉体认和自愿遵从。可见,职业文化具有教育功能、规范功能、激发功能、黏合功能。职业文化的传播就是以弘扬、传播职业文化为核心内容的、具有一定形式的宣介活动。从文化育人价值取向实施路径和校企文化融合的视角分析,高职院校的职业文化传播活动主要有企业赞助科技文化活动、企业文化融入校园、校企文化深度互嵌等三个方面。

### 一、积极慎重推进企业赞助校园科技文化活动

开展科技文化活动是高职院校校园文化的重要组成部分。高职院校的一项重要使命就是培养高职学生树立专业意识、科技意识、创新意识、协作意识,其重要手段是定期举办科技文化艺术节、创新创意大赛,并持续较长的时间,尽可能吸引更多的学生参与其中。这两大科技文化活动能否轰轰烈烈地组织起来,基础在于是否具有丰富多彩的专业科技社团。学生社团是由相同或相近兴趣爱好的青年学生自发组织的团体,相同或相近的志向、同一层次的年龄段可以使某一群体的青年人相聚在一起,没有任何庸俗文化的阻隔,也没有高低贵贱之分,可以使这一群人敞开思想、直抒激情、碰撞火花、推陈出新,既可以是某一科技文化方面的问题把他们联系在一起,也可以是某一专业领域的理念问题使之聚合。在科技文化活动中,既可以是

个人科技智慧的展示,也可以是团体智慧的结晶。学生通过参加科技文化活动,展示自己的科技成果,听取专家对其指导,学习兄弟团队科技经验,成功的得以进一步激发热情,失败的也能学人所长以利进步。

一个企业总是与某一领域的科技相联系,一个科技型社团也同样与某一科技相联系。企业通过直接赞助高职院校科技文化活动,不仅进一步促进繁荣学校科技文化,更为重要的是助推提升广大学子的科技热情,扩大企业在重要未来公众群体中的正面影响。

从可行、可能和有效的角度分析,企业赞助高职院校科技文化活动主要有三种形式:一是冠名赞助全校性学生科技文化活动。企业提供一定资金,支持活动组织,为取得优秀成绩的选手颁发奖金或奖品。企业领导还可以在颁奖仪式上讲话,鼓励青年学子,传播企业文化,扩大企业影响。二是赞助某一特定科技社团的科技创新活动。通过资金支持、技术支持,帮助学生社团提高科技创新能力和水平,指导团队准备参加各种科技展演活动,对取得优异成绩或者具有较强创新能力的选手高薪提前聘用。三是赞助学校建立企业科技奖学金,长年引导鼓励科技创新活动,不事先特定奖励具体对象,但在必要时举行奖金颁发仪式。

企业赞助科技文化活动,是企业文化融入高职院校校园文化的重要内容,是企业以激励文化渗入高职院校职业文化活动的显性举措和无形强制影响力的文化形式,具有阶段性强实效应。但企业赞助校园科技活动的主要动机是间接追逐最大化效益,虽然其赞助活动对繁荣高职院校职业文化有积极意义,但是也会同时带来企业的功利、自我、排他的经营理念,可能带来不良的社会文化。所以,企业赞助校园活动,高职院校既要积极又要慎重。

所谓积极,就要从培养职业性人才出发,必须走校企合作之路,必须以多种形式实施与企业的合作,企业赞助校园科技文化活动,对于繁荣校园文化是有益的,应该积极支持和配合。

所谓慎重,就是对于企业赞助的动机、赞助的附加条件、赞助行为的实施、赞助主体的背景、赞助活动的讲话等,都需要给予适当的思想性审核。

尤其是具有国际背景的所谓基金会的资助行为，不论是以个人名义资助还是以集体名义资助，不论是资助个人还是资助集体，更需要按照国家有关规定，由国际交流管理部门或党委宣传部门进行报批或自我审核，把不利于学生健康成长的因素解决在实施伊始、纠偏在实施过程。审核要涵盖赞助活动全过程，包括赞助主体的背景审核、赞助意向审核、赞助附加条件审核、赞助行为审核、赞助成效审核、赞助舆论审核、赞助可持续审核。只有做到思想性审核全覆盖，才可以确保赞助活动符合高职院校文化育人的价值取向。当然，作为公益性赞助活动，实施思想性审核时，也需要注意方式方法，做到"内紧外松"，确保对赞助主体应有的尊重。

## 二、有效融入企业文化实施"双主体"文化育人

企业文化融入高职院校育人文化如何形成良性机制，这是职业文化活动传播的长效性问题。正如前面所述，企业文化和高职院校育人文化是分属不同亚种的文化，存在着较大的差异，但同时也存在着耦合的可能。而高职院校的职业文化的传播如果没有企业文化的融入，就成为空中楼阁、纸上谈兵，不落地、不接地气。实际上，作为学校教育，高职院校的育人文化强调的是安身立命、奉献社会、服务人民，其主旨是使命感、责任感，重视教育过程；企业以生产产品为手段，在合法、合规的基础上以赚取最大利润为目标，企业文化就是驱使企业人为攫取利润而奋斗，其主旨是责任担当、效率优先，重点是工作结果。而高职教育不同于其他高等教育的重要区别就在于培养具有职业素质的技术技能专门人才，职业性是高职人才鲜明的文化标签，所以，高职院校在培养学生使命感的过程中，就需要融入责任文化、担当情怀。这就需要建立科学有效、持续有效的教育机制，把企业文化融入高职院校育人文化之中，实施校企"双主体"文化育人。

为此，高职院校首先必须牢牢坚持走校企合作发展之路，离开了校企合作，高职人才职业素质教育就会缺源、断源、无源，高职教育就是"不高""不中"（既不是高等教育，也不如中等职业教育）成为"边缘教育"。高职院校实施校企"双主体"文化育人，需要把握以下几个关键环节：

一是高职院校的所有专业（至少所有专业群）都要有紧密型的知名合作企业，没有企业支撑的专业是否有必要继续开办，在高职教育就是个问题。作为高职院校决策者，应该把是否有企业因素支撑作为高职专业或专业群设立、招生数确定的重要依据。

二是把校企联合办班作为不可或缺的抓手。作为教育，高职院校离开了人才培养就脱离了本质，失去了生存的根基，所以，校企合作最基本的形式就是联合办班，这也是发挥学校优势、彰显学校价值的主要抓手。即使不与企业联合举办企业班、订单班，高职院校也要邀请企业参与人才培养的全过程，使企业文化全方位渗透到人才培养的各个环节。

三是通过校企合作拓展、提升高职院校实践基地功能。充分利用企业资源实施文化育人活动，是高职院校的优势和特色所在。可以从两个方面进行发力：一方面选定一些企业生产车间或工程项目作为长久性的校外实训基地，拓展学校教育空间；另一方面把企业文化因素科学引入校内实验实训基地，使校内实验实训基地的文化企业化。

四是要建立校企良好的互动机制。感情同利益一样都是有效合作的纽带，而交往互动则是联络感情、保持友谊的最基本的方式。所以，要建立校企之间良好的互动关系，就要做到长年有师生到企业参观、有企业专家到校内讲座，亲戚越走越亲。在实践中，作为有一定历史的高职院校，还要重视发挥杰出校友的作用，以母校情为纽带建立学校和优秀校友企业良好的互动关系。

## 三、恰当嵌入优秀企业文化实现职业文化深度传播

上述校企职业文化的活动传播主要是从重要内容和机制建立层面进行的分析，还属较浅层面的。教育教学是高职院校育人的核心环节，促进优秀企业文化深度嵌入教育教学才是真正的校企文化深度融合。而高职院校的教学文化、企业的教育文化以及学生的自我教育文化之间现实地存在着张力和冲突。有学者以高职院校酒店管理专业为例指出，校企"嵌入式"人才培养中客观上存在着教学文化的"知行"张力、教育文化的"体用"张力、学生

适应教育文化的"新旧"张力。① 这是校企合作中值得关注的问题。

企业文化嵌入学校文化,要求校企都是人才培养的文化主体。这不是放大企业的教育功能,也不是弱化学校的教育功能,而是从培养满足企业需要的具有较高职业素质的技术技能人才客观需要来界定的。这就需要从高职院校、企业和学生三方的核心文化和表观文化建构给予厘清。

在高职院校方面,人才培养必须从课程体系、教学评价、教学管理三个方面同时入手,建构理论与实训并重的教育体系,改变学生从高中阶段带来的应试教育的思维惯性,探索以知识迁移能力评价、专业实践能力评价、职业意识、职业道德等多元评价方式改革为导向,把企业参与教学效果评价作为重要方面进行设计,确立职业人才的鲜明教育导向。同时在整个教育教学过程中,还要通过具有鲜明职业性价值导向的教学文化氛围的营造,促进师生教学、学习观念的转变。

在企业方面,在企业参与人才方案设计、实践教学组织和评价中,需要构筑"职业人"教育文化核心理念。由于企业在生产经营中长期形成了直线的、刚性的企业管理和经营文化,难以适应对尚属在校学生的"准职业人"的教育,需要高职院校与之协调进行加工、改造和提升,既要参照企业的要求从严管理,又不能视学生为新进员工或临时工或廉价劳动力进行"粗暴"管理,在指导学生实践训练中要树立"职业人"教育意识,着眼于"人"的培养,而不是企业员工的训练。同时也需要通过事先沟通、训前教育、企业文化"嵌入式"教育等文化熏陶,让企业和学生都能理解和配合"职业人"教育训练方法和训练过程。

在学生方面,着重要让学生牢固树立理论学习是学习、实践学习也是学习的观念,克服理论学习背知识、实践学习就自由的错误认识,懂得今后走向社会不仅要会说,更要会干,从而转变学习观念,明确价值取向,增强学习自主,改进学习方式,重视实践磨炼。同时,在理论学习、实践锻炼中,要根

① 李杰,王东强.论校企"嵌入式"人才培养地文化路径建构[J].重庆高教研究,2013(4):82-85.

据专业特点,通过职业文化氛围营造,管理制度职业化,促使学生认同专业文化,以"职业人"教育制度要求自己,使自己能尽快形成职业角色,尽早成为真正的职业人。

所以,只有从教育教学整个环节恰当"嵌入"企业文化,并从学校、企业、学生三个方面采取立体化措施,才能形成职业文化教育的合力,真实实现校企文化深度融合,有效彰显文化育人价值取向。

## 第五节 优化文化育人环境 浓厚文化育人价值取向氛围

从育人路径分析,高职院校文化育人价值取向,就是瞄准职业性素质的技术技能人才目标,走校企合作人才培养之路,实现立德树人目标追求。这其中,有两个高职教育的"个性"关键词:技术技能人才、校企合作。技术技能人才是区别于其他普通高等教育和中等职业教育的人才培养目标,是高等职业教育的本质个性所在。校企合作是实现技术技能人才培养目标的必由之路,这是高等职业教育发展的路径选择个性所在。层次低等办学功利、育人价值模糊、类型特征不显、文化建设无序等高职院校文化育人现状,呼唤科学的文化建设理论指导,需要通过法制完善、制度创新、理顺机制,调动学校、企业两个积极性来彰显高职院校文化育人价值取向。

### 一、完善高职教育科学发展的法律文化环境

我国高职教育只经过四十年的发展就实现了超常规的发展,其初始创建、快速发展、内涵提升都源于社会经济发展的需要和我国政策的推动。①但是,随着"四个全面"战略布局的推进,全面依法治国必然要落实在高职教

---

① 姚国成,王诚. 政策因素对我国高等职业教育发展的影响[J]. 安徽工业大学学报,2009(5):6-7.

育领域。随着高职教育新的使命——肩扛"世界一流、中国特色"大旗使命的到来，还需要进一步完善我国相关法律法规，使之能操作、相协调，形成良好的法律文化环境。

**1. 法律条文的细化**

在高职教育方面，我国目前仅有两部法律，其他均为部门规章和一般性政策文件。重要的问题在于，这些法律和规章对职业教育的发展和对其他社会主体的要求不是硬性的规定，而是只有"道德约束力"的倡导性条文和表述，好的理念存在"最后一公里"脱节现象。近些年来，由于党和国家对高职教育的高度重视，国家设置了高水平学校、高水平专业、职业技能大赛、专业教学资源库、精品课程、产教融合平台、教学团队、科技创新团队等等一系列专项，并投入了巨额资金给予支持，同时由于高职教育的开放性、高职教育的巨大利益空间，使得众多市场主体如洪水般冲击、绑架高职院校办学行为、人才培养过程，都想搭乘高职教育快速发展的顺风车"分得一杯羹"。这样一种文化现象带来的相关问题在于，应以什么样的标准和机制来有序引导庞大的社会主体为高职教育提供符合教育性的服务，对此目前也存在政策空白的现象。在经费方面，区位不同、隶属关系不同、专业不同、不同层次学校进入的教育"圈子"不同，使得高职院校的拨款存在较大的差异。所以，一方面要把倡导性法律条文细化，另一方面要研究填补法律法规的空白。

就现实来说，比较容易做到的可以从以下几个方面着手：一要把《职业教育法》中企业在高职教育方面的倡导性职责内容进行细化，增加违责惩罚性规定，促使企业参与高职教育的行为变成法律规定性义务。拟议中的职业教育法修订审议稿对此已经有所关注。如果能制定出台《高等职业教育法》，那将是我国高职教育的一大幸事。二要明确地方政府在生均拨款方面的职责和考核问责规定，"解放"高职院校，使高职院校领导不为"三斗米"分心，真正全身心以教学为中心、以立德树人为使命。三要协同民政、工商等部门，建立进入高职教育市场主体的资质和评审条件，规范服务高职教育的市场主体的行为。四要建立规范的教育信息发布制度。由于职业教育的整体规划、专业设置、招生数量、师资建设等都与区域经济发展状况、社会对技术技能人才的需求信息紧密关联,而这些信息仅靠高职院校自身资源很难获得准确的数据,考生在选择高职院校时也常常在眼花缭乱的高职招生宣传中十分茫然,这就需要政府建立规范的信息发布制度,培育权威的第三方机构为高职院校、企业和考生、家长服务,以利校企之间、学校和社会之间的信息有效对接,扭转目前高职院校招生宣传的被动局面。

**2. 法律法规之间的配套**

目前仅有的高职教育方面的两部法律和相关法规的主旨都是好的,但教育方面的法律法规对于调整其他社会主体的行为的刚性存在不足,这并不是法律本身的问题,也不是法律地位的问题,而是法律法规所调整的利益与社会主体利益相关性或联系紧密程度的问题。比如,教育法规规定的对于支持高职教育的企业在财政、税收、土地、融资方面的优惠政策规定,如果不能在《企业所得税法》《工商法》《土地管理法》和其他财政法规中体现,形成配套的法律规定和行政政策,调整和规范企业等非教育机构教育行为的刚性就不足,落实是很困难的。

从我国现有制度和组织体系来看,要把支持校企合作各种利好的政策尽快通过法律法规配套落实,需要发挥两个方面的作用:一是国家科技教育领导小组的统筹协调和国家职业教育指导咨询委员会的作用。国家科技教育领导小组是由国务院总理担任组长的一个重要的科技教育政策协调机构,其主要职责是"研究、审议国家科技和教育发展战略及重大政策,讨论、审议科技和教育重要任务及项目,协调国务院各部门及部门与地方之间涉及科技或教育的重大事项。"《国家职业教育改革实施方案》提出组建的"国家职业教育指导咨询委员会",由国务院副总理担任组长,其重要职责是"提出重大研究建议,参与起草、制订国家职业教育法律法规"。关于高职教育方面的校企合作政策问题,能否纳入协调机构的"重大""重要"范畴,能否得到咨询委员会的高度重视,需要国家教育行政部门从教育发展战略、高职教育与经济社会发展之间关系、扶贫帮困的高度,争取国家层面的科技教育领导小组和咨询委员会的支持和推动。二是全国人民代表大会科教文卫委员会的法制推动作用。这个委员会的一个重要职责就是"对属于全国人大或者全国人大常委会职权范围内同本委员会有关的问题,进行调查研究,提出建议。"有关教育法律与其他法律相协调的问题就属于这个委员会调查研究、提出建议的范畴。关键是,高职教育校企合作方面的法律问题能否得到重视则是需要通过教育系统人民代表的提案建议推进。部门规章和相关政策只要通过行政行为就可以较快推动,而属于法律方面的问题,涉及法定程序、法定权限、法的相对稳定性等问题的制约,面对的问题就很复杂,需要教育系统自身持续不断地努力争取。

### 3. 相关政府职能的协调

政府职能的交叉、真空现象是一个老问题,也是一个大难题。党的十九届四中全会就"坚持和完善中国特色社会主义制度、推进国家治理体系和治理能力现代化"做出了决定,提出了"构建系统完备、科学规范、运行有效的制度体系,加强系统治理、依法治理、综合治理、源头治理,把我国制度优势更好转化为国家治理效能"的管理目标,[①]这给我国政府职能的统筹和协调带来了希望。

我国是社会主义国家,有自己的制度优势,"党是领导一切的",在同一个领域应该只有一个统筹部门,其他相关部门只是参与或协调组织的部门。就我国高职教育实践来看,要重点在就业创业、职业技能大赛方面,统筹和优化教育部门和人社部门管理和服务职能。首先,作为国家职能部门,就业创业、职业技能大赛应该由人社部统筹管理,不再列为教育部门的基本职能。其次,就业、创业的教育职能可继续作为教育部门的基本职能,把大学生就业、创业成果只作为评价学校教育质量的指标,而不作为一级指标对学校进行考核。全国职业院校技能大赛可列为全国职业技能大赛的一个子项,在人社部门的统筹下,由教育部门组织职业院校选手参赛,成绩优异者可作为国家选手参加世界性技能大赛。或者由国务院牵头,协调人社部门和教育部门进一步细化职责,按职责分解大赛职能不再交叉,分解后的大赛

---

① 人民网. 中国共产党第十九届中央委员会第四次全体会议公报［EB/OL］. http://politics. people. com. cn/n1/2019/1031/c1024-31431617. html.

职责和大赛后的结果都作为国家级等级，必要时可通过适当标记标明大赛结果的来源，但等级同等。再进一步，还可以通过创新制度，把明细分属的大赛结果作为高等职业教育的类型特征凸显出来，以职业技能等级对应高等教育层次，以学分银行或学分转换沟通技能等级和教育学历，成为高等职业教育的鲜明标签。有学者建议组建国家职业教育局，把教育部职业与成人教育司和人力资源和社会保障部的相关职能进行整合也是一个新的思路。第三，就业创业、职业技能大赛都与企业紧密相连，就业创业教育、职业技能大赛可由全国性行业协会组织企业参与其中，成为学校教育文化与企业经营文化高层次的结合点，成为职业院校文化育人的标杆文化。

## 二、营造高职教育健康发展的良好社会文化氛围

氛围是周围的气氛和情调。气氛能调动人的情绪、影响人的行为；情调给人以情感体验，带来情感倾向。不同的氛围给人带来不同的心理感受和行为倾向。职业教育的氛围不仅给职业人以不同的心理感受和行为倾向，而且还会影响与职业教育相关的社会组织和社会人对职业教育的认知和评价。好的认知和好的评价，会给职业教育带来取向力、助推力，提供更多的机会；不好的认知和不良的评价，会给职业教育发展带来离散力，阻碍职业教育的健康发展。我国高职教育发展到今天，不论在规模还是在质量上，不论在自身发展还是对国家发展的贡献上，虽然取得了公认的成就，但是，长期以来形成的对"职业"的鄙视、客观尚存的不少对高职教育的歧视性政策、高职教育自身存在的现实问题，形成了对高职教育持续健康发展的不利文化氛围。改善职业教育发展的囧况，需要全社会一起努力，营造有利于高职教育发展的良好氛围。

### 1. 对高职教育歧视性政策的清理

随着高职人才特色的不断彰显，尤其是近些年党和国家对高职教育的高度重视，我国高职教育总体地位和社会认可度有了大幅度的提高。但是，现存的歧视性政策仍然是高职教育发展最为关键的不良文化氛围。从国家对高职院校的定位和招生、就业等牵动全社会神经的、能直观高职教育价值

的窗口来看,全社会对高职教育发展影响最为直接的歧视性政策有以下三个方面需要清理:

一是低层次定位高职院校级别易使社会低看高职教育。我国法律明确规定,职业教育有初、中、高三个层次。在国家政策性文件中也明确表述,高职教育有专科、本科、研究生三个层次。《国家职业教育改革实施方案》明确了职业教育的类型特征和应有的社会地位。近几年,国家又出台文件,鼓励一些地方性本科院校、独立学院、新建本科院校等转型为"技术应用型"大学,实质上就是通过行政力推进实施高职本科层次教育。现实中不少相关本科院校虽然在省级教育行政部门的推动下正在"被转型",但大都对此"不热情",从心底觉得应用型本科虽属本科但为职业教育,不比普通本科教育社会地位高,存有情绪不高甚至抵触心理。从目前国家对高职院校层次定位来看,本科层次的应用技术大学为"正厅级",绝大多数高职院校属专科层次为"副厅级"。现实中社会上不会有那么多的人主动深入分析认为高职教育是高等教育的一种"类型",多数人朴素的认识是:学校级别低就是学校地位低,级别低就会给全社会留下低层次教育的文化印象。学校教育不行使行政权力,如果取消高职院校行政级别,改为根据学校发展水平类比行政级别,可以参照示范院校、高水平院校遴选机制,动态评价高职院校水平和教育质量,根据评价结果分类进行管理。在此基础上,单独设计薪酬体系,以省为单位确定高职院校各类人员的薪资标准,推动形成同工同酬。这样可能对消解人们对高职院校低级别的认知是有益的。

二是低层次安排高职院校招生导致绝大多数高分学生不会选择高职求学。从近些年国家高考招生制度的设计来看,高职院校招生的六种形式中,注册录取是在专科录取之后,只要参加了高考并在规定属地最低线上的考生都可以注册,再由高职院校分专业择优录取。特殊类别(退伍军人、特殊行业职工、农民工等)单独录取则按国家政治性政策进行的录取,一般也在高考之前进行。扩招(同等学力者)录取是 2019 年高职百万扩招的特别政策(2020 年确定两年扩招 200 万),对学历要求是达到高中"学力"。从六种录取方式看,国家对高职教育的服务面向给予了较大的灵活性,给高职院校提供了更多的选择和机会,相伴而生的也造成了更大的压力,提高了招生宣传和录取的成本,更给高职院校和一般普通高中、职业高中增添了现实性的烦扰,甚至助推了高职院校与中学、中职学校、企业、社会中介之间的不正当交易,牺牲了学生的根本利益。所趋同的是,几乎所有的方式都是把高考竞争力不强的学生政策性分流到了高职院校,只有极少数参加自主考试的学生是因为专业趋向而选择了高职。入口的低层次必然导致学校举办、培养设计、教学组织、教育评价的低层次,客观上形成了"低层次"的教育文化,这就必然导致企业与学校合作、来校招聘毕业生是为了招收"服务一线""安心基层岗位""能长期吃苦""听话好使唤"的低层次技术技能人才,导致校企合作层次不高。对此,根据"职教20条",招生可以实行独立于普通高考之外的单独选拔制度和办法,江苏在"2019江苏职业教育高质量发展论坛"上发布消息,将率先在全国推行"职教高考"。这是一个积极的信号!同时有必要在国家"1+X"制度下,全面推进技术技能等级考试制度,在全社会形成以技术技能等级标定高职毕业生水平和以技术技能水平作为起薪依据的制度体系,从类型上扭转社会低层次社会认知。

三是低层次评价高职学生价值使得企业低待遇安排高职生就业。在人力资源市场上目前存在的歧视性政策有:填写的个人简历表中都有一栏是"全日制教育第一学历",潜台词不言自明;多数公务员招聘条件是本科"学历",把多数高职学生排除在外;研究生录取如果考生出身高职客观上位处面试和录取竞争劣势。学生就业后,按学历定薪,高职毕业生自然起薪相对较低。级别低、门槛低、待遇低,歧视了本属"类型"高等教育的高职教育,政策性造成了高职教育低层次文化印象。这是封建腐朽文化在现时代的新印记、新形式,应该要彻底摒弃!如果高职毕业生毕业证书只标注高职类别不再标明学历,也许经过多年后就会强化类型而淡化层次。或者,高职毕业生的层次通过"1+N",即一本没有层次标志的毕业证书和某类、某几个技能等级证书(比如职业技能大赛获奖等次,中级工、高级工、技师、高级技师)类比专科、本科、硕士层次,也可能会从形式上逐渐扭转人们对高职低层次而强化教育类型的认知。

**2. 符合类型特征高职院校评价制度的建立**

评价是教育行政部门实施对高职院校的领导和管理的重要手段,也是高职院校发展的政策指挥棒。近些年,随着政府职能的转变,政府对高职院校的评价职能越来越弱化,社会评价逐渐成为教育评价的主流。但目前,我国政府和社会机构对高职院校的评价还存在一些值得探讨的问题:一是教育行政部门通过高水平院校的评选,实质性地对高职院校进行着评价,而且评审结果对具体高职院校的标签直接影响该所高职院校的社会地位,继而显著影响其招生、就业、教科研、教师发展等。可见,教育行政部门如何在新形势下更好地履行政府管理职能还需要按照"治理能力现代化"要求进一步深化改革。二是一些评价交由"全国高职高专校长联席会"实施,联席会头衔是"全国",帽子是"中国",其每年发布的"中国高等职业教育质量年度报告"影响之大可想而知。问题在于,这个联席会虽然没有官方人员任职其中,但主要成员组成多年变化不大、参与的社会公司也较少变化、官方参与的意见起到实质性作用明显,而且每年都发布多个项目排名。当然,联席会评价的项目都是在研究国家教育政策的基础上由专业人员设计的,是有价值的。但是,联席会发布的数据主要来源于各校自行填报的报表,典型案例也主要来源于各校的申报材料,社会评价公司并没有通过市场机制进行遴选。通过这样行政性、合作性机制得出评价结果的科学性有多高是值得商榷的。我国高职教育要更加科学的发展,在政府职能转变的大背景下,必须引入市场机制,建立符合高职类型特征的评价制度。评价是管理文化的重要内容,评价导向对高职办学价值取向、高职育人质量和价值取消具有重要作用。

为此,国家需要通过法定程序和科学标准,建立符合高职教育类型的评价制度。一是要培育权威的市场评价主体。国家教育行政部门虽然通过职能转变不再直接评价高职院校,但是可以在市场机制下更好发挥政府职能作用,通过制定市场评价主体的标准和评价项目的指标体系,确定申报核准高职评价主体的资质。二是政府根据管理的需要采取购买服务的办法,交由经过招投标程序确定的市场评价主体实施对高职院校的评价。必要时还可以通过多个评价主体开展评价或者联合多个主体开展评价，以确保评价结果可验证、可追溯。对评价主体实施动态管理。三是建立规范的评价结果发布制度。目前，既有半官方性质的评价组织，也有高校成立的学术性评价组织，还有媒体等其他市场主体也主动加入了对高职院校评价排名的队伍，评价市场比较混乱。但不论评价结果是否科学，只要经各种媒体发布后，就会对高职院校、对社会公众印象产生重要影响，如果造成负面影响，那仅靠高职院校自己是很难在短期内改变的。所以，建议今后由政府购买的评价结果，由政府组织再审核后发布，而不允许评价公司自行发布，或许这样会给全社会形成有益的权威影响，更好地发挥评价结果的导向作用。四是要建立符合高职特点的专业评价队伍。重点是要厘清高职教育的自身特点和发展规律，不能简单套用本科院校或其他机构自定的评价指标。适合的才是最好的，正确的评价导向才具有科学的评价价值。高职教育评价要追求科学，而不要追求轰动效应，更不能追求"圈子"利益。

## 三、选树文化育人典型塑造高职教育良好形象

研究表明，持续不断地通过宣传教育手段进行某一价值引导，可以影响人们对某一价值的认知、认同和模仿。当前，之所以全社会对高职教育认可度还不高，除了高职院校级别低、门槛低、待遇低外，高职院校自身确实也还有很多方面需要改进提高。这是高职教育给人们的整体性印象。实际上，高职教育为经济社会发展做出的贡献也是有目共睹的，比如，为生产一线提供了大量技术技能人才，不少高职学子因为技术技能水平过硬而成为某一领域的能工巧匠、技能大师、省级工匠、大国工匠等等。要改变或提升全社会对高职教育的整体印象，就需要选树高职教育界的先进典型并大力宣传，用先进典型的事迹感召人，用先进典型的精神激励人，用先进典型的行为鞭策人，通过典型事迹的宣传，让高职教育在全社会留下好的印象、深刻的印象。

典型需要发现和选树，典型的文化育人价值需要紧跟时代步伐，承载文化育人典型的事迹需要凝练和打造，典型的闪光点需要精心包装和有效传播。

**1. 高职院校文化育人典型的选树**

每一所高职院校都有其自身的优势和问题。在文化育人方面，要体现高职教育的职业性价值导向和真善美的积极向上的价值导向，着重选树在紧密联系行业、区域文化形成特色高职校园文化方面做出突出贡献的先进典型。比如，浙江金融职业技术学院突出金融特色，校园文化建设处处显示出"金融"印记，浙江省金融业从业人员有1/4来自该校，被誉为浙江省金融界的"黄埔军校""行长的摇篮"，2015年3月31日《中国教育报》刊文《金融黄埔行长摇篮》对此进行了推介。这样的院校典型宣传以后，就会给人留下"水平高、有特色、有影响"的深刻印象，全社会对高职教育、对某一高职院校就会产生好感。还比如，长沙民政职业技术学院面向民政行业和区域现代服务业，传道"爱众亲仁"道德精神，在殡葬管理服务方面独树一帜。这样的院校典型宣传以后，特殊的服务文化不禁令人肃然起敬，留下深刻、良好的印象。

**2. 高职院校师生典型的选树**

近些年，不少媒体报道了一些高校教师违反职业道德的不良现象。虽然是个例，但是对高等教育的形象确实造成了现实的伤害。这从另一个方面告诉我们，对高职院校教师教书育人的典型事迹进行正面宣传，对提升高职形象是多么的重要！对高职院校教师典型的选树，从实践经验看主要把握两点：一是在为社会提供的技术服务和在校企合作方面做出了突出成绩；二是在关心爱护学生方面发生了感人至深的故事。学校文化人的成效最终都体现在学生上，如果学生技术技能过硬，或者他们在各自工作岗位上做出了突出成绩，就能从一个方面证明学校的办学水平是上乘的。所以，在高职院校选树的学生典型，也要突出两点：一是高职学生在各级各类技术技能大赛中取得的佳绩，以及他们因大赛佳绩而被企业高薪聘用、得以重用的故事；二是高职毕业生走向社会后，在创新创业、精神文明等方面取得的骄人成绩。对在高职教育领域取得成就的师生，高职院校自身和社会媒体都要发挥各自的优势和拥有的丰富资源，大力宣传典型事迹，不断扩大高职教育各种因子的正面形象。宣传时间长了，印象就会得到改善，高职教育发展环境就会不断优化,高职人自信心也会更加坚定地树立起来、增强起来。在这方面,高职院校要高度重视校友的作用,在国家法律法规允许的范围内并按照规定的程序,组建多个层级的校友会,通过这些宝贵的资源为扩大学校影响服务。当然,高职院校也要正视自身发展中的问题,在典型选择、典型宣传时也要实事求是,把握好宣传的时机和强度,采取十分客观的态度。

## 四、苦练内功形成不可替代的文化育人风格

教育质量是高职教育永恒的生命。经过十几年示范校、骨干校、卓越院校、优质院校等建设项目的持续推动,我国高职教育的教育模式、课程建设、产教融合等方面取得了举世瞩目的成就,高职院校办学质量稳步提高,高职教育人才培养特色逐渐彰显,现代职教体系也正逐步形成。但是,与国家经济社会发展需求相比、与人民群众对高职教育的期待相比、与职业教育发达的国家相比,我国高职教育深化改革、推动发展的任务还十分繁重。一些高职院校在具体教学环节尤其实践教学环节的管理上存在着放松、放任的现象,社会媒体经常对此给予关注和报道;高职院校间存在着地区差异、隶属差异、服务领域差异、生源质量差异,发展不平衡、不充分矛盾在高等职业教育领域也同样客观存在;高职院校服务社会能力还不高,文化育人水平还比较低,文化育人价值取向还不清晰并保持定力;等等。高职教育还需要花大力气深化改革、扩大开放,切实提高教育质量,进一步努力形成中国特色文化育人风格。

### 1. 高职育人目标的科学确定

培养目标是育人活动的导向。在高职教育发展过程中出现的众多培养目标的表述,反映的是高职教育的不成熟性和发展的过程性。虽然从国家教育类文件来看,现在基本把高职教育人才培养目标界定为"技术技能"人才,但是在高职院校实践和一些学术研究中,对高职人才培养目标的表述还是五花八门、并不完全统一。这反映的是,"技术技能"人才培养目标的界定仍然没有深入人心或者理解不深不透。根据教育部 2018 年 5 月印发的《普通高等学校高职高专教育指导性专业目录(试行)》,我国高职教育目前开设的专业有一千多个,涉及数十个门类,分布在一、二、三产业的专业比为

6.8；39.4；53.8。把这么多门类、服务于不同产业的庞大的专业集群，仅用"技术技能"来涵盖全部人才培养目标，在内涵把握上是值得商榷的。"技术"和"技能"既有交叉又有不同，"技术技能"到底是"技术"、是"技能"还是"既技术又技能"？如果"技术技能"涵盖不了或者不能准确涵盖，这个目标的设定就不具有科学的普遍指导意义。

科学界定高职教育培养目标，对于构建现代职教体系、实施文化育人、明确文化育人价值取向具有十分重要的意义。高职教育培养目标的界定需要同时涵盖三个方面的教育：职业教育、职业教育中的高等教育、"人"的教育。实际上，"职业技术"具有高度概括性，可以同时反映上述三个问题，所以，把高职教育培养目标直接界定为"职业技术人才"可能比较科学和稳妥。我国高等教育法把高职高专培养的人才确定为"专门人才"，实际上"职业技术人才"就符合这样的规定。尤其是"职业技术人才"与高职院校"职业技术学院"的名称表达一致，同时涵盖了人才、高等、职业三个方面的内涵。以"职业"划清了技术技能人才与学科人才的界限，明确了高职人才的"技术"定位；"技术"本质上是"高技能"、高素质的"技能"，技术应用不是"动作技能"（区别于中等职业教育），其中蕴含着人的主观能动性和创造性，需要良好的理论基础，具备较高的综合素质，本身就体现了高等性的要求。所以，高职教育培养目标表述为"职业技术人才"可能相较于"技术技能人才"更加准确和清晰，其对高职院校文化育人的导向作用就不易出现偏差，就不会给高职教育实践者以无所适从之感。对此，还需要进一步从理论上进行深入讨论。

**2. 文化育人规划的系统设计及实施**

文化是一种精神力量，需要通过积淀积聚能量。文化育人需要设计，需要实现时代感。[①] 高职院校文化育人需要大学文化基础，同时需要嫁接行业企业文化，实现大学文化与企业文化的有效融合。这是一项政治性、技术性、专业性都很强的工作，需要思想重视、顶层设计、上下统一、切实落实。

---

① 周云磊.实现有时代感的文化育人[N].光明日报，2017-12-22(02).

新华网早在 2016 年 7 月 12 日就刊载文章《呼唤高职的"文化育人"系统设计》,一批高职院校领导,比如杭州职业技术学院党委书记安蓉泉、深圳职业技术学院原党委书记刘洪一、金华职业技术学院党委书记胡正明等先后发表了文章,就"文化育人"做了多篇专论,显示了我国高职院校文化建设和文化育人意识在基层和实践层面的自发觉醒。

教师和学生角色不同,校园文化与企业文化不同,因此高职院校必须注重构建第一课堂、第二课堂以及社会实践之间的良好互动关系。高职院校领导和广大教师理应通晓大学文化,深刻认识和感悟企业文化,既要为以文化人、以文育人提供学理支持,也要通过教学体系设计、教学计划实施做好实践引领。要结合学校专业特点、服务面向特点、学校历史传统,做好全年文化活动设计,打造几个品牌科技活动、校企合作文化活动、区域红色文化宣讲活动,发挥专任教师而不是学校或学院领导在其中起主导作用。在教育教学过程中教师是主导,为此高职院校要重视打造校园名师文化,把学校教学名师、企业技能大师、校企重大科技奖项获得者、重大项目主持人等文化资源充分利用起来,形成系列化的名人讲座、名人现场互动活动。要重点设计几项长年校企互动项目,并通过有效传播扩大校企文化影响。要把企业文化内涵融入校园景观设计、楼宇外观设计、实验实训场所文化设计,并与学校育人文化相互协调。

学生是学校文化育人的对象,也是文化育人的主体,高职院校文化育人规划设计要重视突出学生的主体地位。学校的一切活动本质上都是育人的,都是为学生的成长成才服务的,所以,高职院校文化育人项目设计和文化育人活动,都要体现鲜明的职业性、积极向上的价值取向,着眼于学生的健康发展,都要鼓励、引导、规范学生参与文化育人活动。要支持、帮助学生组建健康有益的社团和开展丰富多彩的社团活动,聘请教师把握正确的发展方向,实现社团活动的思想教育性。要重视文化育人梯度设计,把学生在校三年时间作为一个整体进行文化育人设计,由浅入深,循序渐进,逐步把学生从"学校人"发展成为"企业人"。随着高职教育国际化的发展,高水平高职院校还要重视国际教育文化设计,重视校园国际文化氛围营造,开阔学生国际视野，掌握国际交往规则，增加学生跨文化沟通的经历和本领。

**3. 中国高职文化育人风格的形成**

风格是指有代表性的面貌，高职风格就是指高职特有的面貌，这种面貌应该具有其他教育形式、教育层次不可替代性。有不少专家指出，我国教育规模全世界最大，但高等教育并不是全世界最强，我国高职教育最有可能办成世界一流。之所以有这样的自信认识和预言，关键在于我国目前已成为世界第二大经济体，对技术技能人才有强大的需求。这是一方面原因。另一方面，近些年随着企业转型升级，也进一步助推了我国高职教育在专业建设、国际化办学、科技服务能力建设等方面切实实现了适应性转型升级。尤其是我国高职教育发展历史较短，没有太多固有的、强实的框框束缚手脚。所以，企业用人的强大需求、转型升级的强力推动必然促使我国高职教育水平不断提升，育人文化基础不断坚实，并逐步达到较高的水平。

所谓高职教育要形成不可替代性，是与普通高等教育、中等职业教育相比较而言的。作为比较优势，这种不可替代性主要体现在：教育目标的高等职业性，教育内容和教育形式的理论与实践相结合，教育路径的产教融合、校企合作、工学交替。其关键在于，理论、实践教什么、怎么教、怎么结合，产教融合怎么实现，校企合作怎么推进，工学结合怎么落实。这几个问题的一条主线是：以学生成长成才为根本，以企业需求为导向。学生成长是人的技术技能和综合素质的成长，所以，作为高职教育虽然面向一线、服务企业、服务区域，但是不论面朝何处，"人的全面发展"永远是学校文化育人的"北斗星"，指引着所有教育活动包括高职教育活动的方向，离开了"人"，高职教育就失去了"根"和"魂"。企业需求是高职教育的办学导向，这是国家对高职教育的办学方针，是高职教育的"本分"，不紧跟市场变化而调整专业、优化课程、升级手段，高职教育就没有了生存的"土壤"。土壤给根提供养分，根依赖于土壤而生存。有了肥沃的土壤和发达的根系，就会长出枝繁叶茂的大树，至于对大树如何修剪满足企业的需要，这就需要校企合作，通过合作达成共识、形成合力，实现互利双赢的校企共同愿望，形成具有中国特色的高职文化育人风格。

# 第七章 结论与展望

## 第一节 研究结论

第一，高职院校肩负起立德树人使命需迈过文化育人这道"坎"。高职院校主要脱胎于职业大学、成人高等学校、中等专业学校，诞生、发展、壮大于国家经济建设和社会发展的强力推动。虽然我国高职教育在党和国家的高度重视和大力支持下取得了巨大成就，但是仍然存在不少歧视性政策，高职教育总体社会地位不高，给全社会形成"低等"的文化印象。从高职教育自身来看，高职发展存在价值取向偏颇、高职育人存在价值取向模糊、高职院校文化育人存在短板等现实。在就业和社会需求导向下，在高考生源不足的当下，不少高职院校都在为"生存"奔波，教师为职称、兼职忙乎，学生为就业岗位实用学习，劳动教育虚化、表面化，功利性价值取向充斥在高职院校育人全环节，导致教和学只是为了"有用"，学生可持续发展、创新发展、"人"的全面发展都比较弱化。高职院校要承担技术技能创新、技术技能积累重任，必须依赖于"人"的综合素质和较强的创新能力。高职院校只有把文化育人提到应有的高度，把文化建设摆到重要的位置，明确文化育人职业性价值取向，坚定而自信地迈过文化育人这道"坎"，才能肩负起立德树人崇高的历史使命。

第二，高职院校文化育人价值取向有两方面"向度目标"和一个"耦合路径"。价值取向支配着主体的实践行动，高职院校文化育人价值取向支配着高职院校文化育人的实践行动。文化育人定位决定高职院校文化育人价值取向的性质，文化育人特性决定高职院校文化育人面貌，文化育人价值取向反作用于文化育人定位和特性，因而文化育人定位、文化育人特性的向度即为高职院校文化育人价值取向的应然目标。从育人定位的服务面向、服务价值观、服务价值标准、服务实现方式等维度分析，高职院校文化育人定位体现在服务面向一线、推崇技术文化、渐趋价值理性、摆脱时空拘囿等"四向度"；从育人目标设定、育人方式选择、人才个性彰显、社会价值实现等维度分析，高职院校文化育人特性体现在育人目标崇尚技术应用性、育人过程崇尚技术人文性、育人成果崇尚技术竞争性、育人文化崇尚职业暗示性等"四向度"。文化育人是以正向价值"教化"学生，所以，从育人路径分析，高职院校文化育人价值取向实现的路径是：以"职业性"特质人才为培养目标，走校企"双主体"文化育人之路，在合作中正视育人文化与企业文化目标的现实不融，规避企业文化中不利于人的道德、理性、真善美形成的文化因子，有效耦合高职院校育人文化与企业先进文化，从而实现立德树人的目标追求。两个"四向度"和一个"耦合路径"搭建起高职院校文化育人价值取向及其彰显的基本理论架构。

第三，高职院校文化育人价值取向有四个发展阶段和三方面宏观成就一个向度之囿。文化育人价值取向是在文化育人活动中对文化内容、文化传播方式以及传播路径的选取和稳定性态度取向，因而文化育人价值取向与某一特定阶段的经济社会发展水平、党和国家政策要求以及人们对育人的期待紧密关联。经济社会发展水平是文化育人价值取向的物质基础，党和国家的要求是文化育人价值取向的政治导向，人们对教育的期待则是文化育人价值取向的现实动力。发展任务决定价值目标，递进式发展任务决定递进式价值目标。在高职教育发展历史进程中，高职院校文化育人价值取向相伴经历了一个由浅入深、不断矫正的发展过程。在追溯文化本源及其当代性价值取向，以及由远及近梳理我国职业教育及其文化育人价值取向历史脉络、审思基本实践的基础上，以发展需要、发展规模、发展质量为标准，分析了我国高职教育诞生增数量、调整扩规模、充实提质量、创新抓特色等四个递进式发展阶段。从对文化育人的认识高度、重视程度和实践效度，首次分析出高职院校文化育人价值取向相对应地形成随性、工具性、理性、特性四个递进式发展阶段。四个递进式发展阶段具有鲜明的演进逻辑,是一个"适应—调整—再适应"的经济与高职互动的演进过程。高职教育通过四个阶段持续发展,从宏观上形成了三个方面的宏观成就和一个向度之困:高职文化"双重属性"形成共识、高职文化"中国特色"初显雏形、高职转身"类型大学"成为目标、高职文化"向度摇摆"阻碍类型彰显。

第四,高职院校文化育人价值取向存在四个方面主要问题五个方面问题归因。通过对高职院校文化育人价值取向的渊源分析和历史回顾,我国高职教育具有自身的类型定位和体系定位,具有特色的文化形态和文化形态关系价值取向。高职院校文化育人价值取向深受传统文化对技术精神的"双压制性"、社会文化对育人文化的"深度融合性"、外来文化对高职文化的"反思间性"等影响。我国高职教育与普通高等教育具有相同的"高等"文化共性,同时又有"职业性"个性价值追求。从张扬高职特色、建设中国特色高职教育的高度看,弱化高职院校文化育人价值取向并制约了其实现的深度、广度和效度的有以下四个方面主要问题:融入工业文化因素比较泛化、注入企业文化要素比较主观、培养优秀企业精神不够重视、关注文化间性存在盲目性碎片化。这些问题不是一朝一夕形成的,也不是单一因素造成的。作为以就业和社会需求为导向的我国高职教育,高职院校的文化育人活动是开放的、不是封闭的,影响高职院校文化育人价值取向是多维因素复合的结果。从高职院校文化育人的价值理念、本质内涵、实现途径和宏观环境等多维度分析,影响其彰显障碍的主要归因于以下五个方面:文化育人自觉性不强、职业文化理解得不深、校企文化交融性不足、文化传播机制不完善、法律法规机制不健全。

第五,彰显高职院校文化育人价值取向有五个方面系统化策略。文化育人是一个庞大的系统工程,渗透在高职院校各类育人文化、育人过程之中。彰显高职院校文化育人的价值取向,就需要针对现实问题并在深度剖析其成因的基础上,把握重点环节,从内容、载体、路径、传播方式、文化环境等五个方面系统化推进。第一要凝练职业精神标签彰显文化育人价值取向核心精神，即以校训为集中体现，树立正确的理想信念、锤炼工匠精神的职业品质、确立正确的职业价值观、形成奋斗的职业姿态、认同传承传统的特色文化、与时俱进赋予职业精神新的内涵。第二要打造职业文化载体增强文化育人价值取向显示度，即通过确立职业文化载体建设的核心理念、明确职业文化载体建设的根本属性、把握职业文化载体建设的本质要求、厘清职业文化载体建设的价值体现重点打造专题博物馆。第三要促进校企文化有效交流打通文化育人价值取向彰显路径，即正确营造校园的企业文化、有效利用企业的教育文化、科学实现校企文化的深度交融。第四要建立职业文化高效传播机制推进文化育人价值取向深化，即积极慎重推进企业赞助校园科技活动、有效融入企业文化实施"双文化主体"育人、恰当嵌入优秀企业文化实现职业文化深度传播。第五要优化文化育人环境浓厚文化育人价值取向氛围，即要完善高职教育科学发展的法律文化、营造高职教育健康发展的良好社会文化氛围、选树文化育人育人典型塑造高职教育良好形象、苦练内功形成不可替代的文化育人风格。

# 第二节 研究展望

文化本身就是一个十分庞杂不易厘清的理论和实践问题，就高职院校文化育人价值取向及其彰显进行研究，涉及文化育人、育人文化、价值取向等多个领域和方向，更是难以把握内涵、容易混淆逻辑。高职院校文化育人价值取向比高职院校文化育人本身的视角更加聚焦，研究的问题更深入一步，是一个动态发展中的问题。本书研究成果只是阶段性的、现时性的。

本书聚焦高职院校文化育人价值取向，在历史考察、现实考量的基础上确立研究路线、实施研究活动，所提出的高职院校文化育人价值取向的应然目标、彰显建议，显然具有一定的局限性。当然，这一开创性研究成果可以为高职院校文化育人价值取向的未来研究者做进一步深入研究激发了热情、启发了思路、树立了"靶子"。

　　文化育人价值取向属思想政治教育学范畴,同时也属教育学、文化学范畴,具有鲜明的学科交叉性特点。实际上,思想政治教育学也具有学科综合性的特点,简单地将文化育人价值取向划归某一单一学科是不科学的。就本课题而言,如果偏靠某一学科进行研究也难以达到理想的深度,可能会弱化所提对策建议的实践意义。这也是本课题在研究过程中的困惑所在。

　　本书所提出的高职院校文化育人价值取向彰显的建议,由于涉及的文化本身、育人文化、企业文化、文化承载、文化传播、育人环境、高职教育等问题很多,面广量大视野宽,而在党和国家的高度重视下近些年高职教育发展又十分迅速,限于水平和精力,所提出的建议只是思路性、建议性的,没有做到更加深入和具体。这也是今后需要进一步深化研究的问题。

　　就高职院校文化育人价值取向而言,尚有以下问题值得进一步深入研究:

　　一是文化育人价值取向的理论基础问题。从高职学生成长成才的全面因素分析,文化育人价值取向必然涉及众多学科领域,比如教育学、管理学、社会学、文化学、心理学、思想政治教育学等。就文化育人价值取向的理论基础而言,众多的学科是简单的叠加还是有所侧重,是这些学科的下级学科的叠加还是相互交融,是某一学科为主导其他学科为补充还是多学科为主其他学科为补充? 这些都是有赖于进一步理清的理论基础问题。

　　二是高职文化育人价值取向实现的机制问题。文化对人的成长的教育性受到外部环境、可用资源、呈现方式、教育客体自身现状等多种因素的影响,而不同学科对文化的理解存在较大的差异。高职教育是一个开放性的教育领域,具有个性文化形态,所以高职院校文化育人价值取向具有自身的规律。本研究虽然对此有所涉及,力图揭示出高职院校文化育人职业性价值取向及其彰显的机制和规律,但深度还很不够,尚需进一步深入研究。

　　高职教育,寄托了党和国家的高度重视,寄托了全社会的高度期待。四十年高职教育取得的成绩有目共睹,面对高职教育尚存在的深层次问题必须高度重视。瞄准中国特色、世界一流的高职教育建设目标,尚需提升高职文化层次、重视文化育人、共识价值取向及其彰显策略,通过进一步深化改革彰显特色,形成不可替代性的中国高职文化育人风格。2019 年 1 月 24 日国务院印发的《国家职业教育改革实施方案》首次以国家名义出台职业教育改革"实施方案",2020 年 10 月 13 日中共中央国务院印发《深化新时代教育评价改革总体方案》首次以中共中央和国务院名义明确了新时代各级各类学校的办学导向,必将深度改变高职院校文化育人价值取向的文化形态,深刻影响高职院校文化育人价值取向的实现及其彰显的方式和路径。2021 年 4 月,习近平总书记对职业教育工做出重要指示强调,在全面建设社会主义现代化国家新征程中,职业教育前途广阔、大有可为。他要求,要坚持党的领导,坚持正确办学方向,坚持立德树人,优化职业教育类型定位,深化产教融合、校企合作,深入推进育人方式、办学模式、管理体制、保障机制改革,稳步发展职业本科教育,建设一批高水平职业院校和专业,推动职普融通,增强职业教育适应性,加快构建现代职业教育体系,培养更多高素质技术技能人才、能工巧匠、大国工匠。总书记还要求,各级党委和政府要加大制度创新、政策供给、投入力度,弘扬工匠精神,提高技术技能人才社会地位,为全面建设社会主义现代化国家、实现中华民族伟大复兴的中国梦提供有力人才和技能支撑。这为新时代高职教育发展指出了鲜明价值取向,营造了利好发展环境,也预示着我国高职文化必将在新的起点上进一步丰富、发展和提升。

# 参考文献

## 一、著作类

[1] 马克思恩格斯全集(第 1 卷)[M]. 北京:人民出版社,1995.

[2] 马克思恩格斯全集(第 3 卷)[M]. 北京:人民出版社,1995.

[3] 人民教育出版社. 毛泽东同志论教育工作[M]. 北京:人民教育出版社,1958.

[4] 孙中山. 孙中山全集:第一卷[M]. 北京:中华书局,1981.

[5] 中共中央文献研究室. 习近平总书记重要讲话文章选编[M]. 北京:中央文献出版社,党建读物出版社,2016.

[6] 习近平. 决胜全面建成小康社会 夺取新时代中国特色社会主义伟大胜利——在中国共产党第十九次全国代表大会上的报告[M]. 北京:人民出版社,2017.

[7] 本书编写组. 党的十九大报告辅导读本[M]. 北京:人民出版社,2017.

[8] 瞿菊农编译. 康德教育论[M]. 北京:商务印书馆,1930.

[9] 中华职教社. 黄炎培教育文选[M]. 上海:上海教育出版社,1985.

[10] 胡适. 胡适选集[M]. 天津:天津人民出版社,1991.

[11] 罗荣渠. 从"西化"到现代化[M]. 北京:北京大学出版社,1991.

[12] 卡尔·雅斯贝尔斯著. 邹进译. 什么是教育[M]. 北京:生活·读书·新知,1991.

[13] 胡绳. 中国共产党的七十年[M]. 北京:中共党史出版社,1991.

[14] 叶立群. 职业技术教育学[M]. 福州:福建教育出版社,1995.

[15] 康日新,李湘舟,邓克谋. 价值取向与价值导向[M]. 长沙:中南工业大

学出版社,1996.

[16] (美)亨利·罗索夫斯基著,谢宗仙,周灵芝,马宝兰译.美国校园文化[M].济南:山东人民出版社,1996.

[17] 教育部社会科学研究与思想政治教育司组编.思想政治教育方法论[M].北京:高等教育出版社,1999.

[18] 官风华.台湾校园文化[M].太原:山西教育出版社,1999.

[19] 国际技术教育协会.美国国家技术教育标准:技术学习的内容[M].黄军英等译.北京:科学出版社,2003.

[20] 王旭善等.双师型教师队伍建设[M].北京:中国建筑工业出版社,2004.

[21] J·瓦西纳著,孙晓玲,罗萌等译.文化与人类发展[M].上海:华东师范大学出版社,2007.

[22] 孙正聿.哲学通论[M].上海:复旦大学出版社,2011.

[23] 杨金海.《1857—1858年经济学手稿》研究(马克思主义研究资料第5卷)[M].北京:中央编译出版社,2013.

[24] 杨新建.国际视野下马克思主义中国化研究[M].北京:人民出版社,2016.

[25] 爱德华·泰勒.原始文化[M].南宁:广西师范大学出版社,2005.

[26] 沈壮海.思想政治教育的文化视野[M].北京:人民出版社,2005.

[27] 张耀灿等.思想政治教育学前沿[M].北京:人民出版社,2006.

[28] 费孝通.费孝通论文化与文化自觉[M].北京:群言出版社,2007.

[29] 陈华洲.思想政治教育资源论[M].北京:中国社会科学出版社,2007.

[30] 杨建义.大学生思想政治教育路径研究[M].北京:社会科学文献出版社,2009.

[31] 王旭善等.高职教育发展战略研究——学习型社会视域中的高职教育[M].北京:高等教育出版社,2008.

[32] 祝怀新.面向现代化:澳大利亚高等教育研究[M].杭州:浙江大学出版社,2009.

[33] 姚寿广,经贵宝.新加坡高等职业教育:以南洋理工学院为例[M].北京:高等教育出版社,2009.

[34] 梁绿琦.高等职业教育研究资料选编[M].北京:北京理工大学出版社,2010.

[35] 艾宏歌.当代韩国教育政策与改革动向[M].北京:社会科学文献出版社,2011.

[36] 英罗伯特·艾伦.近代英国工业革命揭秘[M].杭州:浙江大学出版社,2012.

[37] 上海教育科学研究院,麦可思研究院.2012中国高等职业教育人才培养年度报告[M].北京:外语教学与研究出版社,2012.

[38] 徐艳国.思想政治教育政策环境论[M].北京:中国人民大学出版社,2012.

[39] 王琦,邢运凯等.高职教育文化的构建[M].杭州:浙江工商大学出版社,2012.

[40] 全国高职院校文化素质教育协作会　深圳职业技术学院　商务印书馆主办.文化育人[M].北京:商务印书馆,2012.

[41] 汪辉,李志永.大国教育战略研究丛书:日本教育战略研究[M].杭州:浙江教育出版社,2013.

[42] 韩延明等.大学文化育人之道[M].北京:高等教育出版社,2013.

## 二、期刊类

[1] 解延年.高等职业教育属性再议[J].天津职业大学学报,1995(02):3-4.

[2] 王建军.论校园文化的多维系统结构[J].吉林教育科学:高教研究,2001(03):8-11.

[3] 顾乃忠.文化与文化形态学[J].江苏行政学院学报,2001(01):34-37+118.

[4] 寿韬.高校校园文化的层次结构及特征初探[J].华东师范大学学报:哲

学社会科学版,2003(5):58-62.

[5] 王文兵,王维国.论中国现代职业文化建设[J].中国长春市委党校学报,2004(04):71.

[6] 张永新.大学文化建设的文化形态学分析[J].大连大学学报,2005(01):64-66.

[7] 朱巧芳.试析高职校园文化[J].清华大学教育研究,2005(03):100-103.

[8] 吴建强.大学学校文化及其对教师的影响:中英比较对我们的启示[J].教育学报,2005(04):83-89.

[9] 张心昊,王振良,王士立.唐山工业文化初论[J].唐山学报,2005(06):3-7.

[10] 朱巧芳.试析高职校园文化[J].清华大学教育研究,2005(06):100-103.

[11] 李春海,房玉东.加强校园文化与企业文化的有机融合 构建以"职业"为特征的特色校园文化[J].山东教育学院学报,2005(09):90-91.

[12] 陈桂良.论高职院校校企文化联营的意义与价值[J].武汉职业技术学院学报,2006(04):38-41.

[13] 宗雪萍.高职教育工科类培养目标的定位探究[J].宁波工程学院学报,2007(02):123-125.

[14] 雷久相.用优秀的校园文化提升高职核心竞争力[J].中国职业技术教育,2007(02):29-32.

[15] 方桐清,黄宝玲.试论高校专业课教学中德育功能的渗透[J].煤炭高等教育,2007(05):78-80.

[16] 刘小强,彭旭.体制·重心·学制·文化——影响当前我国高职教育发展的四个问题[J].高等工程教育,2007(05):115-118.

[17] 靳润奇,池卫东,邓晓红.高职院校行为文化建设刍议[J].教育探索,2007(08):29-30.

[18] 孟凡华,郭丹.十八以来中国特色现代职业教育政策推动报告[J].职业技术教育,2007(24):29-36.

[19] 秦承敏,郭传金.略论高职院校文化建设的创新[J].学校党建与思想教育,2007(10):76-77.

[20] 蔡峋.文化浸润与学生素质提升[J].中国教育学刊,2007(06):34-36.

[21] 常颖.企业文化解说[J].内蒙古电力大学学报,2008(01):47-48.

[22] 杨哲生.论高职的教育类型—兼论技术与职业教育的内涵[J].职教论坛,2008-07:21-23.

[23] 邱仁福.文化共生与和谐文化策略[J].天水行政学院学报,2008(02):106-109.

[24] 刘洪一.中国特色高职文化的建构与实践[J].中国高教研究,2008(12):54-57.

[25] 庄三舵,路军方.高职实训文化建设的现实依据[J].江苏技术师范学院学报,2008(12):14-16.

[26] 李时雨,徐健,绍云雁.高职院校文化个性研究[J].职业技术教育,2009(01):22-25.

[27] 马树超.对职业教育发展未来30年的展望[J].职业技术教育(人大复印资料),2009(02):9-11.

[28] 张金磊.本质、内涵、路向:高职教育文化发展的三个基点[J].北京工业职业技术学院学报,2009(04):51-54.

[29] 宋建军.文化视域下国家示范性高职院校建设的思考[J].黑龙江高教研究,2009(04):71-74.

[30] 金燕.高职教育的文化支点:互动与融合的校企文化[J].高等工程教育研究,2009(04):132-135.

[31] 姚国成,王诚.政策因素对我国高等职业教育发展的影响[J].安徽工业大学学报,2009(05):6-7.

[32] 陈云涛.高职教育视域下的大学精神重构[J].高等教育研究,2009

(07):61 - 65.

[33] 栾林.大文化视野下的高职教育发展策略[J].教育与职业,2009(21):
149 - 150.

[34] 黄少荣.由高职教育的三维属性探讨动态人才的培养[J].新课程研
究,2009 - 08(中旬):119 - 120.

[35] 董秀敏.职业的文化性向度——兼析职业教育与文化的关系[J].职教
论坛,2009(21):30 - 32.

[36] 刘兰明.高职教育的文化建设目标、内容与原则[J].岳阳职业技术学
院学报,2010(01):1 - 4.

[37] 孙兵.基于虚实一体化的高职校内实训基地建设[J].中国轻工教育,
2010(01):75 - 76+80.

[38] 罗忆.探析我国高等职业教育文化[J].乌鲁木齐职业大学学报,2010
(02):58 - 60.

[39] 杜学森.高职院校校园文化科学内涵解析[J].天津职业院校联合学
报,2010(03):21 - 25.

[40] 习近平.领导干部读书"三要"[J].精神文明导刊,2010(04):9.

[41] 张玉山.福州船政学堂与中国近代职业教育[J].新乡学院学报(社会
科学版),2010(04):84 - 87.

[42] 周元清.提高我国教育国际化水平[J].中国高教研究,2010(05):1.

[43] 石芬芳,胡类明.基于高等教育层类视角的高职文化研究[J].职业技
术教育,2010(07):10 - 15.

[44] 陈衍,房巍,郝卓君,王昊.中国职教研究学术影响力报告(2010)[J].
职业技术教育.2010(36):54 - 55.

[45] 李辉,牛晓艳.注重示范院校内涵建设　打造高职校园文化[J].中国
职业技术教育,2010(08):79 - 81.

[46] 雷久相.高职校园文化与企业文化对接的理论意义和实践要求[J].职
教论坛,2010(12):57 - 59.

[47] 余祖光.先进工业文化进入职业院校校园的研究[J].职业技术教育,

2010(22):5-10.

[48] 李红,方桐清.高职院校校园文化与企业文化的耦合研究[J].教育与职业,2010(30):23-24.

[49] 解万玉.工学结合人才培养模式再认识[J].中国成人教育,2011(01):106-108.

[50] 李志雄.高职毕业生职业关键能力培养的社会动因及阻力探究[J].广东技术师范学院学报,2011(1):13-16.

[51] 张雅泉.对职业院校技能大赛热的理性思考[J].职教论坛,2011(01):53-54.

[52] 乔琦.综合类生态工业园区建设绩效评估[J].环境工程技术学报,2011(01):82-86.

[53] 黄柏江.高等性:高职院校建设中不可忽略的一翼[J].江苏高教,2011(02):142-144.

[54] 张亚平.大学生思想政治教育实践与社会主义核心价值观教育[J].集宁师专学报,2011(02):93-96.

[55] 陈光.示范院校工程造价专业人才培养的创新与构想[J].温州职业技术学院学报,2011(03):33-36.

[56] 张登宏,方桐清."双主体"育人模式的实践与思考-以"企业学院"进校园为例[J].中国高教研究,2011(03):75-76.

[57] 张海波,张军儒,杨晓帆.现代远程教育的"间性"理论研究[J].教育理论与实践,2011(03):21-23.

[58] 石芬芳,胡类明.大学精神在高职文化建设中的立体贯注[J].职教论坛,2011(06):68-71.

[59] 张秋玲.论高职院校学生职业技能大赛的价值取向[J].河南科技学院学报,2011(08):25-27.

[60] 靳润成.全国职业院校技能大赛促进职业教育发展的战略思考[J].教育研究,2011(09):56-61.

[61] 刘兰明,张金磊.高职教育文化的反思与构建[J].中国高等教育,2011

(18):40 – 42.

[62] 余祖光.职业教育校企合作中工业文化对接的新动向[J].职业技术教育,2011(25):5 – 10.

[63] 胡海桃.王阳明的实学思想及其对新实学研究的启示[J].郑州轻工学院学报(社会科学版),2012(04):30 – 33.

[64] 冯凌云.高职院校校园行为文化与企业行为文化的对比与融合[J].教师,2012(20):18 – 19.

[65] 鲁昕.发挥文化育人作用　推进职业院校德育创新——在全国职业院校德育创新暨校园文化建设工作座谈会上的讲话[J].中国职业技术教育,2012(08):24 – 30.

[66] 赵红深.高职院校多元文化冲突与对策[J].教育与职业,2012(5):34 – 36.

[67] 徐芬.试论大学生的企业文化教育[J].黎明职业大学学报,2012(06):72 – 74.

[68] 刘玲.软实力视域下的高职院校文化形态探析[J].职业技术教育,2012(08):87 – 89.

[69] 胡蓉,周金业.利益相关者视野下的高职院校与工业园区对接研究[J].继续教育研究,2012(12):48 – 49.

[70] 鞠锡田,张翠香.全国职业院校技能大赛研究综述[J].职教论坛,2012(19):79 – 82.

[71] 徐铭,丁钢.高职院校文化传承创新的自觉路径[J].中国职业技术教育,2012(21):72 – 75.

[72] 孟娜.论中国特色现代职业教育体系的创新构成[J].继续教育,2013(01):38.

[73] 蓝炜儿,姚晓波.孙中山职业教育思想及现实意义初探[J].郧阳师范高等专科学校学报,2013(02):94 – 96.

[74] 孙慧娟.试论高职校园文化建设——基于校企文化对接的思考[J].职业教育研究,2013(03):25 – 27.

[75] 周治.高等职业院校校企合作中的资源共享研究[J].中国成人教育，2013(03):92-93.

[76] 李杰,王东强.论校企"嵌入式"人才培养地文化路径建构[J].重庆高教研究,2013(04):82-85.

[77] 唐锡海.高职文化与企业文化的融合逻辑[J].中国高等教育,2013(08):51-53.

[78] 赵学通.高职院校文化使命:工业文化的传承与创新[J].中国高教研究,2013(09):103-106.

[79] 王晶.高职院校学生增值性评价实施方案研究[J].职业技术教育,2013(17):55-58.

[80] 罗先奎,刘人人.高职院校校园文化建设中的地域文化因素[J].扬州大学学报,2014(02):18-21.

[81] 卢亚莲.文化育人:高职教育内涵式发展的必由之路[J].河北广播电视大学学报,2014(05):96-98.

[82] 沈铭钟,沈建根,刘晓宁.我国职业教育集团发展的现状、问题与对策[J].中国职业技术教育,2014(36):39-42.

[83] 方天海."三企进校"文化育人模式对高职相关课程建设的影响[J].中国职业技术教育,2014(07):93-96.

[84] 苏达士,胡斌,陈传胜,高飞,曾磊.多方合作办学共赢理论探讨与实践[J].北京工业职业技术学院学报,2015(02):42-45.

[85] 张音宇.现代职业教育视野下加强高职院校校园文化建设的思考[J].长沙航空职业技术学院学报,2015(03):1-4.

[86] 刘洪一,陈秋明,谭属春,窦志敏,王波.高职院校文化育人的系统设计与实践[J].中国职业技术教育,2015(07):74-77+82.

[87] 王文涛.高职文化素质教育的历史发展与基本特征[J].高等教育研究,2015(06):73-79.

[88] 刘杰,刘康声.高职大学生人文精神与科学精神的交融与培养[J].教育与职业,2015(06):64-65.

[89] 袁小红,周国强,曾妙红.构建高职院校特色文化育人模式[J].高教论坛,2015(02):107-109.

[90] 李传伟,董先,高云亭,姜义,谭在仁,崔荣章.高职学生顶岗实习状况分析研究报告[J].北京财贸职业学院学报,2015(01):62-65.

[91] 钱玲玲."2.5+0.5"人才培养模式下的课程设置的问题与对策[J].新课程,2015(02):179.

[92] 师超红,杨明霞."实训教学对接生产过程,学生作品变成社会商品"的探索[J].工业与信息化教育,2015(04):43-46.

[93] 袁靖宇.江苏职教集团发展的基本经验、主要挑战与关键问题[J].中国大学教育,2015(04):65-69.

[94] 张彩云,赵冬,赵中见,马兰.高职院校技能大赛的意义、作用与推进策略[J].湖北职业技术学院学报,2015(06):31-33.

[95] 章义.优秀企业文化融入高职教育的路径探究——基于人本主义教育观的视角[J].湖北职业技术学院学报,2016(01):22-25.

[96] 卢淦明,李俊宏.德国职业教育法律制度对我国的启示[J].广东行政学院学报,2016(02):70-75.

[97] 黄君录.高职院校加强"工匠精神"培育的思考[J].教育探索,2016(08):50-54.

[98] 黄君录.高职院校教学文化的检视与生成[J].中国职业技术教育,2016(17):70-74.

[99] 柯玲.以产业链为导向的集群式技术技能人才培养模式探析[J].中国职业技术教育,2016(17):5-11.

[100] 程宜康.对技术应用型人才培养的若干认识[J].职业技术教育,2016(31):21-26.

[101] 刘晓,刘晓宁.以服务产业转型升级为导向提升高职专业建设[J].中国高等教育,2017(02):69-71.

[102] 仲晓密,钱涛.高职教育与工匠及工匠精神之养成[J].辽宁高职学报,2017(03):15-17.

[103] 胡辉平. 从"技能本位"走向"文化育人"[J]. 巢湖学院学报,2017 (04):153-156.

[104] 潘乾,金成龙. 延边朝鲜族文化教育传承策略分析[J]. 长春工程学院学报(社会科学版),2017(04):82-85.

[105] 胡辉平. 从"技能本位"到"文化育人"[J]. 巢湖学院学报,2017(04):153-156.

[106] 宋园园. 职业技能大赛对高等职业教育生态的影响研究[L]. 辽宁高职学报,2017(05):73-76.

[107] 邢清华. 高职教育职业精神融入职业技能培养的机制研究[J]. 职教论坛,2017(06):52-56.

[108] 周晶,岳金凤. 十八大以来中国特色现代职业教育深化产教融合校企合作报告[J]. 职业技术教育,2017(24):45-52.

[109] 任占营,童卫军. 高等职业教育生均拨款制度实施困境与对策探析[J]. 中国高教研究,2017(08):101-105.

[110] 袁自煌. 建设教育强国的根本遵循[J]. 中国高等教育,2017(20):16-22.

[111] 卢坤建,周红莉,李作为. 产业学院推进产教深度融合的模式研究与实践探索[J]. 职业技术教育,2017(23):14-17.

[112] 谭思师. 转型背景下地方院校大学生职业生涯规划教育探析[J]. 中国高校科技,2017(S1):13-14.

[113] 成文章,代红兵,高龙,殷守刚. 差异性国际化办学与云南国门大学建设研究[J]. 普尔学院学报,2018(01):1-6.

[114] 房巍. 2017年值得关注的政策[J]. 职业技术教育,2018(03):72-73.

[115] 蒙象飞. 高校思想政治理论课教育教学的着力点与优化路径[J]. 黑龙江高教研究,2018(06):137-140.

[116] 孔小娃,孔巧丽. 优质高职院校建设:逻辑起点与战略要点[J]. 职业技术教育,2018(10):6-11.

[117] 李亚楠,李文哲. 上热下不热? 官热民不热? 校热企不热? 破解职业

教育"三热三不热"[J].半月谈,2018(18).

[118] 匡瑛.高等职业教育"高等性"之惑及其当代破解[J].华东师范大学学报(教育科学版),2020(1):2-22.

[119] 郑敏.马克思对经济的社会形态发展的早期研究分析[J].山西高等学校社会科学学报,2020(01):7-11.

[120] 张新平,刘栋.论人类共同体的发展逻辑[J].科学社会主义,2019(01):28-32.

[121] 汪行福.马克思社会形态与中国道路的理论自觉[J].天津社会科学,2020(01):36-43.

[122] 宗诚,聂伟.试论我国本科层次职业教育发展的理路[J].高等工程教育研究,2020(4):137-141.

[123] 林夕宝,余景波,周鹏.中华优秀传统文化融入高职学生社会主义核心价值观的培育研究[J].职教通讯,2020(09):82-93.

**三、媒体类**

[1] 任邢晖.充分认识职业技能大赛的功能价值[N].中国教育报,2008-06-25(09).

[2] 袁洪志.高职教师资格认定应自有标准[N].中国教育报,2009-12-07(07).

[3] 新华社.胡锦涛在庆祝清华大学建校100周年大会上的讲话[EB/OL].http://www.gov.cn/ldhd/2011-04/24/content_1851436.htm.

[4] 梁国胜.江苏高职"高原"现象的启示[N].中国青年报,2013-05-06(T01).

[5] 潘守永.博物馆(记忆+创新)=社会变革[N].光明日报,2013-05-18(12).

[6] 李晓东,危兆盖,鲁磊.高校博物馆成重要的育人课堂[N].光明日报,2013-09-16(07).

[7] 倪光辉.习近平就加快职业教育发展做出重要指示[N].人民日报,

2014 - 06 - 24(01).

[8] 安蓉泉. 高职"文化育人"的错位与调适[N]. 中国青年报,2014 - 12 - 22
(11).

[9] 郑丽梅. 注重职业技能和职业精神的融合 提高职业教育人才培养质
量[N]. 中国教育报,2015 - 10 - 26(08).

[10] 崔岩. 找准技术技能人才培养改革的关键路径[N]. 中国教育报,2015 -
12 - 24(09).

[11] 胡正明. 高职院校如何推进文化育人[N]. 光明日报,2016 - 03 - 01
(15).

[12] 央广网. 习近平总书记在文艺工作座谈会上的讲话[EB/OL]. http://
news. cnr. cn/special/fanggezhongguo _ 504110181/pic/20161009/
t20161009_523184237. shtml.

[13] 何继龄. 文化自信是高校思想政治工作的动力源[N]. 光明日报,2016 -
12 - 26(13).

[14] 中华人民共和国教育部政府门户网站. 教育部关于"十三五"时期高等
学校设置工作的意见[EB/OL]. http//www. moe. edu. cn.

[15] 陈秋明. 文化育人的独特价值[N]. 光明日报,2017 - 01 - 19(14).

[16] 人民网. 中共中央国务院印发《关于加强和改进新形势下高校思想政
治工作的意见》[EB/OL]. http://dangjian. people. com. cn/n1/2017/
0228/c117092 - 29111665. html.

[17] 刘向兵. 高校当重视"大国工匠"研究[N]. 光明日报,2017 - 04 - 18
(13).

[18] 陈洪尧. "工匠精神",职业教育的灵魂[N]. 中国教育报,2017 - 09 - 12
(09).

[19] 晋浩天. 教育部:马克思主义学院要成为高校的重点学院[N]. 光明日
报,2017 - 10 - 01(12).

[20] 中共教育部党组. 高校思想政治工作质量提升工程实施纲要[EB/
OL]. http://www. moe. edu. cn/srcsite/A12/s7060/201712/

t20171206_320698. html.

[21] 李元元. 新时代中国高等教育发展的新判断新特征新使命[N]. 中国教育报,2017 – 11 – 02(06).

[22] 周云磊. 实现有时代感的文化育人[N]. 光明日报,2017 – 12 – 22(02).

[23] 人民网. 习近平在北京大学师生座谈会上的讲话[EB/OL]. http://politics. people. com. cn/n1/2018/0503/c1024 – 29961468. html.

[24] 南京工业职业技术学院. 传承黄炎培职教思想　走特色职业教育发展之路[N]. 中国青年报,2018 – 05 – 15(07).

[25] 新华社. 习近平在北京大学考察时强调　抓住培养社会主义建设者和接班人根本任务　努力建设中国特色世界一流大学[N]. 中国教育报,2018 – 05 – 03(1).

[26] 吴京,胡浩. 习近平在全国教育工作大会上强调　坚持中国特色社会主义教育发展道路　培养德智体美劳全面发展的社会主义建设者和接班人[N]. 中国教育报,2018 – 09 – 11(01).

[27] 高靓. 国务院印发《国家职业教育改革实施方案》[N]. 中国教育报,2019 – 02 – 14(01).

[28] 编者按. 专家解读《国家职业教育改革实施方案》[N]. 中国教育报,2019 – 03 – 20(04).

[29] 人民网. 中国共产党第十九届中央委员会第四次全体会议公报[EB/OL]. http://politics. people. com. cn/n1/2019/1031/c1024 – 31431617. html.

[30] 高靓. 职业教育法修订草案公开征求意见[N]. 中国教育报,2019 – 12 – 06(01).

[31] 黄琼. 新时代加强劳动教育的价值与实现路径[N]. 中国教育报,2020 – 04 – 14(08).

[32] 乐乐,雷世平. 劳动教育何以"树德"[N]. 中国教育报,2020 – 07 – 21(04).

[33] 中华人民共和国中央人民政府. 中共中央　国务院印发《深化新时代

教育评价改革总体方案》[EB/OL]. http://www. gov. cn/zhengce/2020 - 10/13/content_5551032. htm.

## 四、学位论文及论文集

[1] 曾昭慧. 以职业素养形成为导向的高职校园文化建设探析[D]. 西南财经大学,2009.

[2] 郝桂荣. 高校文化育人研究[D]. 辽宁大学,2017. [3]杨光. 高校思想政治教育以文化人研究[D]. 东北师范大学,2018.

[3] 丁玉峰. 思想政治教育文化形态研究[D]. 西南大学,2019.

[4] 王欣. 新时代高校思想政治教育环境优化研究[D]. 南昌大学,2020.

[5] 中华孔子学会. 儒学与现代化:儒学及其现代意义国际学术研讨会论文集[C]. 北京:人民教育出版社,1994 - 12(1).

## 五、外文文献类

[1] Cubberley E P. Does the Present Trend toward Vocational Education Threaten Liberal Culture? [J]. The School Review, 1911, 19(7): 454 - 465.

[2] Peterson K D, Deal T E. How Leaders Influence the Culture of Schools[J]. Educational Leadership, 1998, 56(1): 28 - 30.

[3] Chapman D. Enterprise Culture[M]. EBSCO. 2003.

[4] Tonso K L. Teams that Work: Campus Culture, Engineer Identity, and Social Interactions[J]. Journal of Engineering Education, 2006, 95(1): 25 - 37.

[5] Jack S L, Anderson A R. Entrepreneurship education within the enterprise culture [J]. International Journal of Entrepreneurial Behavior & Research, 2007, 5(3): 110 - 125.

[6] Ivan, Greenberg. Vocational Education, Work Culture, and the Children of Immigrants in1930s Bridgeport [J]. Journal of Social

History, 2007:149 - 160.

[7] Greenberg I. Vocational Education, Work Culture, and the Children of Immigrants in 1930s Bridgeport[J]. Journal of Social History, 2007, 41(1): 149 - 160.

[8] Williams C C. The Hidden Enterprise Culture[M]. Edward Elgar Publishing. 2008.

[9] Lawn M. Modelling the future: Exhibitions and the materiality of education[M]. Symposium Books. 2009.

[10] Phillips D. Learning from Elsewhere in Education: some perennial problems revisited with referenceto British interest in Germany[J]. Comparative Education, 2000, 36(3): 297 - 307.

[11] Wallenborn M. Vocational Education and Training and Human Capital Development: current practice and future options [J]. European Journal of Education, 2010, 45(2): 181 - 198.

[12] HUi Jiali. An Exploration on Humboldt's Philosophy of University [J]. Higher Education of Social Science, 2015, 8(3):46 - 51.

[13] Joseph. Nye. Bound to Lead: The Changing Nature of American Power[M]. Basic Books, 2016.

[14] Sutton H. Review 10 tips for creating a safe campus culture[J]. Campus Security Report, 2016, 13 (7):1 - 6.

[15] Korb M. Want More Culture? Look on Campus[M]. Gulfshore Life, 2016.

[16] Ben-Porath S. Safety, Dignity and the Quest for a Democratic Campus Culture[J]. Philosophical Inquiryin Education, 2016, 24 (1): 79 - 85.

[17] Bonar T C. Mental Health and Military-Connected Students on Campus: Culture, Challenges, and Success[J]. New Directions for Student Services, 2016, 156: 41 - 51.

[18] Harris D R, Kemp-Graham K Y. The relationship between building teacher leadership capacity and campus culture [J]. Education Leadership Review of Doctoral Research. 2017, 5: 49 - 74.

[19] La Noue G R. Promoting a Campus Culture of Policy Debates[J]. Academic Questions, 2017, 30(4): 476 - 483.

[20] Corral J. The Impact of an Academy of Medical Educators on the Culture of an American Health Sciences Campus [J]. Academic Medicine, 2017, 92(8): 1145 - 1150.

[21] Sarmiento P A Q. Architecture: Structure and Enterprise Culture Applied in Data Management Organization[M]. Espacios, 2018.

[22] Alexander V D. Enterprise Culture and the Arts: Neoliberal Values and British Art Institutions[M]. Art and the Challenge of Markets. 2018.

[23] Lees N D, Williams J. Progressing Toward Creating a Campus Culture of Faculty Mentoring[J]. Department Chair, 2018, 28(3): 25 - 28.

[24] Shaw A, Lawson J T, Henderson-Wilson C, etc. The cost of sustainability in higher education: staff and student views of a campus food culture[J]. International Journal of Sustainability in Higher Education, 2018, 19(2): 376 - 392.